品格的力量

坚毅、好奇心、乐观精神与孩子的未来

[美] 保罗·图赫（Paul Tough） 著　刘春艳　柴悦 译

HOW CHILDREN SUCCEED:

Grit, Curiosity and the Hidden Power of Character

湖南教育出版社

献给艾灵顿，

他喜欢阅读各种有关自卸卡车的图书。

赞 誉

把认读卡扔到一边吧——坚毅、品格与好奇心远比认知能力更重要。毫无疑问，《品格的力量》将把我们从儿童教育的误区中拉出来。

——《人物》杂志（*People*）

《纽约时报杂志》的编辑图赫先生彻底扭转了我们对儿童教育问题的传统认识。他认为，无论在学校还是生活中，坚毅、自制、好奇、责任心、勇敢和自信等非认知技能都是成功的关键……这本语言精彩、观点新颖的书对所有关心美国儿童成长的人来说都是不可或缺的。

——《科克斯评论》（*Kirkus Reviews*）"重点书评"

图赫以亲身经历诠释了儿童教育的最新理论。诸多学校管理者、教师、学生、单亲母亲和科研人员的亲身讲述，验证了图赫的科学研究，为我们展示了一种以品格为基础的全新学习模式。

——《出版商周刊》（*Publishers Weekly*）

对教育工作者来说，《品格的力量》绝对不可不读。这本趣味横生的书告诉我们，有关儿童培育的传统思维完全错误。

——《学校领导简讯》（*School Leadership Briefing*）

培育一个成功的孩子绝非易事。关于如何让孩子学会成长并走向成功的思想并不少见。保罗·图赫总结了儿童教育领域的最新研究，并采访了很多对教育和儿童未来的传统认识发起挑战的教育者和改革家。现在，他把这些改革理念变成了一本不可多得的好书。所有父母都应该看看这本书。

——查尔斯·杜西格（Charles Duhigg），

《习惯的力量》（*The Power of Habit*）作者

我希望我能把这本结构紧凑、观点清晰、文笔清新的好书呈现给所有父母、教师和政治家。归根到底，这本书的核心就是：成功的关键在于品格，而不是认知能力，而且品格是可以培育的。《品格的力量》将改造我们认识儿童的思维。但不仅于此，它还给我们带来了希望。

——亚历克斯·克罗威兹（Alex Kotlowitz），

《这里没有孩子》（*There Are No Children Here*）作者

在这本趣味横生且意义非凡的著作中，图赫解释了生活在社会经济两个极端的美国儿童为什么偏偏会遗失这些最有价值的经历……揭示出美国人童年的极端性：对于富裕的孩子而言，一张坚不可摧的安全网稳稳地为他们锁定了未来；对于贫困的孩子而言，前面却几乎只有沉沦这一条路。

——安妮·墨菲·保罗（Annie Murphy Paul），

《纽约时报》（*The New York Times*）

图赫先生的新书《品格的力量》，是大脑领域最新研究成果与其在学校改革第一线亲身经历的结合。他指出，对孩子的成功来说，最重要的素质就是品格，而父母和学校在塑造这些成功品格的过程中可以发挥重要作用。这本书令人深思，给人启发。它让我变成乐观主义者，而不是宿命论者。

——玛格丽特·温特（Margaret Wente），

《环球邮报》（*The Globe and Mail*）

这本引人入胜的新书给关于学校改革的这场大辩论开启了一扇光明之窗……图赫为我们诠释了一系列品格特征——显然，心理学家、经济学家和神经学家们的研究为我们揭示了贫穷与教育之间的交集。

——托马斯·托克（Thomas Toch），

《华盛顿月刊》（*The Washington Monthly*）

这本精彩纷呈的新书为学校改革开启了新路，这些建议或将彻底改造我们的学校教育体系，尤其是针对低收入社区的学校。

——杰伊·马修斯（Jay Mathews），《华盛顿邮报》（*Washington Post*）

《品格的力量》引导读者快速浏览了现实的学校状况以及最新的研究成果，并辅以生动的事例——逆境中的孩子如何摆脱命运的枷锁，以及富裕孩子在培育品格力量过程中遭遇的阻力。

——詹姆斯·斯维尼（James Sweeney），

《克利夫兰老实人报》（*Cleveland Plain Dealer*）

我非常喜欢这本书，以及书中摆脱逆境的孩子和帮助他们的那些人……这本书不仅有深入的理论研究，更有痛快淋漓的语言和发人深省的启迪。

——西沃恩·克里尔思（Siobhan Curious），

“课堂就是个微世界”博客（Classroom as Microcosm）

推荐序一

走出“成功学”的泥淖

冉云飞 | 作家，学者

对于中国的家长和学生来讲，要解决的是望子成龙的急迫思想和畸形扭曲的成功学的毒害。这说来容易，做起来却并不那么容易，因为这涉及我们对自身所处环境，以及拥有的价值观的判断与持守。吾国当今价值观比较单一，这单一价值观的核心就是不错的物质拥有力，以及在不平等的社会位阶上处于比较有利的上层，这当然会造就望子成龙的急迫心理，有助于不择手段的成功学的泛滥。剪刀加糨糊的成功学和励志书籍泛滥到令人惊骇的地步，而且还特别在机场这样比较有购买力的地方畅销——常乘飞机这样的交通工具本身就反映出乘机者的收入水平——这透露了许多人包括很多父母面对生活的不安全感而产生的竞争焦虑，而这种不安全感和竞争焦虑自然会殃及正在读书的子女。

不安全感和竞争焦虑的普遍存在，自然会影响到父母与子女的关系。这种关系的不正常除过少部分家庭能理性化解外，大部分会越加恶化，甚至变成难以愈合的终身伤害，这就是为什么韩国心理学家金俊基的《电影疗伤心理学》——他通过电影来分析诸种关系包括父母与子女关系等的伤害——值得重视的原因。电影《闪亮的风采》就是他分析的一个个案。一个钢琴天才戴维在父亲彼得的逼迫下学钢琴，真是中国父母逼迫子女不停课外补习的翻版。彼得是个在二战时被迫害的犹太人，其悲惨遭遇给他留下了永久不能治愈的心理创伤，致使他对“强者才配生存”有着变态的认同，给儿子灌输的是不仅要赢而且要一直赢，由此导致儿子最终与他决裂且疯掉。彼得对儿子教育之疯狂，从他要求儿子“像没有明天一样去演奏”可见一斑。把这句话搬到“虎妈”和“狼爸”十分受欢迎的中国，就相当于不少父母要孩子们“像没有明天一样去学习”。但是很少有父母问一问，如果明天都没有了，还学习干什么？

幸好有美国人对教育的热情和反省，使我们在不幸之中，只要睁开眼睛看一看，就会得到一个强烈而敏锐的对比。《纽约时报杂志》的编辑、教育学者保罗·图赫的《品格的力量》一书，虽然说的是美国教育的问题，却是对当下中国“有毒的成功学”对症性的针砭。当下中国的教育一如电影《飞越疯人院》里的一句台词：“你一直抱怨你所在的那个环境，可你却一直没有勇气走出这里。”因为对于教育者和被教育者来说，都不知“娜拉”如何“出走”，更不知“娜拉出走”后如何打理自己已经不能自立的生活。教育固然是老师对学生的知识传授、爱的传递，但更在于形成一种家长和学生充满好奇心、不懈尝试的自我教育，这在只注重标准乃至唯一答案的中国教育模式下，近乎天方夜谭。

图赫说：“高质量的母亲本身就可以为孩子构建起一道强大的缓冲器，抵御不利环境给孩子压力反应体系带来的伤害。”可惜的是，很多中国父母认为孩子交到学校手里就万事大吉了。他们不知给孩子“根”亦即爱与安全感为何物，也不知给孩子“翅膀”亦即“自由”为何意。当学校和教师无故伤害自己孩子的时候，他们不与孩子仔细探讨，不与学校认真沟通，只是一味压制孩子的思想，先将孩子打入“另册”再说。事实上，很多美国的学者与教师正在研究和完善美国中学里的学习方式、心理问题、人格问题等，挑各种现存教育之弊和尝试新的学校治理办法。与之不同，我们的教育研究却严重脱节，学校管理一味地在控制而非激发学生之潜能上下功夫。官僚化严重的学校教育，只要不出娄子就行。至于说有无教学上的创新，那根本就不是学校考虑的事情，因为及格率、合格率、升学率这“三率”已经成为证明学校成功与否的不二法门。“三率”非常方便教育主管部门、学校和老师的评价，但在学生心理健康、人格的形成、良性价值观的认知这些更重要的方面，却根本起不到作用。

古罗马哲学家西塞罗说过:“教育的目的是让学生摆脱现实的奴役，而非适应现实。”这在《品格的力量》里有很好的体现。现实有很强大的惯性和保守性，也有些不容易更改的规则乃至潜规则，但是否就该以适应现实作为我们教育的目的呢？图赫及其书中所述诸位老师与研究者，都对此有着否定的回答。所谓否定的回答，并不是他们忽视现实，而是说他们让现实为学生的人格成长、心理健康、智力发育服务。我们都知道要成就自己的兴趣与爱好，并让自己的兴趣与爱好成为事业的一部分，而非仅仅是维持生计的工具。我们要有所成有所得，“持之以恒”恐怕是必不可少的。以我们对历史的观察和教育的了解，世界上伟大的天才，未闻有不“持之以恒”而能成其事，体会创造探险之至乐者。“持之以恒”四个字，稍有点文化的人都认识，但能做到的为何如此稀少呢？这不是一个智力问题，而是图赫在本书中所竭力研究和探讨的问题——说来也真是卑之无甚高论，就是自制力和尽责心而已。

人类的生存能力在漫长的进化过程中，得到了极大的发展，但这并不表明人类的生活能力得到了同步的增长。为生存而挣扎的人，固然令人同情而扼腕。但有的人生存并不成为问题，甚至不缺乏巨大的物质以及金钱获取能力，但却令人遗憾地终生只会生存，而不会生活。请注意存而不活的“死人”、奢靡无度的物质存在者是何其多也，你就会知道许多中国人一辈子都只是在生存。哪怕他拥有万贯家财，也只不过在生存而已。生活就是生而活，活者活络、活泛、活得有趣之谓也。可是把读书学习只当作求生之手段，而不是将其当作生命的一部分的人，他们把竞争的所谓胜利、不择手段的胜负奉为圭臬，没有生命当有的质量。这种势利的教育遍及中国所有学校教育的课程之中，从来没有享受过罗素意义上的“对知识的纯然热爱”。把受教的目的矮化为生存，才会出现众多的“狼爸”“虎妈”，也才会出现众多学生自相残害的案件。在他们看来：我不能胜利，你也休想胜利；我过得不好，你也休想过得好，已经成为许多人浃髓沦肌的生存哲学。

图赫综合诸家的研究得出的结论非常令人震撼：“改善儿童境遇最有效的渠道，并非学校、教堂或是就业中心，而是家庭。”可令人遗憾的是，中国的父母常常把人生当作是一场残酷的竞赛，而非漫长的需要观赏的风景。他们的不安和焦虑是如此强烈，到了一种不可克服的本能状态，这才会驱使孩子去学习那没完没了的“课业”，使他们生下来不久就成为负轭前行的驴子。奇怪的是，这样的人也常说爱自己的孩子，如此行为及手段，却想要达到爱的目的，且并不觉得自己精神分裂，这真是拜势如破竹的变态成功学之赐啊。图赫这本书当然不是给你提供一劳永逸的教育成功的范本，世上没有如此便宜的事。如果我们坚持这样去看，那么我们只不过是落入“洋成功学”的泥淖而不能自拔。

推荐序二

品格决定命运，气度左右格局

王人平 | 新浪微博育儿大V

处于社会转型期，功利的价值取向，以及成人社会竞争压力的下移，不仅传导到了应试体制内的中小学，甚至连幼儿园、早教机构，乃至那些刚刚有了孩子的年轻父母也被卷入过度焦虑之中。社会、学校和父母都在找寻让孩子成功的密码，而结论通常指向了一点：尽可能早，尽可能多学习，多练习，让孩子“赢在起跑线”上。于是，幼儿园小学化，小学中学化，中学大学化，到了大学却又幼儿园化。遗憾的是，很多大学毕业生，对于在幼儿园阶段该学习的如何分享，如何与人相处，如何表达情绪，如何遵守规则，如何独立思考，甚至连如何礼貌地说谢谢、对不起，居然都没有学会。我们的孩子到底是赢在了起跑线，还是毁在了起跑线？

单纯对成绩的追逐，对“输赢”的关注，让太多的父母忽视了孩子早期心理健康和非认知技能的培养。我们会为孩子提高几分的成绩而重金聘请家教，却很少关注孩子的责任感、自控力、专注力、勇气和自信心等有价值的品质的塑造。于是，我们看到青少年中越来越多的悲剧发生，轻则厌学、高分低能、亲子关系紧张，重则自残自杀、伤人杀人。从马加爵到药家鑫，到复旦研究生投毒案的主角林某，哪个学习成绩差呢？可他们在人格特征上都是不完整的，在性格上都是有严重缺陷的。只关注“输赢”的教育理念该认真反思和检讨了，好的教育应该是使孩子们成为一个和谐的完整的人。

任何品质、能力和习惯的培养都不是孤立的。很多父母认为孩子只要学习好，其他方面都无所谓，于是对孩子凡事包办，不让孩子做一点学习以外的事，结果往往事与愿违。学习能力和习惯都是植根在良好的生活态度、意志品质、主动性、好奇心和独立性等基础上的，无视其他品质、能力而单独培养学习习惯往往无济于事。而现实中我们会发现，那些有好品格的孩子往往学习也好。因为有好品格的孩子情绪稳定，抗挫折能力和自我控制能力强，自信乐观，做事有专注力、主动性和责任感，所以更容易体验到学习的乐趣和战胜学习中遇到的困难。

当然，好品格本身不是以取得好成绩为目的的，好品格本身就是目的所在。因为好的品格往往意味着孩子有良好的自我认知，懂得自我接纳和自我欣赏，也就更多了一份自信和快乐；品格好的人往往心持善念，相信爱，也自然多了一份爱和分享的能力，加上对自己的情绪掌控力更强，更懂得恰当的表达，自然更利于与人融洽的相处，会发展更好的人际关系；品格好的人往往对学习抱有兴趣和好奇心，有独立思考的能力和更强的挫折承受力，这决定了这种人事业上取得成就的可能性更大……生命是一场旅行，不是一场竞赛，在这段旅程中能有愉悦的体验，感受当下的快乐和幸福，难道不是人生最大的成功吗？

感谢《品格的力量》的作者为生活在这样一个浮躁时代的焦虑的父母带来了一种新的启示和方向。他不仅告诉了我们在孩子的成长和成功中最重要的是诸如勇气、自控力、热情、社交能力等要素，同时还阐释了如何在儿童时期培养出孩子的这些能力和品质。是的，真正决定一个人人生走向的，往往不是他掌握了多少知识，而是他自童年就形成的品格。品格决定命运，气度左右格局。所以，与其不厌其烦地整天催促孩子好好学习，不如从小帮孩子建立独立的人格、乐观的性情、正向的思维和良好的习惯。

本书中的重要实验及研究项目检索表

位置	关键词	项目简述及结论	页码
前言	赫克曼乐园，“GED”项目，认知技能，心理特质	2000 年诺贝尔经济学奖获得者、芝加哥大学经济学教授詹姆斯·赫克曼（James Heckman）在分析了几个国家级大型数据库之后发现：虽然 GED 证书持有者也是一群“聪明的孩子”，但他们缺乏深谋远虑，缺少坚持到底的精神和适应环境的能力	7~10
前言	佩里学前教育项目，早期儿童教育	20 世纪 60 年代，一群儿童心理学家和教育研究者在底特律西部的黑人居住区招募了一些 3 ~ 4 岁的孩子并将其随机分为实验组和对照组。随后，科研人员对这些孩子的发展情况进行跟踪——跟踪时段长达几十年。目前，这些研究对象都已有 40 多岁	10~12
前言	非认知技能	经过为期三年的深入分析之后，赫克曼及其同事得出如下结论：在佩里项目带来的所有积极效果当中，有 2/3 可以归结为诸如好奇心、自控力和社会灵活性之类的非认知要素	11
第一章	“ACE”研究，儿童期不良经历	加州大型医疗保健机构恺撒医疗中心预防医学主任文森特·弗里蒂（Vincent Felitti）与亚特兰大疾病控制中心的流行病学家罗伯特·安达（Robert Anda）于 20 世纪 90 年代对超过 1.7 万名患者进行的一项研究表明，儿童期遭受的不良经历与成年后负面行为之间的相关性非常显著	26~28
第一章	“HPA”轴效应，稳态应变负荷	“HPA”轴即人类大脑和身体中的压力调节系统。如果一个人的“HPA”轴承受过度的压力，尤其是在婴幼儿和童年时期，就会给他们的身体、心理和神经带来各种各样长期性的伤害	29~31
第一章	大脑的执行功能	2009 年，康奈尔大学的两位学者加里·埃文斯（Gary Evans）和米歇尔·夏姆博格（Michelle Schamberg）进行了一项试验，该试验第一次让人们清晰地意识到儿童时期的贫困如何影响大脑执行功能区的发育	37~39

续表

位置	关键词	项目简述及结论	页码
第一章	“青少年辅导计划”非营利组织（简称 YAP）	该计划是经芝加哥学校管理局总负责人罗恩·休伯曼（Ron Huberman）的介绍被引入芝加哥的，由芝加哥公立学校资助，由 YAP 负责运行，旨在帮助问题少年走出误区	41
第一章	抚摸 / 舔舐实验	麦吉尔大学的神经学家迈克尔·米尼（Michael Meaney）对几百只老鼠进行长期观察和实验后发现，成年母鼠的舔舐和抚摸习惯对幼鼠的影响会深入到基因层面的特定 DNA 片段。如果幼鼠在婴儿时期得到较为舒适的体验，长大之后，它们往往会比这种体验较少的老鼠更勇敢、更凶悍，而且更善于适应环境	48~51
第一章	自杀研究	迈克尔·米尼研究团队利用自杀者脑组织进行的一项试验，试验标本分别来自在童年时期曾遭受过虐待的自杀者以及未遭受过虐待的自杀者	52
第一章	皮质醇水平	纽约州立大学心理学系的学者克兰西·布莱尔（Clancy Blair）对 1200 多名婴儿进行了一项大规模试验，从出生时即开始对他们进行跟踪性研究。布莱尔发现，只有在母亲对孩子漠不关心或是无动于衷的时候，家庭暴力、混乱或拥挤之类的环境风险才会对儿童的皮质醇水平产生重大影响	52
第一章	反应灵敏度	康奈尔大学的加里·埃文斯在近 20 年的时间里持续跟踪研究了纽约市北区的一群中学生。研究发现，优秀的母亲对孩子超乎寻常的教育和一对一的全力引导，会让他们的人生发展优于那些只接受过平均关爱水平的普通孩子	53
第一章	“依恋理论”	20 世纪五六十年代，英国心理分析学家约翰·鲍比（John Bowlby）和多伦多大学的学者玛丽·安斯沃斯（Mary Ainsworth）研究发现，在出生后的第一年里，父母常常对其哭闹做出快速回应的孩子，长大后往往更加独立、勇敢	54~55
第一章	“陌生人情境”实验	1972 年，玛丽·安斯沃斯等人针对低收入母亲及其子女的生活状况开展长期性研究，招募了 267 名第一次怀孕的孕妇，从孩子出生时开始跟踪，持续至今，研究对象已年近 40 岁。研究表明，婴儿在生命初期获得额外呵护，最终都会转化为好奇心、自信、自立、镇定和勇于克服困难等优秀的品质和能力	56~58

续表

位置	关键词	项目简述及结论	页码
第一章	亲子心理疗法，ABC 模式	加利福尼亚大学儿童创伤研究项目的负责人艾丽西亚·利伯曼（Alicia Lieberman）开发了“亲子心理疗法”，对困境中的父母和他们的新生儿实施治疗，以改善其依恋关系。特拉华州立大学的心理学家玛丽·多齐尔（Mary Dozier）设计了另一种针对少年父母的干预措施，被称为“依恋与生物行为匹配”，简称 ABC 模式。研究表明，ABC 模式下的儿童显示出更高比例的安全依恋关系	59~61
第二章	自律性研究	安吉拉·达克沃斯（Angela Duckworth）在马斯特曼实验与示范学校（Masterman Middle School）组织了 164 名八年级学生，并对其逐一进行传统的智商测试和标准化自律性评估。结果是学生的自律测试得分对 GPA 的预测精度远远好于智商测试	88
第二章	“棉花糖”实验	哥伦比亚大学心理学教授沃尔特·米切尔（Walter Mischel）20 世纪 60 年代在斯坦福大学工作时设计的“棉花糖测试”，对 4 岁儿童的意志力进行测试。十几年后，研究者发现那些能忍受棉花糖诱惑的孩子成年后更为成功	88~89
第二章	智商和 M&M 巧克力豆实验	20 世纪 60 年代末，加尔文·艾德兰德（Calvin Edlund）在北加州征集了 79 个年龄在 5 ~ 7 岁的孩子，进行标准版本的比奈智商测试。结果发现，从长期来看，物质激励的效果极其微弱，甚至适得其反	91~93
第二章	编码速度测试	卡米特·西格尔（Carmit Segal）对数千名年轻人开展了一系列试验，对比他们在测试中的得分与其在 20 年后的收入情况。结果表明，那些在没有明显激励的情况下依然能做到更用心、更专注的孩子步入中年后收入水平较高	94~97
第二章	自控力实验	2011 年，一批学者公布了对 1000 多名新西兰少年进行长达 30 年之久的跟踪研究，研究表明，儿童时期表现出的自控力与他们在成年后取得的成就之间存在明显的相关性	101
第二章	坚毅实验	达克沃斯开发了一种“坚毅量度”的测试，他和彼德森对西点军校的 1200 名一年级新生在入学时进行了这种测试，达克沃斯发现，在坚毅测试中得分较高的学生更有可能继续留在“野兽训练营”	102~103

续表

位置	关键词	项目简述及结论	页码
第二章	特殊心理压力研究	哥伦比亚大学心理学教授苏妮亚·卢瑟尔（Suniya Luthar）在20世纪90年代末开展了一项对比性研究，一方是200多名主要由白人、富裕家庭十年级学生构成的群体，另一方则是相同数量主要由非洲裔美国人构成的群体。她发现，富裕家庭子女酗酒、吸烟、吸食大麻及其他非法毒品的概率要高于低收入家庭的孩子	111~112
第二章	“刻板印象威胁”	20世纪90年代初，斯坦福大学教育学院院长、著名心理学家克劳德·斯蒂尔（Claude Steele）发现，进行智力测试或身体能力测试之前，如果向被测试者发出一个细微的心理暗示，让他意识到必须考虑群体身份，那么就可能给被测试者的表现带来重大影响	127
第三章	华生实验	1960年，英国心理学家彼得·凯斯卡特·华生（Peter Cathcart Wason）设计了一个实验，他们向被测验者提供另一组由他们自己设计的遵循一定规律的三位数字符串，然后再提供一组新的三位数字符串，并要求被测验者回答这个新字符串是否符合规律。结果发现人们总是更愿意尊重能将自己的观点证明为真的证据	175~176

本书中涉及的主要教育机构和教改项目

芬格高中（Fenger High School）：位于芝加哥市南区罗斯兰德贫民区的公立高中。因“考试成绩低，到校率低，违纪现象普遍，辍学率居高不下”而备受美国教育当局关注，在过去的 20 年时间里，一些负责教育的政府高层人员和著名慈善家一直将其视为改革的核心，并为之投入了大量资金。但改革效果始终不尽如人意。

河谷乡村学校（Riverdale Country School）：由弗兰克・哈克特于 1907 年创办，是一家独立的走读制男女混校，包括幼儿园、小学和中学。学校坐落于纽约市西北部的布朗克斯区，学校的两个校区占地面积达 110000 平方米，是美国最著名的私立学校之一。

纽约 318 中学：位于纽约布鲁克林区，其中 85% 的学生来自美国贫困线以下的低收入家庭。318 中学由于在学校教育中引入了国际象棋而名扬四海。有一部叫《布鲁克林城堡》（*Brooklyn Castle*）的电影讲述的就是 318 中学在 10 年前引入国际象棋教学的故事。国际象棋已成为 318 中学的校园文化，学校的理念是国际象棋没有天生之才，不需要有先天禀赋，“只要真正刻苦用功，你就能取得成功”。

KIPP 项目：知识就是力量项目（the Knowledge Is Power Program）。它是美国一个自由、开放招生的全国统一网络，也是一种大学预科公立学校。KIPP 建立了一个家长、学生和老师之间的伙伴关系，把学习放在第一位。KIPP 目前在美国 20 个州分布有 125 所学校，其中有 37 所小学、70 所中学和 18 所高中。KIPP 学校里有 87% 的学生来自低收入家庭，95% 为非裔和拉美裔学生。KIPP 学校不计较学生以前的行为和社会经济背景。它最大的目标是要帮助所有学生考上大学、完成学业并在较短时间内使困难学生的学习成绩得到显著提高。目前，KIPP 项目中有超过 90% 的学生能够高中毕业，超过 80% 的学生能拿到大学毕业证。

OneGoal 项目：2003 年，OneGoal 由艾迪・罗（Eddie Lou）和马特・金（Matt King）开始在芝加哥南岸中学进行试点。随着杰夫・尼尔森（Jeff Nelson）的加入，OneGoal 正式成立于 2007 年。OneGoal 的使命主要是为低年级学生准备迎接 ACT 考试提供强化课，帮助学生顺利走过从高中二年级到迈入大学的阶段，并在此期间帮助学生们发展必要的能力，让他们在进入大学之后能顺利完成学业。

本书中出现的主要人物简介

纳丁·伯克·哈里斯（Nadine Burke Harris）：牙买加移民，曾是贝维尤儿童健康中心的儿科主治医师，现在成为一名儿科医生，并在旧金山的贫民区开办了一家诊所。

伊丽莎白·多齐尔（Elizabeth Dozier）：在芝加哥郊外长大，出生之后，便由母亲孤身一人抚养。后来成为一名教师，任教于芝加哥最贫困社区的一所学校，现在成为这所学校的校长。

大卫·莱文（David Levin）：毕业于耶鲁大学，他创建了全新型中学 KIPP 项目。

马丁·塞利格曼（Martin E.P.Seligman）：美国心理学家，曾获美国应用与预防心理学会的终身成就奖。1998 年当选为美国心理学会主席。“积极心理学”学派的主要学者之一，其代表作是《活出最乐观的自己》（*Learned Optimism:How to Change Your Mind and Your Life*）。其核心思想是，乐观并不是与生俱来的天性，而是一种可以通过后天学习掌握的技能。曾在 2012 年 11 月 6 日在北京参加录制《杨澜访谈录》节目。

克里斯托弗·彼德森（Christopher Peterson）：心理学家，塞利格曼最亲密的合作者之一。与塞利格曼共同创作《品格力量和美德》（*Character Strengths and Virtues*：*A Handbook and Classification*）一书。

多米尼克·兰多夫（Dominic Randolph）：河谷学校的校长，教育家，曾担任劳伦斯维尔中学的副校长。在阅读了《活出最乐观的自己》一书之后，兰多夫开始痴迷于积极心理学。

安吉拉·达克沃斯：宾夕法尼亚大学明星级学者，是塞利格曼领导的心理学系的博士后。曾做过白宫演说稿撰稿办公室的实习生、麦肯锡咨询公司的管理咨询师以及公立学校顾问，获得过牛津大学的“马歇尔奖”。

伊丽莎白·施皮格尔（Elizabeth Spiegel）：318 中学国际象棋队实战教练。她也是一个高水平的国际象棋选手，其排名在美国女子国际象棋选手中仍旧位列前 30 名。曾率 318 中学象棋队夺得 K–8 级团队冠军、K–9 级团体冠军和高中组全国冠军。

杰夫·尼尔森：OneGoal 公司的首席执行官。曾加入“美国教育计划”。于 2007 年接管 ACE 技术高中进行教学改革。

目 录
Contents

前言

2009 年夏天，就是在我的儿子艾灵顿出生几周后，我花了一天的时间，待在一个位于新泽西州小镇的学前班教室里。这两件事本身并无关联：我并不是为了当好新爸爸而参观红岸小学的 140 教室，而是以一名记者的身份来到这里。乍看上去，整间教室平淡无奇。淡黄色的空心砖墙壁让房间沉浸在一片喜庆欢快的气氛之中；只有插在白色写字板旁的一面美国国旗，稍稍增添了一份严谨的感觉。教室里，4 岁年龄段的孩子们正无忧无虑地玩耍嬉戏，进行各种各样的学龄前活动：用“乐高”积木搭建大楼，在沙盘里驾驶玩具汽车，拼写猜字游戏板。但随着时间的推移，我逐渐意识到，发生在 140 教室里的场景并不寻常，其中既有不言自明的哲理，又有润物细无声的感悟。令人费解的是，孩子们始终井然有序，而且安静不吵闹。一整天里，没有号啕大哭的，没有呆呆发愣的，没有发泄不满的，没有打斗撕扯的。最令人不可思议的还是这位黑发飘飘的年轻教师——莱昂纳多。这位老师似乎根本就不需要随时维持秩序，而且她指导孩子们的方式也独树一帜：没有按部就班的教导，没有情绪激昂的表扬，没有刻意而为之的课间休息，更没有声色俱厉的警告——“克莱恩，集中注意力！”她既没有表扬“好”孩子，也不会惩罚“坏”孩子。

在 140 教室，所有学生都参加了一个名为“思维工具”（Tools of the Mind）的课程[1]，这个最新的幼儿园及学前阶段课程源自两位丹佛教育家之手，其基础建立于一种非正统的幼儿发展理论。在美国，绝大多数早期教育课程以开发某些学前技能为目标，主要包括文字理解和数字运用。相比之下，“思维工具”却不以阅读和数学能力为重点。反之，这门课的唯一目的就是帮助孩子们掌握一种特殊技能：抑制冲动，关注手头任务，避免精力分散和思维陷阱，控制情绪，梳理思维。“思维工具”课程的创始人相信，与传统学前教育强调的技能相比，这些可归结为“自我约束”的能力，可以让孩子们实现更大的发展。

在“思维工具”课上，学生们将学习各种思维战略、技巧和习惯，这些工具可以帮助他们根据既定目标，及时调整思维，集中精力完成手头工作。他们要学习使用“自言自语”，即在完成比较困难的任务时（比如说用拼字板拼出字母“W”），自己提醒自己牢记下一步操作（下，上，下，上）。他们要学会使用“中介”：通过某种实物提醒他们如何完成某一项活动（比如说有两张卡片，一张卡片是嘴巴，另一张是耳朵，拿到第一张卡片的人负责发言，拿到第二张的人只能倾听）。每天早晨，他们都要填制“游戏计划”——一种用文字或图画描述当天游戏内容的表格，比如说：我打算开火车；我准备带上玩具娃娃去海滩。他们要用几个小时进行“装扮大人”游戏。“思维工具”的设计者认为，通过这种情节复杂、持续时间较长的场景模拟，可以很自然地引导孩子们学会如何遵守纪律，克制冲动。

在 140 教室里，看着这些天真活泼的孩子，自然而然让我想到艾灵顿。此时此刻，在 3 英里以外，位于曼哈顿的一间小公寓里，这个娇小的生命或许正在呢喃、打嗝、啼哭。当然，尽管我真心希望他能拥有一个幸福而成功的人生，但却不知道该如何帮他到达那个美好的彼岸。实际上，困惑的不只有我一个人。艾灵顿的到来似乎有点生不逢时，因为这恰是一个让我们这些初为人父母者感到焦虑不安的时代。这种“新手父母焦虑症”在纽约这样的大城市里尤为突出，在这里，要为孩子在一个心仪的幼儿园里博得一席之地，所有父母都不遗余力，竞争的白热化程度丝毫不亚于角斗场上的血腥。最近，加州大学的两位经济学家把存在于美国早教领域的这场竞争戏称为“幼儿大战”（Rug Rat Race）[2]。每一年，竞争开始的时间都在提前，而且愈演愈烈。就在艾灵顿出生的两年前，知名教育连锁机构“公文”公司在纽约市开设了第一家针对婴幼儿的“公文”连锁店，每天上午，家长们把2岁左右的孩子送到这里，学习填写表格、练习字母和数字识别。“公文”财务总监曾对《纽约时报》的记者说，“3岁是一个最佳年龄[3]。即便他们还不能扔掉尿布，但只要能和‘公文’的老师安静地坐上15分钟，我们就能让他们留下来继续学习。”

在艾灵顿的成长环境中，渗透着一种被人们称之为“认知假设”（cognitive hypothesis）的思维。这是一种普遍存在但却鲜被提及的潜意识：当下的成功主要依赖于认知技能，也就是以智商测试结果反映的智力水平，它包括识别字母和单词、计算、识别图形的能力。而培养这种能力的最佳途径，就是练习，而且越多越好，越早越好。认知假设早已司空见惯，以至于常常被人们忘记这其实是一个比较新的发明。认知假设最近一次受到关注[4]还是在1994年，当时，卡内基公司出版了一份名为《起点：满足幼儿需求》（*Starting Points:Meeting the Needs of Our Youngest Children*）的报告，给美国的幼儿认知能力开发状况敲响了警钟。该报告指出，当前儿童教育的最大问题在于，在生命最初的三年里，孩子们缺少足够的认知刺激，而造成这个问题的部分原因，就在于单亲家庭及在职母亲的大量增加。于是，家长们草率地把孩子送进幼儿园，而这些幼儿园往往不能为孩子提供培育这种能力的环境。这份报告甚至还开启了一个全新行业：向那些满怀希望但又心有忐忑的父母兜售“0 ～ 3 岁”幼教智力开发产品；幼教书籍、游戏、玩具、迪士尼公司的“小小爱因斯坦”音频产品的年销售额高达数十亿美元。

相关法规的制定者和慈善家认为，缺乏认知培训导致贫困儿童从人生的起点开始便已落后，卡内基公司的这一结论及其引发的一系列研究给公共政策带来了重大影响。心理学家和社会学家更是以大量证据说明，缺少来自家庭和学校的语言及数学刺激与贫困儿童在学习成绩上的落后具有关联性。在这些研究中[5]（我曾在个人的第一本书《竭尽所能》中做过介绍），最有发言权的研究出自儿童心理学家贝蒂·哈特（Betty Hart）与托德·莱斯利（Todd R.Risley）之手。自 20 世纪 80 年代开始，这两个人对来自堪萨斯城的 42 个孩子进行了深入研究，这些孩子分别来自白领、蓝领阶层及依靠福利金生活的家庭。哈特和莱斯利发现，导致儿童成长过程中的重大差异以及未来发展中出现分歧的全部原因，都可以归结为一件事——新生儿从父母口中听到的词汇数量。哈特和莱斯利指出，到 3 岁时，由白领父母抚养的孩子，可以从父母口中听到约 3000 万个词汇；而在依赖福利生活的家庭，孩子从父母那里听到的单词却只有 1000 万个。他们认为，这种差异是贫困家庭儿童在后期的学习、生活中遭遇失败的主要原因。

认知假设显然有牵强附会之嫌。它所描绘的世界是如此的纯粹，以至于人们笃信它具有完美的线性，即：只要有投入，就一定会有产出。如果你的家里没有几本书，孩子的阅读能力就一定会很差；如果父母在孩子面前少言寡语，孩子掌握的词汇就一定很少；而“公文”课堂上做的数学作业越多，数学考分就会越高。有的时候，这种原因与结果之间几乎单一的关联性显得有些滑稽。哈特和莱斯利通过计算得出，在依靠福利金的家庭里长大的孩子，需要41个小时的高密度突击恶补，才有可能接近或达到蓝领家庭孩子的词汇量。

然而，在过去数十年尤其是最近几年，经济学家、教育工作者、心理学家及神经学家等专业人士不断提出新的证据，让人们对认知假设所依赖的诸多假设提出质疑。他们认为，在儿童成长过程中，重要的不是在孩子出生后最初几年里向孩子们的脑子里灌输了多少信息，而在于能否帮他们形成一系列截然不同的有价值的品质，譬如专注力、自控力、好奇心、责任心、坚毅和自信心。经济学家把这些品质称为非认知技能，心理学家称之为人格特征，而大多数普通人则把它们直接看作是品格。

针对某些特殊技能，认知假设所依赖的逻辑确实成立，即：培育技能的关键在于早开始，多练习。如果你想提高罚球得分率，每天下午练习200次罚球的效果肯定好于只练习20次。如果你是一个四年级小学生，利用暑假时间读40本书肯定比只读4本书更有助于提高阅读能力。诚然，某些技能是需要机械性的训练的。但涉及人格中某些更微妙的元素，事情显然就不会这么简单了。即便是再勤奋一点，再多花几个小时，也未必能让你的失望少一点。孩子不会因为在他们生命的早期没有进行好奇心的探索就在好奇心的发展方面有所落后。我们获取或者丧失这些能力的路径肯定不是偶然的——在过去几十年里，心理学家和神经学家对这些技能从何而来以及如何形成有了深刻的认识。不过，这些研究异常复杂，不为大多数人所熟知，而且往往神秘莫测。

本书的主题是介绍一种新的教育观点，这种观点正在为人们所了解并接受，并在美国乃至全球教育机构、心理诊疗机构、实验室及学术研究机构引起了越来越多的关注。按照这种新的观点，以往几十年倡导的传统观念是带有误导性的。我们不仅一直在强调错误的技能和品质，而且一直在用错误的方法来培育和灌输这些能力。显然，把这种新观点定义为新的理论体系还为时尚早。在很多情况下，这个领域的研究者是独自在黑暗中摸索，而且彼此之间并无往来交流。但随着时间的推移，这些科研人员和教育工作者会发现越来越多的同道，并逐渐跨越学科界限，融合并成为一支庞大的力量。随着各种零星散落的观点不断融会贯通，我们如何养育孩子、如何管理学校以及构建社会安全体系的手段也必将发生转变。

如果说有个人可以成为这个跨学科新兴网络的核心，那么，这个人必定是芝加哥大学经济学教授詹姆斯·赫克曼。乍一看，我们很难将赫克曼与认知科学领域泰斗这一称呼联系到一起。他是一个典型的传统知识分子，戴着厚厚的眼镜，衬衫口袋里总是插着绘图铅笔。仅凭第一眼，你就能感觉到他高不可攀的智商。赫克曼成长于 20 世纪 40 和 50 年代的芝加哥，父亲曾是当地一家肉类加工厂的中层管理者。他的父母都没有接受过高等教育，但他们都意识到，他们的儿子拥有某种超乎寻常的天赋。在他 8 岁的时候，赫克曼便已读完了父亲收藏的畅销书《30 天掌握强大的词汇量》，9 岁时，他在一本漫画书的后面发现了一本叫《实用数学基础》的书，并用自己平日积攒的零钱买下了它。而后来的事实也证实了，数学能力的确是赫克曼与生俱来的天赋，他对数学公式的掌握得心应手，让周围的人只能自愧不如。在十几岁时，赫克曼为了打发时间，养成了一个特殊的习惯：随便找一个位数很多的数字，然后在头脑里把它分解成最多个互不相同的素数——数学家们将这个过程称为“素数分解”。赫克曼还告诉我，在16岁时，他第一次从社保局的信中看到了自己的社保号码，他第一个想到的事情，居然就是将这个号码分解为素数。

后来，赫克曼先后在哥伦比亚大学和芝加哥大学任经济学教授，2000年，赫克曼凭借20世纪70年代提出的统计方法而摘得诺贝尔经济学奖桂冠。在经济学领域，赫克曼尤以计量经济学而闻名，对于经济学家以外的人来说，这种因为怪异而近乎神秘的统计分析法几乎是无法理解的。我曾听过赫克曼给研究生上的课程，尽管我已经绞尽脑汁，但对我这样的凡夫俗子，他的课程依旧如天书一般深奥莫测，其间充斥了令人眼花缭乱的公式，譬如里昂惕夫生产函数、希克斯和斯勒茨基替代弹性，它们让我羞愧难当，不堪忍受，只想趴在桌子上睡觉。

尽管赫克曼的专长似乎有点高深晦涩，但他所选择的落脚点和关注点却绝不令人感到陌生。在赢得诺贝尔奖之后的几年时间里，赫克曼借助于荣誉带来的影响和威信，不但巩固了他在计量经济学领域内的地位，还进一步拓展研究视野，将他的影响力延伸到此前较少涉足甚至是从未涉足的新领域，譬如人格心理学、医学和基因学等。（实际上，在他拥挤不堪的书架上，在两本厚重的经济学历史著作之间就夹着一本《遗传学傻瓜书》）自2008年以来，赫克曼曾多次召集知名经济学家和心理学家参加且仅限受邀者参加的学术会议，他们以各自的方式和不同的视角探讨同一个问题：哪些能力和秉性更有可能带来成功？如何在儿童时期培育这些能力和秉性？以及何种干预方式更有助于儿童走上成功之路？

赫克曼引领着一个由20多个研究生及研究人员构成的群体，这些人来自于不同国家，并散落在芝加哥大学校园内的各个角落：他们半开玩笑地将自己的部落称为“赫克曼乐园”。这些人经常聚在一起，同时讨论多个话题，即便是赫克曼自己发言的时候，他也会不断从一个话题跳转到另一个话题，时而会津津有味地热论马里兰州的猴子研究，话锋一转便会提到中国的双胞胎研究，突然之间，他又会想起与同校哲学家在病毒自然属性方面开展的合作。（在一次对话中，我曾问及赫克曼如何将这些跨学科的研究融合到一起。过后，他的助手在送我离开时居然提出了一个让人感到诧异的问题：“如果您知道该如何把这些东西弄到一起，记得告诉我们啊。”）

赫克曼在职业轨迹上的转换，源于他在 20 世纪 90 年代针对“普通教育发展”（General Educational Development）项目，也就是人们常说的“GED”项目上开展的研究。当时，该项目在高中辍学学生中正在获得越来越多的认同，通过该项目，这些学生可以获得相当于高中学历的文凭。对更有可能辍学的低收入和少数族裔学生来说，GED 为他们提供了一个可以进入大学的另类途径。

GED 的发展基于一种认知上的假设：学校所创造并通过高中文凭所认证的，无非是一种认知技能。如果一个十几岁的少年已经具备了达到高中毕业所需要的知识与思维，那么，他就没有必要再浪费时间去实际读完高中。他可以只参加某种能够衡量此类知识和技能的考试，如果通过考试，相关机构就可以给予相应的认证，证明他在法律上拥有与高中毕业生同等的资质，有资格像高中毕业生那样继续攻读大学或其他高等教育学位。这是一个极富吸引力的想法，在 20 世纪 50 年代，这一想法刚刚引入便迅速发展，因为它对那些高中辍学学生的诱惑力是显而易见的。在 2001 年达到最顶峰时，有超过 100 万年轻人参加了这项考试，其中有近 1/5 的高中“毕业生”实际上拿到的是“GED”合格证。（截至2012年，这一比例约为1/7。）

赫克曼想进一步知道，拥有GED证书的年轻人是否具备一个合格高中毕业生为求取更高学术地位所需要的资质。在分析了几个国家级大型数据库之后，赫克曼发现，这个前提假设在很多重要方面都可以成立，从智商测试的成绩来看，GED证书获得者几乎与正规高中毕业生不相上下。然而，在对他们完成高等教育过程中的表现进行考察之后，赫克曼却发现，获得GED证书的学生与正规高中毕业生大相径庭。他还发现，在获得GED证书的22岁学生中[6]，只有3%的人被四年制大学录取或是修完其他高等学位所需要的课程，而在真正的高中毕业生中，这一比例则高达46%。实际上，这些研究最终让赫克曼发现，在关乎未来的各种重大成就时——譬如年收入、失业率、离婚率以及吸食毒品等方面，GED证书获得者的表现与高中辍学者几乎毫无二致。尽管这些人拥有了这个在他们看来价值连城的证书，尽管他们的平均智商要比高中辍学学生高很多，但都无从改变赫克曼的结论。

从政策角度看，这显然是一个有意义的结论，只不过这种所谓的意义令人沮丧：就表面而言，GED似乎是年轻人改变未来的工具，但是就长期而言，它根本就没有任何积极意义。如果一定要给GED安一个存在的理由，那么，可能是因为它可以诱使年轻人放弃高中学业，但这看起来是个消极的存在。对于赫克曼来说，这些结果还提出了一个令人困惑的谜题：赫克曼也曾像大多数经济学家那样，坚信认知技能是决定个人未来生活最可靠的因素，而且其重要性非其他因素所能及。但是现在，经过实践，他发现存在这样一群人——GED文凭的获得者，尽管他们考试成绩和IQ测验成绩都不错，但这对他们的生活似乎没有什么积极意义。

赫克曼指出，这些 GED 持有者所缺失的，其实是那些能够伴随高中毕业生使他们完成学业的心理特质。这些特质是一种心理倾向，它让人们为完成枯燥乏味且往往没有回报的任务而坚持不懈；是一种能力，让人们可以不过早沾沾自喜，享受自我满足；是一种秉性，让人们恪尽职守，自始至终毫不动摇地履行计划。总之，无论是对于学习、工作，还是人生，这些特质都有着无法估量的价值。正如赫克曼在他的一篇论文中所述：“不经意间，GED 已成为一种区分聪明但缺乏韧性、缺乏纪律性的辍学者和其他辍学者的考试。[7]”他在文中写道，“虽然 GED 证书持有者也是一群‘聪明的孩子’，但他们缺乏长远考虑，缺少坚持到底的精神和适应环境的能力。”

但是，针对 GED 的研究却无法告诉赫克曼这是否有助于开发和培养儿童所谓的“软技能”。大约在 10 年前，为了回答这个问题，他来到位于底特律西部重工业区的伊普斯兰提小镇。因为在 20 世纪 60 年代中期，也就是美国“反贫困运动”的初期，一群儿童心理学家和教育研究者在这里开展了一个实验，他们在当地黑人居住区招募了一些收入不高、智商稍逊一等的父母，并与之约定，让他们 3 ~ 4 岁的孩子参加佩里学前教育项目。招募到的这些孩子被随机分为实验组和对照组。被分到实验组的孩子进入佩里幼儿园，并在这里接受为期两年的高质量学龄前教育，而对照组的孩子则由其父母抚养。随后，科研人员对这些孩子的发展情况进行跟踪——跟踪时间段并不只是局限于那一两年，而是长达几十年，因此，这项研究的持续期几乎就是研究对象的余生。目前，这些研究对象都已有 40 多岁，也就是说，对于佩里学前教育项目的影响，研究人员对研究对象的跟踪期是从其幼儿时期一直持续到成年阶段。

佩里学前教育项目对社会科学领域的影响十分深远，而且赫克曼在从事经济学之前也曾偶尔接触过该项目。作为早期儿童教育的一个经典案例，这项试验曾一度被视为是一个失败的产物。在参加学前教育期间以及随后的一两年内，实验组的儿童在认知能力测试中的成绩确实高于对照组，但是这个优势仅仅是暂时的，在三年级之后，对照组儿童的智商测试成绩便开始与实验组并驾齐驱了。但是，当赫克曼与其他研究者考察佩里项目的长期效果时，实验数据就显得更有说服力了。诚然，进入佩里项目的孩子并没有在智商方面获得明显改善，但学前教育确实给他们带来了某种积极的重要影响，而且无论表现形式如何，这种影响竟能够持续几十年时间。与对照组的孩子相比，实验组儿童高中毕业率[8]、在 27 岁之前的就业率以及 40 岁时获得 2.5 万美元以上年薪的概率都更大，而犯罪率和依靠社会救助度日的概率则相对较低。

随着赫克曼对佩里学前教育项目研究的深入，他发现，在 20 世纪六七十年代，研究者并没有对某些已从研究对象身上收集到的数据——小学教师对这些实验组和对照组学生在“个人表现”以及“社交能力”[9]方面的评价——进行分析，前者主要体现为每个学生骂人、撒谎、偷窃或者迟到、缺课的次数，而后者主要评价他们的好奇心以及与同学、老师的关系融洽度。由于这些特征与智商完全无关，因此，赫克曼将它们归结为非认知能力。在经过为期三年的深入分析之后，赫克曼及其同事得出如下结论：在佩里项目所带来的所有积极效果当中，有 2/3 可以归结为诸如好奇心、自控力和社会灵活性之类的非认知要素。

换句话说，佩里学前教育项目的作用完全不同于人们此前所认为的那样。那时，这些用心良苦的教育工作者开展此项目的初衷是为了提高低收入家庭子女的智力水平。和所有人一样，他们也曾认为这是帮助贫困儿童摆脱现状的一个途径。但项目却带来了很多出人意料的结果。第一个意外收获是：尽管他们亲手打造的项目没能在改善智商方面带来长期效果，但是在改善行为和社交能力方面却收效显著。而第二个意外收获则是：它潜移默化地帮助了伊普斯兰提小镇的孩子们，并让人们意识到，这些能力以及它们所反映的品行确实是有价值的。

在写作本书的过程中，我曾用大量时间与多位经济学家、心理学家及神经学家讨论成功与能力的问题，其中很多人的研究领域与詹姆斯·赫克曼相去甚远。但是，最终让我对这些研究感兴趣的，同时也是赋予这些理论以生命和意义的，则是我与此同时开展的另一项探索：在公立学校、儿科诊所和快餐店，我和年轻人促膝相谈，因为他们都在以这样或那样的方式，演绎和诠释了哪些孩子终会成功和他们何以成功这样一个讳莫如深的复杂问题。

克瓦纳·莱尔马就是最好的例证。2010 年冬天，我第一次遇到克瓦纳，她当时住在芝加哥南区——后来我才知道，这里临近芝加哥大学校园，当然，那儿也是赫克曼工作的地方。17 年前，克瓦纳出生在南区的一个贫困家庭，她是家中的第二个女孩，她妈妈生她姐姐的时候还只是一个十几岁的孩子。克瓦纳几乎是在居无定所、漂泊不定的状态下度过了童年。在克瓦纳还是婴孩的时候，母亲就多次举家搬迁，先是到了密西西比州，然后是明尼苏达，随后又回到芝加哥，在此期间，她们始终与贫困和艰难为伍。最糟糕的时候，全家人只能躲进救济所，或是借用朋友家的破沙发熬过漫漫长夜。偶尔，克瓦纳的祖母也会把几个孩子接到家里，而让母亲独自去应对生活的艰辛。

我们第一次相遇时，克瓦纳就对我说，“我从来都没有过一个真正的家庭。”这次会面是在肯伍德郊区的一家咖啡店。当时正值整个芝加哥冬季中最冷的时节，窗户上结满了冰花。克瓦纳皮肤黝黑，长着一双楚楚动人的大眼睛，一头笔直的黑发。坐在咖啡桌前的时候，克瓦纳身体微微前倾，双手紧握浮着泡沫的咖啡杯。“我没有父亲，一直和母亲东奔西走，偶尔还要和祖母住在一起。我的生活始终是一团糟，我几乎变成了一个弃儿。”

克瓦纳告诉我，在成长的过程中，她曾憎恨过学校。她从来就没有学好过阅读，小学时，她的成绩每况愈下，而且经常会遇到麻烦，屡屡逃课，和老师顶嘴。在读到六年级时，才读到一半，她就已经收到了72条关于她的不良行为的评语。于是，她被学校分到了慢班。她当然不喜欢这样的待遇。在整个学年还有几周即将结束时，克瓦纳干脆因为打架而被学校除名。

在认识克瓦纳的时候，我就一直在为贫困中成长的儿童奔走呼吁，因此，我对克瓦纳这样的故事并不陌生。每一个不幸的家庭都有各自的不幸，但是对那些几代人都生活在贫困中的家庭而言，他们的遭遇却有着令人绝望的相似：一直在父母不全或是对子女漠不关心、末流的学校和拙劣的教育决策构筑的恶性循环中挣扎。我很清楚，克瓦纳的童年遭遇最终将给她带来怎样的未来。拥有这样的童年，即便他们不乏理想和追求，高中辍学几乎都是无法规避的宿命。很多孩子在十几岁便怀孕。然后，他们不得不担负起养家糊口的重任，不需要多长时间，他们的下一代便开始重复他们的厄运。

但即便是在这样的成长过程中，克瓦纳的生活还是在不经意间发生了转折。就在即将升入高中二年级时，克瓦纳因与警察发生冲突而第一次被拘留，几周之后，母亲告诉克瓦纳，她想和她谈一谈。克瓦纳意识到了问题的严重性，因为祖母也在场，这毕竟是她唯一敬重的家庭成员。她们让克瓦纳坐下，与此同时，母亲也发出了所有父母最难说出的话：“我可不想让你像我一样。”随后，三个人聊了几个小时，一起回忆过去，也展望未来，说出长期埋藏在内心最深处的秘密。母亲说，她很清楚克瓦纳的现状，少女时期，她也曾被学校开除，因为对抗警察，她也曾被逮捕。但母亲认为，克瓦纳的未来并没有就此盖棺论定，一切皆有可能发生。她完全可以不像母亲那样意外怀孕，她完全有可能上大学，她完全有可能享受自己的事业，这些都可以和母亲不一样。

实际上，在整个谈话过程中，克瓦纳的母亲始终眼含泪花，但克瓦纳自己却没有流下一滴泪。她只能茫然地倾听，她根本不清楚该怎样作答。克瓦纳不知道她能否真的改变自己，也不知道自己是否愿意改变自己。不过，重新回到学校的时候，她确实开始认真听讲。高中一年级时，她曾与乌合之众一同鬼混，女孩子们成群结伙，男孩子聚众吸毒，所有人都无一例外地旷课。现在，她开始远离这些狐朋狗友，开始一个人独处，认真完成作业，用心思考未来。高中一年级期末，学校给她打出的 GPA 成绩只有可怜巴巴的 1.8。但到了高中二年级期中，她的 GPA 成绩便已上升到了 3.4。

那年的 2 月份，英语老师鼓励克瓦纳参加一个为期三年的大学预科课程，当时，学校才刚刚推出这一教学计划。克瓦纳听从了老师的建议，并被正式录取，这门课程让她有了新的目标，也让她开始更努力地学习。我遇见她时，她已经在上高中三年级，期中时，她的 GPA 成绩达到了 4.2，此时，她最关心的事情已经变成了需要申请哪一所大学。

这期间到底发生了什么呢？假如你是在高中二年级开学时遇到克瓦纳，那么，你认为她不具备任何成功的可能性，那显然是可以理解的。她的命运似乎已经注定。但是，事情并非如此。难道就是因为母亲那一次严肃的谈话吗？一次谈话难道就会有如此之大的震撼力吗？抑或是因为祖母给她做出的榜样？还是英语老师的那一次提醒？还是在她性格深处存在的某种根深蒂固的秉性，让她克服重重艰难险阻，摆脱曾经犯下的“深重罪孽”，最终让自己悬崖勒马、改邪归正、勤奋学习、走向成功呢？

童年的经历到底会给我们的成长带来怎样的影响呢？这不仅是一个意义重大的人性问题，也是无数小说、自传和回忆录的主旋律；更是很多哲学和心理学经典著作讨论的话题。这是一个体验成长的过程，它的出现有时是可预见的，甚至是有规律可循的，有时则是偶然而至，变化无常的。在我们身边，总有一些人在长大之后，似乎就会陷入儿时经历所造就的宿命选择中，但我们也会看到很多人不可思议地摆脱了宿命的束缚。

但到目前为止，还从未有人以科学手段去潜心发掘童年的奥秘，剥开它的神秘外衣，以实验和分析解剖童年时光如何与成年的经历联系在一起。但是在新一代研究者的努力下，这种情况正在变化。这项工作背后的机理很简单，但却相当激进：我们从未认真地去尝试解决这些问题，因为我们始终在错误的死胡同里寻找答案。要改变儿童尤其是贫困儿童的未来，我们就必须以新的理念重新审视儿童，从某些最基本的问题出发：父母如何影响其子女，人的能力如何形成，以及何以塑造人的个性。

归根到底，本书的核心是通过一种意义重大、影响深远的研究，揭示某些人类最根本、最普遍的奥秘：哪些人会成功？哪些人将失败？为什么有些孩子会不断前进？有些孩子却只能自甘沉沦？我们应如何引导个别孩子或者说一代孩子，让他们不断远离失败，走向成功？

第一章

问题儿童都来自异世界？

1 改变，没那么简单

纳丁·伯克·哈里斯出生于加利福尼亚州帕罗奥托一个富裕的家庭，父母都是接受过高等教育的专业人士，作为牙买加移民，他们从牙买加首都金斯顿举家迁到硅谷的时候，哈里斯还只有 4 岁。在帕罗奥托高中，哈里斯是唯一的黑人女孩，她常常觉得自己像个局外人，她的同学均来自非常富裕的白人家庭，就说其中的女孩子，哪怕父母送给她们的 16 岁生日礼物不是她们需要的那种汽车，她们就会在自助餐厅里号啕大哭。

伊丽莎白·多齐尔在芝加哥郊外长大，她的生活环境远非成人所能想象，可以说，她完全就是一段不合法甚至有违常理的感情的结晶。她的父亲是伊利诺伊州朱丽叶州立监狱的在押犯，母亲是被修道院派到监狱向囚犯布道的修女，这原本是她的宗教职责，但他们最终却不可救药地相爱了。多齐尔出生之后，便由母亲孤身一人抚养，为了贴补家用，母亲在当地天主教学校找到了一份教学工作，并利用暑假在汽车旅馆做服务员。

但这种极端艰难的童年生活却让哈里斯和多齐尔拥有了一个相同的目标：帮助年轻人尤其是那些在艰险中跋涉的年轻人走向成功。哈里斯进入一家医疗学校，毕业后成为一名儿科医生，并在旧金山的贫民区开办了一家诊所。多齐尔则成为一名教师，任教于芝加哥最贫困社区的一所学校，后来成为这所学校的校长。我是在两年之前认识她们的，吸引我的并不是因为她们拥有相似的使命感，而是因为她们似乎都有着一种强烈的挫败感。她们都已经深切地意识到，在她们所选择的这个职业中，最迫切需要解决的并非仅仅是她们所面对的挑战。她们一直都在努力探索新的发展规划：事实上，她们正在寻找一整套新的发展蓝图。因此，两个人都不约而同地走到了事业和人生的转折点。

2009 年 8 月，就在多齐尔被任命为基督教芬格高中校长时，这所学校正处于危机的漩涡之中——如果回顾过去的 20 年，你很难找到芬格高中远离危机的时候。80 多年前，这所学校诞生于芝加哥市南区的罗斯兰德地区的中心，这里曾经兴旺一时，但如今，无论从哪个方面衡量——譬如贫困人口率、失业率、犯罪率，甚至是街道上的那种空旷和败落感，这个地区都是整个芝加哥城最破败、最贫穷的地方。这里昔日曾经商业繁荣、高楼林立，而今却人烟稀少、杂草丛生。罗斯兰德不仅地理位置相对偏僻（临近芝加哥南郊，再向南便是臭名昭著的艾尔区），而且种族隔离现象极为严重：在芝加哥的全部人口中，白人、非洲裔美国人及拉丁裔美国人的比例几乎平分秋色，而在罗斯兰德，黑人比例则高达 98%。与大多数贫民区的公立高中一样，芬格高中同样也保持着一项不光彩的记录：考试成绩低，到校率低，违纪现象普遍，辍学率居高不下。

每每谈到芬格这样的学校，人们的语气中都会毫无例外地充斥着蔑视和淡漠：被边缘化的学校，学校里面尽是被市政官僚和华盛顿忽略不计甚至是彻底遗忘的学生。但芬格高中却是一个令人费解的例外：它并没有被人们抛弃，一点也没有。相反，在过去的 20 年时间里，一些负责教育的政府高层人员和著名慈善家一直将其视为改革的核心，并为之投入了大量资金。几乎所有关于拯救濒临衰亡的公立高中教育的策略，都曾把芬格高中作为试验对象。

芬格高中的现代史源于 1995 年，当时，芝加哥市市长理查德·戴利（Richard M. Daley）负责全市的学校工作。为体现他所推崇的商业化运作模式，戴利认为，教育机构的最高负责人不应被称为校长，而是应视为等同于商业机构负责人的首席执行官（CEO）。为实现自己的设想，戴利选定了一贯工作出色且鲜有争议的市政预算主管保罗·瓦拉斯（Paul Vallas），立即着手应对芬格及其他问题高中面对的困难。瓦拉斯创建了一套适用于全市学校的评估体系，按照需要帮助的程度对各个高中进行排名。根据这个评估体系，芬格高中属于岌岌可危之流[1]——暂留查看。年轻时，瓦拉斯曾在芬格高中就读过两年，这或许也是他全身心投入到这所中学的改革计划中的原因。他为芬格高中制订了一项重建计划，其中的一项内容就是雇用一家外包培训公司为学校教师提供读写辅导训练。他在芬格学校教学楼专设一层作为新生学堂[2]，在这里，刚刚入校的新生可以接受整整一年的专门教育。1999 年，他又在该校创建了一个数学和科学研究院[3]，美国航天局科学实验室为此专门拨付了 52.5 万美元赞助资金。两年之后，他就把芬格高中变成了一所以科技见长的磁石学校（magnet school）[4]。

尽管瓦拉斯的所有改革都已付诸实施，但这些措施似乎并未给芬格高中的学生带来丝毫改变。瓦拉斯的继任者阿恩·邓肯（Arne Duncan）同样不能例外。2006年，芝加哥教育系统与比尔及梅琳达·盖茨基金会开展了一项大型合作项目，邓肯选择了芬格高中作为试点[5]。在这项名为“高中改造”的项目中，盖茨基金会为之提供了一笔2100万美元的启动资金。（三年之后，盖茨基金会为这个覆盖芝加哥全市范围的教育改造项目已合计投入[6]8000万美元。）在最初确定该项目时，邓肯曾说过，这“不仅是芝加哥公立教育历史上的重要一天，也是整个美国公立教育的一个历史性时刻”[7]。但就在两年多之后，无数证据便已表明，“高中改造”项目并没有带来预期的结果，于是，芬格高中又随即成为邓肯下一个改革措施的实验对象[8]：“高中转型”项目规划。按这个项目规划，学校校长和至少一半的教员将被撤换，并以全新的教育团队取而代之。2009年，当“高中改造”项目在芬格高中正式开始实施时，新当选的校长就是伊丽莎白·多齐尔。

必须指出的是，无论是瓦拉斯，还是邓肯，都不是那种平庸无能的官僚，他们是美国最杰出的教育领导者。瓦拉斯在离开芝加哥之后，来到费城继续从事学校教育工作，随后，他再次因在卡特琳娜飓风后领导重建新奥尔良州的学校体系而成为美国家喻户晓的人物。邓肯在离开芝加哥后的事业更有说服力：2009年他被奥巴马总统任命为美国教育部部长。尽管两个教育界的大腕用心良苦，为芝加哥的高中教育体制改革投入了巨大的人力和物力，但是，严酷的统计数字却说明，芬格高中的境况几乎依旧与1995年时差别不大：全部入校新生中有一半到2/3的人未能坚持到高中毕业。而在最终能够完成学业并拿到毕业证的少数人中，在学术上获得成功的人更是寥寥无几：2008年，也就是邓肯在芝加哥的最后一年，只有不到4%的学生达到或超过美国大学入学统一考试的及格线。在邓肯的任期内，芬格高中从未实现联邦政府“有教无类”（No Child Left Behind，又译为“不让一个孩子掉队”）法案提出的“每年均取得适当进步”的要求。瓦拉斯提出“暂留查看”类学校的初衷是为了定义一种公立教育迫切需要改善的状态，但却不幸成为芬格高中的现实。到 2011 年，该校已连续六年被划为“暂留查看”类学校。

当多齐尔来到芬格高中时，这个信心百倍、意志坚定的 31 岁女性相信，在现代教育体系改革家的基本工具和手段中，包含了她为改造学校学生所需要的一切工具。她曾参加过一个极具竞争性、名为“新型学校，新型校长”的校长培训项目，这个为期一年的培训旨在让被培训者认识到，不论社会经济环境如何，只要拥有忠诚敬业的教职员工，一个有活力的学校领导者就能让学生有更好的成绩，追求更高的目标，达到更高的层次。根据这个思路，多齐尔对芬格高中进行了全面洗牌，替换了部分行政人员及大部分教师。我第一次来到芬格高中并见到这位女校长时，她刚刚接手校长职位一年多，在全部 70 名教职员工中，仅有 3 人是“转型”前的老员工。绝大部分新任教师都是年富力强、意气风发的青年人，由于没有签订聘用任期，因此，多齐尔可以毫不费力地替换那些不符合要求的人。

但是在我们的谈话中，多齐尔告诉我，在来到芬格高中之后，她对学校的认识彻底发生了变化。“我曾经一直认为，如果一所学校状态不佳，要么是因为校长不称职，要么就是教师不合格，”多齐尔解释说，“但摆在我们面前的事实是，芬格高中毕竟是一所社区学校，因此，学校状况也只是对所在社区基本状态的反映而已。如果不考虑社区的实际状况，你就不可能指望着解决学校的问题。”

随着多齐尔对芬格高中学生状况的深入了解，很多学生家庭中存在的问题的严重性令她触目惊心。多齐尔告诉我，“我们的大多数学生都生活在入不敷出的赤贫状态，而且很多人就生活在帮派势力盛行的地区。在这所学校里，我真不知道哪个孩子不是生活在这样的窘境中。”她还说，在芬格高中，1/4 的女孩子曾经怀孕或是已经成为年轻妈妈。在让她估计一下有多少学生与亲生父母一起生活时，多齐尔的脸上掠过了一丝诧异的神情，她回答，“我实在是想不起来谁和亲生父母生活在一起，但我知道肯定还是有的。”

暴力的威胁如同散不开的阴霾，始终围绕在芬格高中的学生身边。芝加哥的谋杀率是洛杉矶的两倍，是纽约的两倍还多。黑社会帮派的规模和危害性远远超过美国其他主要城市。在多齐尔刚到芬格高中时，发生在年轻人当中的枪击犯罪率刚刚经历过一个高峰：2008 年，整个芝加哥市死于枪杀的学龄少年为 83 人[9]，受伤人数更是超过了 600 人。

尽管多齐尔曾经把改造芬格高中视为一个挑战，但她显然没有为上任第 16 天发生的意外做好丝毫准备。就在距离学校几个街区的地方，爆发了一次大规模的暴力冲突，事件大概共涉及 50 名少年，其中大多为芬格高中的学生。尽管没有使用枪支和刀具，但有些孩子把捡到的铁路枕木当作武器。芬格高中一名叫德里昂·阿尔伯特的 16 岁男孩参加了斗殴，他被枕木击中头部，当场不省人事。即便是在阿尔伯特倒地之后，还有几个孩子在他的头上踢了几脚，连续的钝击最终导致阿尔伯特命丧人寰。

从根本上说，德里昂·阿尔伯特在 2009 年 9 月的死亡事件与当年芝加哥地区的其他学校暴力事件并无区别。但问题的关键是，这场冲突以及阿尔伯特的整个死亡过程被旁观者拍摄下来，这段令人毛骨悚然的视频片段也很快通过 YouTube 成为轰动事件，进而成为各大主流新闻媒体报道的头条，顿时，芬格高中成为舆论的中心，引发一片哗然。来自芝加哥本地和美国各地的媒体纷至沓来，涌进芬格高中的校园。连续几周，学校周围的街道上挤满了有线电视卫星转播车，人们聚在学校门口，既有祈祷守夜的，也有抗议示威的。美国司法部部长埃里克·霍德尔（Eric Holder）亲自来到学校看望学生。到了 10 月份，芬格高中再次成为媒体焦点，在一座教学楼的三个楼层，几乎同时爆发了三个聚众斗殴事件。几十辆警车开进学校，5 名学生被捕，整个教学楼被临时关闭 3 个小时。

在经历了这场全校范围的骚乱之后，多齐尔针对暴力行为及可招致暴力事件的行为制定了一项零容忍制度：如果有学生在校园内传递或交换聚众斗殴信息，将自动受到停课 10 天的处罚。如果有学生参与打架斗殴，多齐尔将报警并不惜一切代价将这些学生永久性地开除出校门。在阿尔伯特事件发生一年多之后，我来到芬格学校，此时，整个校园变得安静有序，尽管在外人眼里，这里永远都会显得与众不同：全副武装的警卫随时在学校各个角落巡逻，学生在校园内必须随时在脖子上佩带一张标示身份的铭牌，否则哪儿都去不了；如果有学生上课时要去上厕所，那么必须携带一个巨大的通行证，这张证足有两英尺（约 61cm）长，而且是明亮刺眼的黄色。课间休息时，电影《比佛利山超级警探》（*Beverly Hills Cop*）中充满节奏感的合成音乐就会在走廊响起，学生们必须在最后一个音符结束前回到自己的课堂上。尽管有这么多严格的规定，但学生暴力事件依旧频发：就在我第一次来到芬格高中采访多齐尔时，我们的谈话就曾两次被走廊里的叫喊声打断，遇到这种情况，多齐尔当然会责无旁贷地立刻冲出去，平息一触即发的混战。

多齐尔告诉我，在担任校长的第二年里，她逐渐开始意识到，自己所掌握的最重要的手段并不是在课堂上的训诫。鉴于阿尔伯特被杀事件造成的恶劣影响，霍德尔和阿恩·邓肯承诺以联邦政府名义出资 50 万美元，在芬格高中建立一个以克制暴躁情绪和心理创伤咨询为目的的课后项目，学校也在为学生提供心理救助的同时，为学生家长提供心理咨询。多齐尔在芬格高中招募了 25 名最“臭名昭著”的问题学生，参加这项高强度的辅导项目。她希望能借此找到出路，解决当前芬格高中最紧迫也是最棘手的危机：当然不是学生的学习成绩——尽管这个问题的确令人沮丧，而是一系列因家庭不完整、不和谐而引发的深层次问题，这让他们根本就无法像正常人那样生活。有一天早晨，多齐尔对我说，“在接受这份工作时，我根本就没认真想过，这些孩子来自什么样的家庭？或是贫困会给孩子们带来哪些影响？但自从我来到芬格，我开始重新认识这些问题。”

2 不幸的孩子其实是相似的

贫困到底会给孩子们带来哪些影响呢？尽管事业已近半途，但纳丁·伯克·哈里斯同样一直在思考这个问题。可她毕竟只是一名医生，而不是教育工作者，因此，她只能从患者的身体健康角度看待这个问题。自 2007 年以来，哈里斯就一直是贝维尤儿童健康中心的儿科主治医师，医院位于旧金山郊区的贝维尤 – 亨特斯区，这个藏在旧金山市东南角的废弃工业区是整个旧金山市最庞大的具有暴力倾向人群的居住区。在创建这间诊所时，哈里斯刚刚从哈佛大学公共卫生学院毕业，这个充满理想和抱负的年轻人被加州太平洋医疗中心雇用，当时，这家实力雄厚的私人连锁医疗机构刚刚制定了一个内容含混不清但表面却光鲜亮丽的宏伟目标：了解并解决旧金山市医疗卫生领域发展不均衡的问题。要揭示这种不平等并不困难，尤其是在贝维尤－亨特斯区：这里的充血性心力衰竭患者住院率为几英里外马里纳区的5倍。而且，在哈里斯的诊所开业之前，整个社区的私立医疗机构中仅有一名儿科医生，但儿童数量则超过万人。

早在哈佛读书时，哈里斯就曾研究过医疗领域的发展不均衡问题，而且她也知道公共医疗机构颁布的文件上写着：让更多的低收入家庭可以获取医疗卫生资源，尤其是基础医疗。当诊所开业时，哈里斯定位的治疗对象是儿科患者中最最常见的疾病，也是贫富差距体现得最明显且最容易被理解的医疗问题，比如哮喘治疗、营养均衡问题、白喉疫苗接种以及百日咳和破伤风。几个月之后，她便取得了明显进展。在第一次拜访哈里斯的诊所时，她告诉我，“事实证明，提高免疫率和降低住院率是如此简单，简单到让我感到不可思议。”但她又解释说，“我觉得我们并没有解决医疗不均衡问题的根源。就我个人所知，在这个社区，其实已经很长时间没有孩子死于破伤风了。”

哈里斯发现，她正处于一个与多齐尔极其相似的境况。在这里，她做着自己曾经梦想的事情。她不仅拥有丰沛的资源，而且接受过良好的教育，更有勤奋坚韧的精神——但她似乎依旧无力改变她一直试图帮助的年轻人。在家庭中，他们被无休止的争吵所困扰；在社会中，他们几乎无时无刻不为暴力所纠缠，随时受到身体和心理的双重打击，这无疑是把他们推上通往地狱的道路。在她的诊所里，很多孩子似乎都显得焦虑烦躁或是抑郁消沉，有些孩子甚至已经在心理上遭受了严重的创伤，使得日复一日的生活压力化为各种不良反应，从恐慌焦虑症，到饮食失调，再到自杀行为，表现形式形形色色、五花八门。有的时候，哈里斯感觉自己并不像一个基层儿科医生，倒像是一个战地医生，只是给患者简单包扎之后，便让他们重返战场。

伯克·哈里斯试图寻找答案，而她的探索让她对贫穷和逆境有了新的认识，并让她进入了一个全新、陌生的领域：这里不是公共政策杂志或者政治科学论坛讨论的主题，而是医疗杂志和神经科学会议研究的话题。哈里斯渐渐对一个乍看来似乎是极端激进的观点笃信不疑：在贝维尤－亨特斯或是罗斯兰德这样的街区，常常被很多人尤其是被经济学家和社会学家看作是社会事务的问题，如果从分子层面或者说作为生物体的人类本性角度进行分析和解释，也许才是最合理、最明智的。

3 童年的创伤会影响孩子的一生

伯克·哈里斯的事业新旅始于一篇刊登在医疗杂志上的文章。2008年的一天，诊所的心理医师惠特尼·克拉克（Whitney Clarke）不经意间将一本杂志扔在了她的桌子上，其中有加州大型医疗保健机构恺撒医疗中心的预防医学主任文森特·弗里蒂（Vincent Felitti）的一篇文章：《儿童期不良经历与成年健康的关系：化金为土》[10]，文章介绍了“儿童期不良经历（Adverse Childhood Experiences）”的研究，即通常被称为“ACE”的研究。这项研究是弗里蒂与亚特兰大疾病控制中心的流行病学家罗伯特·安达（Robert Anda）于20世纪90年代进行的。哈里斯告诉我，在看到这篇文章时，突然之间她眼前一亮：“乌云顿时散尽，”她面带笑容地说，“天使突然降临在你的面前，就像《黑客帝国》结尾时的那一幕，尼奥看到整个宇宙都在扭曲、变化。”

1995年初，报名参加恺撒卫生保健组织接受全面医疗检查的患者会接到一份问卷调查邮件，他们需从 10 类不同的儿童期不良经历中选择一类与自己有关的类型回答问卷，包括身体虐待和性虐待、生理和心理上遭受的冷落以及家庭生活中的各种非正常情况，如离婚、单亲或家庭成员存在入狱监禁、患有心理疾病或吸毒等情况。在几年的时间里[11]，超过 1.7 万名患者完成并返回调查问卷，回复率接近 70%。这些被调查对象可以代表中层至中上层人口的主流群体：75% 为白人，75% 曾读过大学，平均年龄为 57 岁。

在安达和弗里蒂统计调查结果时，连他们自己都大吃一惊，在这个总体上还算富裕的人群中，儿童期遭受创伤和挫折的情况居然非常普遍。超过 1/4 的被调查者指出，他们的家庭成员中有酗酒者或吸毒者；同样有超过 1/4 的被调查者在儿童时期曾遭受过殴打。随后，医生根据患者遭遇的 ACE 数量给每一名患者打分，即：被调查者每经历过一种创伤便可以得到 1 分，研究者发现，2/3 的被调查者[12]至少经历过一种 ACE，1/8 的被调查者经历过 4 种或更多 ACE。

当安达和弗里蒂将 ACE 得分与恺撒医疗中心收集的大量医患资料进行对比时，一个更令他们不可思议的事实浮出水面。安达后来曾著文写道，儿童期遭受的不良经历与成年后负面行为之间的相关性非常显著，以至于“让我们感到震惊”[13]。此外，这种相关性似乎服从一种完美线性的剂量反应模型：ACE 的得分越高，瘾性行为变成慢性疾病的可能性就越大，而且程度越严重。利用这些数据，安达和弗里蒂制作了一个又一个柱形图，但所有柱形图都显示出基本相同的形状。在每个柱形图的底部，即 x 轴上，医生标出患者经历过的 ACE 数量，而 y 轴则表示占主导性的某种不利结果：过度肥胖、抑郁症、过早涉及性行为以及吸烟史等。在每一个柱形图上，柱形从左（没有经历过任何 ACE 行为）向右（经历至少 7 种 ACE）逐渐上升。与没有经历过任何 ACE 行为的人相比[14]，至少经历过 4 种 ACE 行为者吸烟的可能性超过前者的 1 倍[15]，酗酒的可能性为前者的 7 倍，在 15 岁之前有过性行为的可能性为前者的 7 倍。此外，后者患癌症、心脏病[16]和肝脏疾病[17]的概率比前者高 1 倍，而患肺气肿和慢性支气管炎的可能性则是前者的 4 倍。在某些柱形图上，柱形上升的幅度非常大：经历过至少 6 种 ACE 的成年人出现自杀[18]的可能性为无 ACE 记录者的 30 倍。而至少经历过 5 种 ACE 的成年人有吸毒行为的可能性则是无 ACE 记录者的 46 倍[19]。

尽管这些行为带来的结果令人震惊，但至少符合我们的直觉判断。长期以来，心理学家就一直认为，童年时期遭受的创伤可能会造成自卑感，而且他们完全有理由假设，这些感受会引发吸毒、抑郁甚至是自杀行为。ACE 研究中表现出的某些健康问题，譬如肝脏疾病、糖尿病或肺癌，极有可能是严重酗酒或者暴饮暴食等自我破坏行为的结果，这种因果关系至少在一定程度上是成立的。但弗里蒂和安达却发现，即便未出现这些行为，儿童时期不良经历依旧会对成年后的健康带来深远影响。在对 ACE 得分较高（达到或超过 7）但却未出现吸烟、酗酒及过度肥胖的患者进行研究之后，两位研究者发现，他们患缺血性心脏病[20]（这也是造成美国人口死亡率最常见的诱因）的风险依旧比 ACE 得分为零者高出了 360%。也就是说，尽管这些患者在儿童时期经历的挫折让他们身患疾病，但这些疾病却与行为无关。

4 消防队效应：别忽视幼儿的感受

这次的 ACE 研究促使伯克·哈里斯开始关注其他类似的研究论文，

很快，她就对这个问题如痴如醉，以至于每天都会读书到半夜，阅读医学杂志上发表的相关文章，在医疗在线数据库“PubMed”上搜索和跟踪各类最新会议和研究信息。在近乎疯狂的几个月时间里，她收集和编写了大量的资料，最终汇总成四本厚厚的读书笔记。尽管这些论文涉及很多学科，但大多数可以归结为两个最晦涩难懂的医学领域：神经内分泌学（neuroendocrinology，研究激素与大脑之间如何互动）和压力生理学（stress physiology，研究压力如何影响人的身体状况）。尽管安达和弗里蒂最初并不理解这些 ACE 研究数据中所隐含的生理机制，但是过去的 10 年里，有一点是所有科研人员一致认同的，早期不良经历给身体和大脑发育带来危害的关键诱因就是压力。

我们的身体通过一个被称为 HPA 轴的系统调节外部压力。在这里，“HPA”代表着“下丘脑 – 垂体 – 肾上腺（hypothalamic–pituitary–adrenal）”。这个拗口的词汇描绘了大脑和身体对外界刺激做出反应并形成化学信号的过程。当潜在威胁出现时[21]，人的第一道防线就是下丘脑。大脑的这个部位控制着人的非意识生理特性，譬如体温、饥饿和口渴。下丘脑会释放出一种化学物质，触发脑垂体中的受体；随后，垂体释放代表信号的激素，刺激肾上腺；继而，肾上腺又发出反映外界压力的糖皮质激素，引导身体做出一系列特定的防御性反应。在这些反应中，有些反应在发生时我们是可以意识到的：比如说恐惧和焦虑之类的情绪，或是心跳加速、浑身打冷战、口干舌燥之类的身体反应。但 HPA 轴产生的很多效应却是我们无法意识到的，也就是说，我们或许不会感受到身体正在发生的某种变化：神经传递素开始活跃，葡萄糖水平提高，心血管系统向肌肉中注入更多的血液，血流中的炎性蛋白大幅增加。

神经学家罗伯特·萨博斯基（Robert Sapolsky）在其代表作《斑马

为什么不得胃溃疡》(*Why Zebras Don't Get Ulcers*)一书中指出，和所有哺乳动物一样，经过长期的进化和发育，我们的压力感受系统同样可以对短暂和敏锐的压力做出反应。对于生活在大草原上、需要随时随地躲避食肉动物袭击的原始人类来说，这个系统的确发挥了巨大的作用。但现代人类显然无须时时刻刻警惕狮子的攻击。当下，我们所承受的大部分压力则是来自于心理层面，即：处于对某种事物的担忧中。而HPA轴的作用并不是为了应对这种压力。萨博斯基在书中写道，“一旦面对来自外界的紧急情况，我们就会激活这个本能性的生理系统，但即便紧急情况已经消失，我们还是会让这个系统继续保持开启状态，甚至在几个月的时间里让自己不得安宁，为了抵押贷款、人际关系或是职务晋升而焦虑万分。”通过过去50年的研究，科学家们已发现，这种焦虑不仅是毫无意义的，而且极具破坏性。如果一个人的HPA轴承受过度的压力，尤其是在婴幼儿和童年时期，就会给他们的身体、心理和神经带来各种各样长期性的不良反应。

但是，对于这个过程，最令人迷惑不解的是，造成危害的并不是压力本身，而是我们身体在压力面前做出的反应。在20世纪90年代初，洛克菲勒大学的神经内分泌学家布鲁斯·麦克尤文(Bruce McEwen)[22]针对这种现象提出了自己的理论，而这也是目前该领域被广泛认同的理论。麦克尤文将人体应对压力的过程称之为“稳态应变”(allostasis)，他认为这个过程会对人体造成损耗。如果身体的压力应对系统超负荷工作，那么，它必然会在压力之下越来越虚弱，直至崩溃。麦克尤文把这个循序渐进的损耗过程称为“稳态应变”负荷，并指出，这个过程的破坏性效应会发生在身体的每一个部位。例如，紧急压力会使血压上升，以便于为需要对危险形势做出应急反应的肌肉和器官提供足够的血量。这是它的积极作用。但反复升高的血压则会造成动脉的粥样硬化斑块，而这又会直接导致心脏病的发生。这是它的消极作用。

尽管人类的压力反应系统在结构上极为复杂，但实际上，它却像曲棍球球棍一样精巧灵活。我们的身体里存在着很多防御体系，它们会根据我们所面对的压力类型，由其中最适合的一个体系做出反应。例如，在你的肉体受到伤害时，最理想的防御方式就是由免疫系统生成大量抗体。在面对攻击者的时候，为了躲避袭击，你希望心跳加快并且血压升高。但 HPA 轴并不能区分不同类型的威胁，因此，为了应对威胁，它会同时激活所有防御体系。遗憾的是，这意味着你经常要做出各种各样毫无意义的应激反应——比如说，当你需要在众多听众面前发言时，却突然感到口干舌燥。因为你的 HPA 轴感受到威胁迫近，于是，它开始减少唾液分泌量，而为规避袭击做准备。此时，你最希望得到的是一杯水，然后一饮而尽。

我们可以把 HPA 轴看作一支拥有装备精良、高科技救火车的豪华型消防队，每辆消防车都拥有一套极为特殊的救火工具和一支训练有素、精明强干的消防队员。当火警响起时，消防队员不需要时间分析发生了什么问题，也不需要思考哪辆消防车最适合解决问题。所有消防车都会拉响警笛，一股脑地全速赶到火灾现场。和 HPA 轴一样，它们会动用所有可能派上用场的工具做出快速应对。这对拯救火灾中的生命来说或许是正确的策略，但这也可能会过于兴师动众，小题大做——为了应对一只冒烟的垃圾桶甚至是虚假警报而动用十几辆消防车。

5 无论你是否觉察，所有的经历都会写在孩子的身体里

纳丁·伯克·哈里斯经常会在她的患者身上看到这种消防队效应。有一天，在哈里斯的诊所里，她把其中一个名叫莫妮莎·苏利文的孩子介绍给我。莫妮莎第一次来诊所的时候只有16岁，那时刚做了妈妈。莫妮莎的童年似乎从来就没有阳光：她在出生几天之后便被母亲遗弃，她的母亲长期大量食用强效可卡因。童年时代，莫妮莎和她的哥哥、父亲生活在亨特斯区，长期在帮派势力的影响之下，而这最终让她的父亲也沉迷毒品；在莫妮莎10岁的时候，哥哥被市儿童保护局带走，而莫妮莎也被收容所收养。从此，莫妮莎便一直在各种各样的社会收容机构之间游荡，这里住上几周，那里住上几个月，但很少能在一个地方待上一年，不管是哪里，莫妮莎都会因为吃饭、写作业或是看电视而大闹一场，结果要么是她擅自出走，要么就是看护人彻底投降。随后，她就会被送到一个"新家"。在之前的6年时间里，她已经更换了9个不同的"家"。

见到莫妮莎的时候是2010年秋天，当时，她刚刚满18岁，而且就在三天之前，她刚刚离开一家收容机构，这些机构是她度过几乎一半生命的地方。莫妮莎告诉我，她经历的最痛苦的时光就是在收容所里。她经常会在没有任何事前提醒的情况下，在上课时被一名陌生的社会义工拖出教室，然后被强行送到一个陌生的新"家"。她已经几个月没有与父亲取得联系了。"我还记得被拖出教室时的情形，就像昨天发生的一样，"她对我说，"每个细节都令我刻骨难忘。尽管我依旧还有梦想，但我感觉我将永生受难。"

坐在诊所的治疗室里，我让莫妮莎描绘一下她受到的伤害是怎样

的。她很善于表达自己的心理状态——每当她感到难过或者压抑时，她就会写诗，并且精确地说出存在于自己身上的症状。莫妮莎说，她患有严重的失眠症且经常做噩梦，有的时候，她的身体会莫名其妙地疼痛难忍。她的双手经常会不由自主地颤抖。最近，她开始脱发，为了掩饰稀疏的头发，她戴了一块淡绿色的头巾。但最重要的是，她经常感到焦虑：她为学校焦虑，为年幼的女儿焦虑，甚至会为无从知晓的地震而焦虑。“我经常会想到很多极为稀奇古怪的事情，”她说，“我经常会想到世界末日。如果一架飞机在我头上飞过，我就会想到它会扔下一颗炸弹。我会想我的父亲死了怎么办，如果我失去了他，我不知道我还能做什么。”她甚至在为自己的焦虑症而感到焦虑。“在感到恐惧的时候，我根本就不知道该如何是好，”她说，“每每遇到这种情况，我的心跳就会加快，浑身开始出冷汗。你知道人们说‘吓死我了’是什么感觉吧？我担心这迟早会发生在自己的身上。”

上面消防队的比喻或许有助于帮助我们理解莫妮莎·苏利文的境况。在她还是一个孩子的时候，她的火警警报便会频繁响起，而且往往都会响到最高音量：母亲和她的继母在相互殴斗；我再也见不到父亲了；没有任何家庭会招待我吃一顿晚餐；收养我的家庭从没有想过要照顾我。每一次警报响起的时候，她的应激反应体系都会派出全部消防车，而且每一辆消防车都会警声大作。这些消防车砸碎一些窗户，让房间里的地毯浸在灭火泡沫里。当莫妮莎到了 18 岁时，她面对的最大问题并不是周围世界给她带来的威胁，而是这些消防车给她带来的伤害。

当麦克尤文在 20 世纪 90 年代首次提出“稳态应变”负荷的概念时，他并没有把它当作一种真正的量化指标。但是最近，麦克尤文和以加州大学洛杉矶分校老年医学专家为首的学者[23]一直在尝试让这种稳态应变负荷更具可操作性，对每个人，用唯一的数字代表一生经历的压力给这个人带来的伤害。今天的医生始终采用可比较的生物风险指标，其中最主要的就是血压。这些数字指标显然适用于预测某种身体健康状况（这也是每次看医生的时候，不管是什么症状，医生都会为你量血压的缘故）。但问题是，血压指标本身并不能精确测定未来可能存在的健康风险。一种更精确的稳态应变负荷指标应该不仅包括血压和心率，还应考虑其他压力敏感性量度，如固醇和高敏 C 反应蛋白质（一种反映心血管疾病的主要指标）、皮质醇及尿液中其他压力激素以及血液中的葡萄糖、胰岛素和脂类等指标。希曼（Seeman）和麦克尤文指出，真正能够预测未来健康状况的指标，应该是一种包含上述结果的复杂指标，而不仅仅是目前所采用的血压或是其他单因子指标。

这显然是一个富有吸引力和趣味性的概念，而且也是一个略微令人吃惊的概念：在你 20 几岁的时候，医生就可以只凭借一个数字，总结出你在此前的人生旅程中所经历的所有压力，以及这些压力让你在现今所面对的健康问题。在某些方面，它就是一种改良版本的 ACE 得分。ACE 得分依赖于你对个人儿童时期经历的主动坦白，与此不同的是，稳态应变负荷却只能反映冷冰冰硬邦邦的医疗健康数据，即：儿童时期不良经历带来的实际生理影响，会写在你的身体里，深深地隐藏于你的皮肤下面。

6 生命不能承受之压

作为一名医生，伯克·哈里斯最初的兴趣在于研究早期挫折和压力失控给患者带来的生理影响，即莫妮莎的手颤、脱发和无法解释的疼痛感。但哈里斯很快就发现，这种挫折和压力给患者其他方面带来的影响丝毫不亚于对生理的影响。在对弗里蒂和安达的调查问卷进行了改进，并对诊所接待的700多名患者开展调查后，哈里斯发现，ACE得分与学校问题之间体现出一种令人不安的显著关联性。在ACE得分为零的患者中[24]，只有3%的人被确定为存在学习问题或行为问题。而在ACE得分达到或超过4的患者中，这个比例则是51%。

应激生理学家以生理学理论对这种现象做出了解释。在我们的大脑中，受人生早期逆境影响最大的部位是前额皮层，这里是负责心理和认知等各种自我调节活动的中枢。因此，在压力环境下长大的孩子往往不容易集中精力，无法安静地坐下来，不能摆脱失望情绪的阴影，难以接受指导。这些显然会给他们在学校的表现带来直接影响。当我们被这种无法控制的强烈刺激彻底打倒、因为这些负面情感而心烦意乱时，要静下心来学习字母就会变得很困难。实际上，在对幼儿教师进行调查时，他们一致认为，他们面对的最令人头疼的问题不是不知道字母和数字的孩子，而是那些不知道如何控制情绪或是在被激怒后如何让自己安静下来的孩子。在一项全国性的调查中，46%的受访幼儿教师[25]认为，在他们的班级里，至少一半的孩子在听从指令方面有问题。在另一项调查中，“领先”幼儿园（Head Start）①的教师指出[26]，在他们的学生中，超过1/4的人在自我控制方面表现出严重的负面行为倾向，例如，每周至少出现一次殴打或威胁同学的现象。

压力对前额皮层造成的某些影响应该归结为情绪或心理方面，即表

---

① 美国政府专门为贫困家庭孩子设立的幼儿园，孩子在那里可以学习知识，掌握一些基本技巧。——编者注

现为各种形式的焦虑和抑郁。在第一次会面之后，我一直与莫妮莎保持联系，我发现，这些情绪或心理症状大多在她身上得到了体现。她一直困扰于各种各样的自我怀疑——怀疑自己的体重，不相信自己做母亲的能力，更是担忧自己的前途。

有一天，莫妮莎遭到前男友的殴打，她原本只是想约男友聊天，排解一下自己的寂寞，结果却适得其反。她一直压抑着自己的情绪，她感觉自己已经走到了崩溃的边缘。“有的时候，压力大得让我无法承受，”她有一天终于对我道出了心声，“我不知道，如果换了别人该如何应对这样的生活。”

对莫妮莎而言，压力超过负荷给前额皮层带来的主要影响就是她难以调节情绪。但是对很多其他年轻人来说，压力带来的主要后果则是削弱了他们调整思维的能力。这种影响与前额皮层所负责的一整套特定认知能力有关，而这个前额皮层则被称为执行功能区。在较富裕的学区，锻炼开发大脑执行功能区已成为新的教育时尚，而这也是一个需要重新审视和评估的领域。但是在那些研究贫困儿童的学者当中，执行功能带来的吸引力则来源于另一个原因：要缩小底层儿童与中产阶级儿童在学习成绩上的差距，改进大脑的执行功能似乎是一种可行的工具。

就像我们所认识到的那样，执行功能是一系列高端心理素质的集合；哈佛大学儿童发展中心主任杰克·肖可夫（Jack Shonkoff）曾将这些能力比作监督大脑各项功能的空中交通管制员[27]。从更广泛的意义上说，它们是指大脑处理混乱及不可预测情况和信息的能力。衡量执行功能的测试工具就是斯特鲁测验（Stroop test）。在测试中，应试者可能会看到以绿色字母写成的“红”字，然后，有人会问你这个词的颜色是什么，而不是这个词本身是什么。显然，要避免你的回答不是“红”，

的结果却令他们大吃一惊：在采用静态技术提取稳态应变负荷的影响时，贫困生活经历带来的影响会完全消失。也就是说，影响贫困儿童执行能力发育的诱因并不是贫困本身，而是贫困所带来的压力。

这至少对我们在贫困问题上的认识是一个重大发现。如果两个男孩第一次坐到一起玩“西蒙”游戏。一个孩子来自中上层家庭，另一个则来自低收入家庭。前者在模式记忆方面的表现明显好于后者。我们很容易认为这是内在基因决定的结果：或许富人家庭的孩子天生就可能拥有玩“西蒙”游戏的基因。这或许还与中上层家庭的孩子拥有较好的物质条件有关，因为他们有更多的书籍，更多的游戏，更多的电子玩具。或许是因为他们的学校更擅长于培养短期记忆能力。抑或是以上三种原因的结合。但埃文斯与夏姆博格找到的答案却出人意料：事实上，低收入家庭子女面对的最大劣势就是他们所承担的稳态应变负荷过高。假如另一个孩子同样来自低收入家庭，只是所承受的稳态应变负荷较低，或者说，尽管这个孩子很贫穷，但他的童年生活并没有太多的不良经历，那么，他极有可能在“西蒙”游戏中与富人的孩子不相上下。那么，“西蒙”游戏的低得分到底又意味着什么呢？因为无论是在高中、大学还是工作岗位上，我们都要面对无数的任务和挑战，而工作记忆对我们成功地完成这些任务、迎接这些挑战是至关重要的。

这些关心贫富差距的学者之所以对大脑的“执行功能”如此感兴趣，是因为这些能力不仅是预测未来成功的关键要素，还因为它们比其他认知能力更具延伸性。前额皮层不仅比大脑其他部位对外界刺激的反应更敏感，而且在进入青春期和成年早期依旧可以保持良好的灵活性。因此，如果能以某种方式改善孩子的生活环境，让他们的大脑拥有更强大的执行功能区，那么，他们以某种有效方式实现成功的概率就会大大增加。

8 在原子层面，找到问题的根源

在童年的早期阶段，我们的大脑和身体对外界压力与创伤的影响其实最为敏感。但只有在青春期，压力带给我们的伤害才有可能造成严重的持久性影响。一定程度上，这也是成长过程中不可避免的一个组成部分。如果孩子在小学时期不能很好控制自己的冲动情绪，其带来的后果是有限的：可能会因为违反纪律而被叫到校长办公室；或是因为一时冲动而疏远了某个朋友。但是在进入青春期之后，这种冲动性的决定，比如醉酒驾车、不采取任何保护措施的性生活、在高中阶段辍学或是盗窃钱财，往往会带来让你遗憾终生的结局。

此外，研究人员还发现，在青春期阶段，人的大脑[29]对正确的冲动性决定和错误的冲动性决定有着完全不均衡的偏好，这一阶段尤其容易接受错误的冲动。坦普大学的心理学家劳伦斯·斯坦恩伯格（Laurence Steinberg）对两种相互独立的神经系统进行了分析[30]：它们分别发育于童年阶段和成年的早期阶段，但两者都会给青春期的生活带来深远影响。问题的关键在于，这两个体系之间缺乏良好的协调。前者被称为刺激处理系统，它会让你更多地依赖于感觉，做出更具情绪化的反应，更关注于社交信息。（如果你是一个十几岁的孩子，你或许会觉得这很熟悉。）后者被称为认知控制系统，它的作用是帮你管好这些冲动。斯坦恩伯格指出，之所以说青少年时期是一段危险期，是因为刺激处理系统在青春期初期阶段已发育成熟，而认知控制系统的成熟期则要到 20 岁之后。因此，在这缺乏控制的几年里，我们是在疯狂无度地处理各种各样的刺激，但却缺乏一个“有责任心”的控制系统来约束、克制我们的行为。当一个典型问题——轻狂不羁的青春期神经化学元素与超载 HPA 轴相遇时，注定会酿成一杯威力无穷的毒酒。

正因为这样的问题存在于很多芬格高中学生的身上，才让伊丽莎白·多齐尔校长感到非常棘手。在发生了 2009 年 10 月的学校骚乱事件之后，她认为，为了学校的长远利益，她必须开除某些不可救药的学生。而排在这份黑名单榜首的，就是一个名叫托马斯·加斯顿的男孩，他被孩子们称作“马什”。在多齐尔看来，马什就是这个“匪帮”的大头目，在这个团伙中，只需马什一个眼色，他的手下便可在芬格高中的校园里兴风作浪。多齐尔告诉我，“这个孩子脾气暴躁，而且善于鼓动，只要他的一只脚踏进校园，整个学校似乎就会进入紧急状态，他的胡作非为让芬格高中人心惶惶。”

我开始关注马什，是因为他与其他 20 多名芬格高中学生一同被招入一个高强度的培训项目，该项目由芝加哥公立学校资助，并由一个名为“青少年辅导计划”（Youth Advocate Programs，简称 YAP）的非营利组织负责运行。在 2010 年秋季及 2011 年的春季和冬季，我的很多时间都是在罗斯兰德度过的，在这段时期里，我经常与 YAP 训练营的辅导者和参加辅导的学生进行交流，这其中就包括马什。指导马什的主要负责人斯蒂夫·盖茨（Stere Gates）是 YAP 计划在芝加哥地区的二号负责人。盖茨将近 40 岁，身体健壮，举止懒散，留着一头短发辫和一撮稀疏的胡须，一双灰蓝色的眼睛总给人以柔情似水的感觉。和马什一样，盖茨也生活在罗斯兰德，距离芬格高中只有几个街区。他就是在这里长大的，而且基本上与马什有着相同的生活环境，也犯了很多与 20 年后今天的马什所犯下的相同的错误：组织帮派，携带枪支，每天都在用自己的生命和未来去冒险。不堪回首的过去，不仅让盖茨非常理解马什所面对的处境，也让他更深切地体会到那种紧迫感：他必须帮助马什和其他参与 YAP 项目的问题少年，帮助他们走出误区，走向更美好的未来。

YAP 计划是经罗恩・休伯曼（Ron Huberman）的介绍被引入芝加哥的,2009 年，休伯曼接替阿恩・邓肯成为芝加哥学校管理局总负责人。在任命休伯曼时，芝加哥市市长戴利正为本市居高不下的年轻人持枪暴力犯罪率而忧心忡忡，于是，他交给这位新上任的教育局长一项不同寻常的使命：不要让我们的孩子相互残杀。休伯曼是一个只相信数据的人，他离开大学后的第一份工作是在芝加哥警察局，那段时间的经历，让他对以计算机分析为基础的“纽约警务模式”（CompStat）笃信不疑，20 世纪 90 年代，这个高科技的数据分析体系被视为纽约市犯罪率大幅降低的头号功臣。上任之后，休伯曼采取的第一项措施就是组建一支专业咨询团队，对发生在芝加哥地区的杀人案和枪击案进行计算机数据分析。这些犯罪专家首先建立了一个统计模型，他们声称，可以利用该模型确定未来两年内本地区最有可能成为枪击暴力事件受害者的学生。根据该模型，他们在芝加哥的高中生范围内锁定了 1200 个目标，这些孩子在 2011 年夏季之前遭到枪击的概率不低于 1/13。在这 1200 个潜在的受害者群体中，有 200 人处于“超高风险”的状态，他们未来两年内成为枪击受害者的概率不低于 1/5。这 200 个面临“超高风险”的人恰恰就是参加 YAP 项目的学生，在这里，他们将在辅导员的指导下每周接受 20 小时的辅导和帮助。

马什就是这 200 人中的一个，正因为如此，2009 年秋季，斯蒂夫・盖茨找到了马什，动员他加入 YAP 项目，并亲自为他安排了一名辅导员。与此同时，伊丽莎白・多齐尔则在绞尽脑汁地想着如何把马什赶出芬格高中。于是，在与 YAP 训练营签约之后，多齐尔就着手让马什离开自己的学校，哪怕只是暂时离开，也会让她感到轻松，最终，马什被送到距离芬格高中 8 个街区的维维安·萨默斯高中[①]，那里不仅空间狭小，而且戒备森严，犹如监狱一般。尽管马什不太喜欢维维安·萨默斯高中，但是在 YAP 训练营辅导员的关心和呵护下，在那一年的冬天和随之而来的春天里，马什似乎还是有所收获的。马什的第一位辅导员帮他在附近的一家汽车美容店找到了一份工作。在这里，马什可以钻研汽车喷漆工艺，曾有一段时间，马什似乎将过去不光彩的自己彻底抛弃，走向更有前途的未来。

在 2010 年 6 月的一个晚上，辅导员开车将马什送到家，临分手时，还特意叮嘱他一定要老老实实待在家里。但马什还是擅自决定溜出去看看。几个小时之后，马什便和老朋友布吉双双出现在库克郡的监狱里，他们被指控以暴力手段劫持车辆，或者说是，持枪抢劫。他和布吉都将面临最高可达 21 年的牢狱之灾，但是，YAP 聘请的律师还是想方设法，说服法官网开一面，把他们送到海军新兵训练营服役 8 个月。对马什来说，新兵训练营的生活是一段难忘的经历：全军事化的生活节奏，每天下午都要完成俯卧撑练习和 10 英里的跑步。但是，他在这里学会了以前在芬格高中所学不到的自律性，最终，马什顺利地度过了那 8 个月的禁闭生活。

在我第一次接触 YAP 项目的辅导员和学生时，马什还在接受禁闭处罚。但即便是在见到马什本人之前，我就已经听说到很多有关他的传闻，这些传闻来自盖茨，来自多齐尔，来自他的朋友，甚至还有他的母亲——在马什还在新兵训练营接受禁闭时，我和盖茨曾在一个晚上拜访

---

① 专门为有犯罪记录和无人看管及有生理障碍的孩子开设的学校。——译者注

过这位已经对儿子彻底失望的母亲。每每谈到马什，多齐尔就会充满恐惧，似乎马什就是一个少年版的“斯文加利”[①]。盖茨告诉我，即使是成年人，也会对马什心存恐惧。当然，马什的母亲显然对他这个“匪帮”头目的名声不感兴趣，而昔日的回忆似乎更令她津津乐道：在马什还是个小孩子的时候，为了说服这个倔强的孩子换裤子，她就会给他买一条印有卡通土豚“亚瑟”标志的拳击短裤。但是，在最终准备亲眼见见这个“臭名昭著”的坏孩子时，我确实有一点惴惴不安，我的感觉似乎更像是要拜见一个名人。但是从表面上看，马什和芝加哥南区的其他少年并没什么区别，只不过个头稍微矮小一点，身材不足 1.55 米，即便是在经历了 8 个月的强化训练之后，依旧显得骨瘦如柴。在走路的时候，马什显得关节僵硬，外八字脚，颇有点卓别林的鸭子步风采；脖子上挂着一串佛珠，头上戴着一顶棒球帽，帽檐下压，几乎完全盖住了前额；身上穿着一件超大号的夹克，足以装得下两三个马什。

我们在西大街吃了一顿晚餐，边吃边聊。和他身边的所有朋友一样，马什同样成长于单身母亲家庭，母亲就是那个经常给他买“亚瑟”拳击裤的女士，在盖茨看来，这是一个“外表美丽，但却没有丝毫抚养子女能力的女人”。在马什的家族历史中，充满了各种各样的暴力和违法记录，马什连珠炮似地列举出一长串意外死亡或入狱的兄弟姐妹、堂表亲或是其他亲戚。马什告诉我，在他还只有 9 岁的时候，叔叔就曾在自己的家里遭到枪击而死亡。他说，“那真是太疯狂了，就发生在我的眼前。”途中，我开始默默地在心里增加马什的 ACE 得分，每个儿童时期经历的创伤，都会让他的 ACE 增加 1 分。

---

① 1983 年美国恐怖影片中的主人公。——译者注

马什的个人经历在很多方面不同于莫妮莎·苏利文，马什在成长过程中曾亲眼看见了更多的暴力，而莫妮莎经历的家庭变故则对她有着更深远的影响：被母亲遗弃，与父亲相互分离，她整个青春期都是在收容机构中度过的。但两个孩子的童年显然都是极端的不幸，他们都承受着巨大的压力，而且这些压力给两个孩子带来了深刻而持久的心灵伤害。尽管他们都没有机会（也没有动力）参加埃文斯、夏姆博格、斯坦恩伯格或其他学者对其研究对象采取的稳态应变负荷测量，但是，我们依旧可以认为，如果对他们实施测量，结果肯定会在读数范围之外。尽管童年创伤对生理和心理造成的伤害或许是可比较的，但这种伤害在他们身上的表现方式却大相径庭。莫妮莎承受了压力，并把这种压力隐藏在内心深处，她的压力表现为恐惧、焦虑、悲伤、自我怀疑和自我破坏倾向。相比之下，马什则把压力释放出来：打架斗殴，在班级里称王称霸，并最终表现为各种各样的违法犯罪行为。

马什很小就成了问题儿童，还是在小学的时候，他就因为与校长打架而被开除。在 14 岁时，他的行为不仅没有丝毫收敛，反而开始变本加厉，与此同时，他的哥哥曾因入伍而躲过南区暴力事件，却在科罗拉多斯普林斯基地附近的一场抢劫案中被枪击身亡。“那件事真的让我崩溃了，”马什对我说，“从那以后，我对很多事情开始漠不关心。”在发生了这件事之后，为了逃避兄弟之死带来的痛苦，马什唯一的消遣方式就是聚众斗殴、疯狂淫乱。他说，“我身边的女孩子不计其数。我就像是一个定时炸弹。要想让自己保持清醒，就只有跑到大街上寻衅滋事，舞刀弄枪。”

最近，来自西北大学的研究人员[31]从精神病学角度对芝加哥库克郡少年临时拘留中心的 1000 多名被拘留少年进行了评估。实际上，参加 YAP 项目的绝大部分学生都有过进入该拘留中心的历史，他们发现，84% 的被研究对象至少经历过两种儿童期创伤，而且这其中的绝大部分人居然经历过六种以上。在他们当中，3/4 的人曾经亲眼看见过杀人或是重伤害的现场。超过 40% 的女孩子在儿童时期遭受过性侵犯。一半以上的男孩子认为，他们至少经历过一次自己或身边人可能会丧命或严重受伤的极端危险情况。可以预料，这些反反复复的创伤肯定会对这些被拘留少年的心理健康带来破坏性的后果：2/3 的男性被诊断出患有一种以上的神经错乱症状。在学习成绩方面，这些孩子的能力均处于正态分布曲线的最末端[32]，被拘留少年在 5 分制标准化词汇考试中的得分远远低于平均水平，也就是说，他们的学习成绩排在美国同龄人的后 5%。

在和马什及其他罗斯兰德地区少年的交谈中，我发现自己经常会想到改变纳丁·伯克·哈里斯人生观的那些神经学和应激生理学研究。有一天下午，哈里斯和我驾车穿过一个贝维尤 - 亨特斯住宅区，一路上，我们谈论着那些站在街道拐角处的少年，言语间她觉得自己似乎能看到皮质素、催产素和肾上腺激素在他们身体和大脑里涌动溢流。“如果你看到这些孩子和他们的一举一动，你会觉得无法理喻，”哈里斯说，“但是在某些情况下，你看到的只是一系列复杂的化学反应，都是蛋白质的演化或是神经元的刺激。但最令人兴奋的是，这是可以治疗的。如果将问题归结到原子层面，你就会意识到，也只有在这个层面，我们才能找到治愈这个问题的答案。因此，这里才是我们寻找解决方案的地方。”

伯克·哈里斯向我讲述了一个患者的故事。这是一个十几岁的少年，与哈里斯的很多患者一样，他也生活在一个充满压力、让他拥有超高 ACE 得分的家庭。毕竟，哈里斯经营这家诊所已经很长时间了，因而有机会跟踪这个孩子的成长过程。第一次来到诊所时，他只有 10 岁，他生活在一个不快乐的家庭，过得也不快乐，但毕竟还只是个孩子，一个曾经承受了无数打击但似乎依旧有机会摆脱黑暗宿命的孩子。但是如今，这个孩子已经 14 岁了，变成了一个喜怒无常的黑人少年，他身材有 1.8 米多，每天游荡在大街上，到处惹是生非，即便还没有成为犯罪分子，但完全算得上是流氓恶霸。显然，大部分人可能会同情和理解一个 10 岁的孩子——他毕竟还只是一个孩子，而且是一个受害者。但对于一个 14 岁的少年，一个马上即将成年的青年人，我们的感受往往会沉重得多：愤怒和恐惧，或者会感到一种绝望。当然，站在一个拥有充分观察时间的门诊医师的角度上，伯克·哈里斯所能看到的是，无论是 10 岁还是 14 岁，他们都是同一个孩子，面对相同的环境影响，与相同的神经化学过程相抗争。

通过与 YAP 训练营中的孩子们相处，我发现自己陷入了一个自责与指责的矛盾之中：这些无辜的孩子在什么时候成为千夫所指的恶人？我当然不反对，劫持交通工具绝对是一件不可饶恕的坏事，即便是对马什这种神经敏锐、思维缜密的问题少年，也要承担作恶的后果。但我同样理解斯蒂夫·盖茨的想法：这些年轻人曾身陷逆境，他们的思维和决策受到束缚，而且这种重压显然是他们无法承受的。盖茨对这个体系的定义更多地出于社会和经济角度；而哈里斯的出发点则是神经化学。但是，随着我在罗斯兰德度过的时间越长，这两种观点间的共性似乎就越多，两者似乎可以融为一体。

9 慈爱的鼠妈妈培育出优秀的鼠宝宝

心理学家和神经学家对儿童经历和贫困的研究，会让任何一个想帮助贫困儿童的人感到沮丧和失望。现在，我们都知道，儿童时期的压力和逆境给孩子们带来的伤害是深刻的，而且这种伤害可能持续终生。但这项研究也不是没有带来一点好消息：还有一副特殊解药可以医治儿童时期遭遇逆境所带来的副作用，而且这副解药不是出于医药公司或是儿童教育家之手，而是源自父母。父母及其他与孩子关系密切的抚养人可以帮助他们走出低谷，帮助他们规避早期逆境带来的诸多恶劣影响。这样的说法听起来或许带有点宽慰的含义，但它的确植根于严格的科学。神经学家认为，良好的抚养和教育所带来的影响不仅反映于心理和生理上，更是一种生物化学意义上的存在。

在抚养与压力之间关系这个问题上，研究最深入、对我们启发最大的学者无疑是来自麦吉尔大学的神经学家迈克尔·米尼。与很多这个领域内的学者一样，米尼的大部分研究也是以老鼠为对象的，因为老鼠和人类具有相近的大脑结构。米尼的实验室饲养着几百只老鼠。它们生活在树脂玻璃制造的笼子里，通常，每个笼子里有一只成年母鼠和它生下的一群幼鼠。

在实验室里，科研人员不断挑选幼鼠，对它们实施检验，或是称量体重。在10年前的一天，米尼实验室的研究人员突然注意到一个奇妙的现象[33]：在把完成检验的幼鼠放回笼子时，有些成年母鼠会异常兴奋，并用几分钟的时间舔舐幼崽，抚摸它们的皮毛。但另一些母鼠则对幼崽置之不理。在对幼鼠进行检验时，研究人员发现，这个原本不起眼的操作带来了一种极为显著的生理影响。当实验助理人员在对一只幼鼠进行操作时，研究者注意到，这会导致幼鼠产生焦虑情绪，释放应激激素。成年母鼠的舔舐和抚摸则有利于抵消这种焦虑，平抑激素的大量分泌。

米尼和其他研究人员对这个现象感到迷惑不解，他们想知道舔舐和抚摸是怎样发挥作用的，到底会对幼鼠产生怎样的影响。于是，他们继续对老鼠进行跟踪观察，开始昼夜不眠地紧盯着这些鼠笼，经过几周精心观察之后，他们终于有了一个意外发现：即便是在幼崽没有接受检验的时候，每只母鼠也都有不同于其他母鼠的舔舐和抚摸方式。因此，米尼的研究团队开展了一项新试验，选出一组新的成年母鼠，他们希望能对它们的舔舐行为进行准确定义。这一次，他们并没有检验任何一只幼鼠，只是近距离观察每一只笼子：在幼鼠出生之后的头 10 天里，每小时进行一次观察，每天 7 次。研究人员对成年母鼠每次舔舐和抚摸皮毛的时间间隔进行计量[34]。10 天之后，他们再将这些幼鼠分成两类：一组是被母鼠经常舔舐和抚摸的幼鼠，被标记为“高 LG（舔舐 lick/ 抚摸 groom）”，另一组则是很少被母鼠舔舐和抚摸的幼鼠，被标记为“低 LG”。

研究人员想知道这种不同形式的母爱行为会带来怎样的长期效应。因此，当幼鼠长到 20 天大的时候，研究人员对它们实施断奶，并与母亲分开，让它们与其他相同性别的幼鼠度过“漫长”的青春期。到幼鼠完全成熟时，即长到 100 天左右时，米尼的团队开始对它们进行一系列的检验，并将具有高舔舐 / 抚摸行为倾向成年母鼠的后代与较少接受舔舐 / 抚摸的幼鼠进行比较。

他们采用的主要评估方法类似于空场测试（open-field test），这是一种针对动物行为研究的常用实验方法：让老鼠在一个巨大的开放式圆形箱子中待 5 分钟，允许它们在箱子里随心所欲地活动。焦虑不安的老鼠往往会紧贴在箱壁上，沿着箱子底部的边缘来回窜动；而那些勇敢无畏的老鼠则会离开箱子侧壁，在箱子内部四处游荡。第二项实验的目的则是为了测验老鼠的恐惧程度，把饥饿的老鼠放在一只新笼子里待 10

分钟，并为它们提供食物。那些焦虑不安的老鼠就像初次来到一场丰盛晚宴上的客人一样，无所适从，它们往往要花费更长时间，才能鼓起勇气去接受这些食品，而且和那些更安静、自信的老鼠相比，焦虑老鼠们的食量也小得多。

在这两个试验中，两组老鼠表现出的差异极为明显。总体而言，很少被母鼠舔舐和抚摸的幼鼠进入箱子底部空旷区域的时间不足 5 秒钟，而那些经常被母鼠舔舐和抚摸的幼鼠进入空旷区域的时间则长达 35 秒，足足是前者的 7 倍。在 10 分钟的喂食试验中，高 LG 的幼鼠平均只需经过四次尝试之后，便会进行总计超过 2 分钟的进食。而低 LG 的幼鼠则需要经过平均 9 分钟的尝试之后，才会开始进食，而且即便开始进食，持续时间也只有几秒钟而已。

随后，研究人员又反复进行了多次试验，在每一次试验中，高 LG 的幼鼠均表现上佳：它们更擅长于走迷宫，它们是优秀的社交家，它们更富有好奇心，而且攻击性较低；它们有更出色的自控力；它们更健康，而且更长寿。这让米尼和他的研究者们大惊失色，迷惑不解。这仅仅是早期母爱方式上的微小变化，小到研究人员几十年以来从未注意到这个细节，但正是这微不足道的差异，正是母亲这短短 20 天的舔舐和抚摸，让成年后的老鼠在行为方式上产生了巨大的差异。而且这种影响不仅仅体现在行为上，还体现在生理上。当米尼的研究团队对成年老鼠的大脑进行检查之后，他们发现，高 LG 和低 LG 老鼠的应激反应系统出现了巨大变化，不仅反映在尺寸和形状上的显著差异，大脑中压力控制部位的复杂程度也存在着天壤之别。

让米尼百思而不得其解的是，成年母鼠的舔舐和抚摸动作是否只是某种将母体基因传递给子女的载体呢？焦虑不安的母鼠或许会生出同样性情焦躁的幼鼠，而这些母鼠恰巧不太习惯于舔舐和抚摸幼崽。为了验证这个假设，米尼及其他研究者又进行了一系列的交叉抚养试验[35]，这些试验中，研究人员让高 LG 母鼠与刚刚产下的幼鼠相互分离，由低 LG 的母鼠抚养这些幼鼠，抑或反之。但是，不管选择怎样的排序，研究者都发现一个相同的规律：影响幼鼠行为的并不是亲生母鼠的舔舐和抚摸习惯，而是抚养母鼠的舔舐和抚摸行为。如果幼鼠在婴儿时期得到舔舐和抚摸这种较为舒适的体验，长大之后，它们往往会比这种体验较少的老鼠更勇敢、更凶悍，而且更善于适应环境，而与亲生母亲是否具有舔舐和抚摸幼鼠的行为习惯没有关系。

10 别担心“宠坏”孩子

米尼及其他神经学家在人类身上也找到很多类似于 LG 效应的有趣证据。通过过去 10 年中与基因学家的合作，米尼及其领导的研究团队已经证明，成年母鼠的舔舐和抚摸习惯并不仅是在激素和脑化学层面上影响幼鼠，而是要深远得多，这种影响会一直深入到基因表达的控制层面[36]。在生命早期对幼鼠进行舔舐和抚摸，会通过一个被称为甲基化作用①的过程，影响到某些化学物质附着到幼鼠 DNA 特定片段上的方式。利用基因排序技术，米尼的研究团队得以确定舔舐和抚摸行为到底“打开”了哪些基因组，而事实也证明，正是这些基因片段控制着成年老鼠海马体处理压力激素的方式。

① methylation，甲基化是蛋白质和核酸表达方式的一种重要修饰，它可以调节基因的表达和关闭，与癌症、衰老、老年痴呆等许多疾病密切相关，是表观遗传学的重要研究内容之一。——译者注

这项发现本身即在神经学界引发了一场震动。它表明，至少对鼠类而言，父母的敏感行为会给后代的基因产生可以预见的持久性影响，而且在实践中，这种影响又是可持续跟踪和观测的。而真正让这项发现的影响超越啮齿类动物的，是米尼研究团队利用自杀者脑组织进行的另一项试验[37]，试验标本分别来自在童年时期曾遭受过虐待的自杀者以及未遭受过虐待的自杀者。研究人员将这些大脑组织进行切片，并对海马体中与应激反应相关的DNA片段进行了检验分析——在老鼠的身上，这个基因片段就相当于因早期父母行为而打开，并对鼠类未来反应特性产生深远影响的DNA序列。他们发现，对于那些曾在儿童时期遭受过虐待的自杀者，甲基化作用都会对DNA的这个特殊片段产生影响，只不过虐待的作用与舔舐抚摸行为恰恰相反：它关闭了舔舐和抚摸行为在幼鼠基因中所开启的压力反应功能。

自杀研究确实很有趣，但就其本身而言，还不足以为父母行为给人类压力反应功能带来的影响提供结论性证据。但是，在米尼的研究基础上，科研人员相继开展了更多富有创新性的研究，这些研究也提供了更多、更有说服力的证据。来自纽约州立大学心理学系的学者克兰西·布莱尔（Clancy Blair）[38]对1200多名婴儿进行了一项大规模试验，从出生时即开始对他们进行跟踪性研究。从这些婴儿只有7个月大开始，每隔一年左右，布莱尔便对皮质醇水平在压力环境下的变化方式进行一次测量：通过一种简单的方法，他们可以借助类似于稳态应变负荷的简单指标，对儿童处理压力的能力做出评估。布莱尔发现，只有在母亲对孩子漠不关心或是无动于衷的时候，家庭暴力、混乱或拥挤之类的环境风险，才会对儿童的皮质醇水平产生重大影响。如果母亲在反应能力指标上得分较高[39]，那么，这些环境因素对孩子的影响似乎就会荡然无存。

换句话说，高质量的母亲本身就可以为孩子构建起一道强大的缓冲器，抵御不利环境给孩子压力反应体系带来的伤害，这就像成年母鼠的舔舐和抚摸有利于保护它们的幼崽一样。

来自康奈尔大学的加里·埃文斯[40]曾进行过一项类似的研究，在近20年的时间里，他跟踪研究了纽约市北区的一群孩子，对他们玩“西蒙”游戏的能力进行持续性监测，这项研究与布莱尔的研究很相似，只不过他的研究对象是中学生。他针对每个学生收集了三类数据：累积风险得分，包括从居所周围的环境噪音到有关家庭冲突调查问卷结果等各种外界因素；稳态应变负荷指标，包括血压、小便中压力激素水平及体重参数；母亲对孩子的反应敏感性，包括孩子在有关母亲的调查问卷中做出的回答，以及研究人员对母亲和孩子玩“层层叠”（Jenga）游戏①时的观察。

埃文斯发现了一个每个人都想听到的结果：除非母亲对孩子的反应灵敏度非常高，否则，环境风险得分越高，稳态应变负荷也越高。如果真是这样的话，所有这些环境压力因子的影响，无论是过度贫困还是家庭冲突，几乎都是可以消除的。换句话说，在玩“层层叠”游戏的过程中，如果母亲对你的心理状态非常敏感，那么，你在生活中曾经面对的所有不良经历，对稳态应变负荷几乎都不会有什么影响。

当我们考虑到父母的教养对孩子的影响时，我们倾向于认为那种戏剧化的效果出现在教养质量光谱的两个极端。也就是说，和一个被父母无意间忽视或者冷落的孩子相比，那些在生理上遭受过虐待的孩子，长

① Jenga是一个考验动手能力和大脑思维的游戏。在游戏中，玩家交替从积木塔中抽出一块积木放到塔顶，去创造一个不断增高、越来越失去根基的积木塔，又称抽积木游戏。——译者注

大后的人生要糟糕得多。而对于那些拥有“超级母亲”的孩子来说，超乎寻常的教育和一对一的全力引导，会让他们的人生发展优于那些只接受过平均关爱水平的普通孩子。埃文斯和布莱尔的研究告诉我们，持续性的良好关怀与教育（比如在玩“层层叠”游戏时对孩子的帮助和关注）才能够给孩子的未来发展带来深远的影响。

某些心理学家认为，在人类的身上，最接近于舔舐和抚摸的行为就是依恋性行为。20 世纪五六十年代，英国心理分析学家约翰·鲍比和来自多伦多大学的学者玛丽·安斯沃斯提出了“依恋理论”（attachment theory）[41]。当时，儿童发展领域被行为学家所主宰，他们认为，儿童的发展具有机械性，也就是说，根据自身所经历的积极影响或消极影响调节其行为。在他们看来，儿童的心理生活并不是非常深刻；婴儿对母亲的本能渴望体现了他们对获取营养和生理安逸的需求。在 20 世纪 50 年代，行为学家送给父母最重要的意见就是：不要因为孩子哭闹，就把他们抱在怀里或是用其他方式安抚孩子，这只会“宠坏”孩子。

通过 20 世纪 60 年代和 70 年代初开展的一系列研究，安斯沃斯发现，人生早期养育行为对儿童的影响与行为学家的观点南辕北辙。在出生后的第一年里，如果父母总是习惯于以最快的速度而且毫无选择地对婴儿的哭闹做出回应，那么，这样的孩子往往比那些经常被父母置之不理的孩子更加独立，而且在品格上往往表现得更加勇敢、刚毅。这种情况在学前阶段依旧存在，也就是说：在婴儿阶段，如果父母对孩子的情感需求能做出最大限度的响应，他们在长大后也会成为最具有自立性的孩子。安斯沃斯和鲍比指出，父母的呵护与无微不至的关怀，为孩子探索世界创造了一个“安全的基地”。

尽管 20 世纪 60 年代的心理学家可以利用很多测试手段对婴儿和

儿童的认知能力进行评估，但他们却缺少可靠手段衡量儿童的情感能力。为此，安斯沃斯开发了一种新的情感测试方法，人们把这种不同寻常的过程称为“陌生人情境”（Strange Situation）。在位于巴尔的摩的约翰·霍普金斯大学，也就是安斯沃斯任教的地方，一位母亲带着 12 个月的孩子进入一个被装饰成为娱乐室的实验室。在与孩子玩了一段时间之后，母亲离开，让孩子独自一个人留在实验室或是和一个陌生人待在一起。短暂离开后，母亲返回实验室。在整个过程中，安斯沃斯和其他研究人员透过一个单向镜子进行观察，然后，对孩子的反应进行定义和分类。

大多数孩子会在母亲返回时兴高采烈地扑向母亲，和母亲呢喃私语，有的孩子会泪流满面，也有的会高高兴兴。安斯沃斯将他们定义为“安全依恋型”儿童。在随后几十年的试验中，心理学家逐渐意识到，在美国的儿童中，60% 具有这种心理倾向。对那些没有对重逢表示出热情的孩子——在母亲返回时装作若无其事，甚至对母亲做出侵略性行为，或者躺在地上耍赖，则被安斯沃斯称为“焦虑依恋型”儿童。安斯沃斯发现，在“陌生人情境”下，儿童在出生后第一年内做出的反应与母亲的响应程度直接相关。能及时适应孩子的情绪并对孩子的暗示做出有效响应的父母会培养出安全依恋型孩子；与孩子相互隔离、存在矛盾或是采取敌意应对的父母只能培养出焦虑依恋型孩子。安斯沃斯指出，生命早期依恋性造成的心理影响可能会持续终生。

11 你帮孩子储备自信了吗？

不过，在那个时候，安斯沃斯关于早期依恋类型的长期影响的观点还仅仅是停留在理论层面，没有人能以可靠的方式验证这个理论。1972年，安斯沃斯的一位名叫艾弗莱特·沃特斯（Everett Waters）的助理从约翰·霍普金斯大学毕业，并进入明尼苏达大学攻读博士学位，从事儿童发展领域的研究。在明尼苏达大学，他遇到了当时儿童发展学院冉冉升起的新星——艾伦·索洛夫（Alan Sroufe）。在沃特斯谈到安斯沃斯的研究时，索洛夫兴趣盎然，他很快就接受了安斯沃斯的观点及其研究方法，并与沃特斯共同建立了一座实验室，在那里，他们对很多母亲及其孩子进行了“陌生人情境”试验。不久之后，明尼苏达大学儿童发展学院便成为全球依恋理论的研究中心。

拜伦·埃格兰德（Byron Egeland）的加入，壮大了索洛夫的研究团队。作为明尼苏达大学的心理学家，埃格兰德曾接受联邦政府赞助，针对低收入母亲及其子女的生活状况开展长期性研究。通过当地的公共医疗诊所，他们招募了267名孕妇，这些孕妇均为第一次怀孕，而且收入水平均低于贫困线。其中，80%为白人，2/3未婚，一半为少年。埃格兰德和索洛夫对这些孩子从出生时开始进行跟踪[42]，并持续研究至今。（目前，他们的研究对象都已年近40，而埃格兰德和索洛夫也刚刚退休。）针对这项跟踪研究所获得的证据，埃格兰德、索洛夫及其他两位作者在2005年出版的《人的发展》（*The Development of the Person*）一书中进行了全面的总结，这项关于早期亲子关系对儿童发展长远影响的研究，也是迄今为止对依恋理论最全面的论证。

这几位来自明尼苏达大学的学者发现，依恋的类型并不完全是与生俱来的：有的时候，这种依恋关系会在儿童的成长过程中发生变化，有些焦虑依恋型的孩子同样会有很好的发展。但是对大多数儿童而言，按“陌生人情境”及其他检验方法，在1岁左右表现出的依恋类型对人生后期各方面的发展具有极高的预测性。在人生初期处于安全依恋型的儿童在成年后会更善于社交：他们能更好地在学前阶段与小伙伴们融洽相处，在儿童时期中间阶段，他们能结交到亲密朋友的可能性更大，并在进入青春期后能妥善处理复杂的社交网络关系。

根据明尼苏达大学的这项研究[43]，2/3 在婴儿期表现出安全依恋倾向的孩子进入学前阶段后，在老师的眼里他们的行为是“被认可的”，也就是说，他们在课堂上会表现出应有的专心和参与意识，很少做出不合规矩的事情。而在几年前通过观察被定性为焦虑依恋型的儿童中，只有 1/8 在进入学前阶段后被定性为“被认可”；在老师的眼中，他们中的绝大部分至少存在一种行为问题。（做出这些评价时老师并不知道孩子们在“陌生人情境”中的表现。）在早期抚养风格中被判定为缺少关爱或情感投入极少的父母，其孩子在学前阶段的表现最糟糕，且老师对其中 2/3 的孩子提出给予特殊教育或留级的建议。在教师按依赖性指标对学生进行的排序中[44]，90% 具有焦虑依恋史的孩子被列为班级中更具依赖性的那一半，而这个比例在具有安全依恋史的孩子中却只有 12%。在对教师和其他孩子的调查中[45]，具有焦虑依恋倾向的孩子更有可能被定性为自私、不善社交和不成熟。

在这些参与研究的孩子达到 10 岁时，研究人员随机选取了 48 名学生组织了一次为期四周的夏令营，在整个过程中，研究者对他们进行了密切的观察和认真的研究。从夏令营辅导员（同样不了解这些学生在 1 岁时的依恋类型）对孩子的评价分析结果看来，在婴儿期具有安全依恋倾向的孩子更自信，更有好奇心[46]，而且更善于应对挫折。而具有焦虑依恋史的孩子则不喜欢与同龄人共处，他们更习惯于与辅导员在一起，或是干脆独处。

当研究人员对这些孩子跟踪到高中阶段时，他们发现，早期的亲代养育和关怀比智商或考试成绩更有助于预测哪些学生能最终毕业[47]。如果忽略学生本身的品格或能力而只考虑早期抚养的话，研究人员发现，在孩子达到 4 岁之前，预测他们高中辍学率的准确性可以达到 77%。

无论是迈克尔·米尼在蒙特利尔大学进行的鼠类研究，还是艾伦·索洛夫和拜伦·埃格兰德在明尼苏达大学对儿童发展的研究，我们都可以从中找到异曲同工之处。在这两项研究中，尽管某些母亲在孩子的生命初期会采取独有的抚养行为：比如鼠类中的舔舐和抚摸，人类中对婴儿暗示的敏锐反应，但他们似乎总能以一系列似曾相识的方式，给孩子的成长带来强大而持久的影响：无论人还是鼠，婴儿在生命初期获得的额外呵护，最终都会转化为好奇心、自信、自立、镇定和勇于克服困难等优秀的品质和能力。母亲在早期抚养中施予的爱护会让孩子在面对问题时拥有一种充分的灵活性，从而形成抵御外界压力的缓冲器。若干年之后，在面对生活中形形色色的压力时——或者说面对现实生活版的“空场测试”时，老鼠和人类都会动用这种早期储备的自信帮助他们，克服障碍，继续前进。

12 幸福是一种能力

有一条纽带把玛丽·安斯沃斯的依恋型研究与纳丁·伯克·哈里斯在贝维尤－亨特斯诊所里的经历连接起来，这条纽带是一位来自旧金山的神经学家艾丽西亚·利伯曼。20 世纪 70 年代中期，利伯曼在约翰·霍普金斯大学跟随安斯沃斯做研究。彼时，正值安斯沃斯开始就儿童养育及依恋倾向开展大规模研究之际。在安斯沃斯的指导下，当时还在读研究生的利伯曼花费大量时间观看和解析母亲与新生儿交互沟通的录像带，她的任务就是寻找可为婴儿提供具有安全依恋型的具体母性行为。目前，利伯曼是旧金山加利福尼亚大学儿童创伤研究项目（Child Trauma Research Program）的负责人。近几年，她已成为伯克·哈里斯最密切的合作人。

利伯曼曾告诉我，尽管她非常敬佩索洛夫和埃格兰德在明尼苏达大学开展的研究，但她认为，两位学者的研究遗漏了两个非常重要的方面。首先，他们的研究没有明确，在贝维尤－亨特斯这样的贫困地区，很多父母根本就无力为孩子提供这种基于安全的依恋关系。“通常，其现实处境早已彻底泯灭了她们做母亲的本能，”在拜访她在旧金山就职的一家诊所时，利伯曼是这样对我说的，“当你的生活充斥着贫穷、不确定性和恐惧时，要为孩子提供一种安全依恋感显然需要超人的品质。”此外，母亲自己的依恋史也会让她们在抚养孩子时面对更大挑战：明尼苏达大学及其他机构的研究显示，如果一个新生儿母亲在儿时曾与其母亲之间经历过不安全的依恋感（不管其阶级背景如何），那么，她为自己的孩子提供安全、健康的抚养环境必然会难上加难。

利伯曼指出，明尼苏达大学的研究还低估了另一个现实：父母可以克服创伤史和糟糕的依恋感；他们可以改变对待孩子的方式，从而可能从焦虑依恋倾向的抚养模式转化为有助于培育安全依恋感和健康心理的抚养模式。利伯曼认为，有些父母可以独立完成这种转换，但大多数父母还需要外界的帮助。这恰恰是她在职业生涯中做得最多的事情：探索最有利于提供这种帮助的方式。在离开约翰·霍普金斯大学之后的几年里，她开发了一种被称为“亲子心理疗法”的治疗方法，这种方法将安斯沃斯的依恋理论与创伤性压力的很多最新研究成果结合为一体。按照

“亲子心理疗法”，治疗师同时对承受风险的父母和他们的新生儿实施治疗，以期改善其依恋关系，让父母和孩子免受创伤所带来的影响。在利伯曼的研究项目中，目前就有两位治疗师就职于伯克·哈里斯的诊所，已经为十几位患者提供了治疗。

利伯曼的治疗对患者采取高强度干预，每周实施一次治疗，整个疗程可能要持续一年时间。这种模式背后的基本原理在于通过加强亲子关系改善孩子未来的发展前景，现在，这个原理开始在越来越多的心理干预中得以运用。在对这些干预措施进行评估时，其结果常常令人震惊。

在另一项研究中，来自明尼苏达大学的心理学家丹特·赛切蒂（Dante Cicchetti）[48] 对 137 个拥有婴儿虐待史的家庭进行了跟踪，换句话说，在这些家庭里，所有孩子都处于极端危险状态。每个家庭都有一个 1 岁的孩子，这些孩子就是研究人员的干预对象。在研究初期，研究人员借助“陌生人情境”对所有婴儿实施评估，其结果的震撼力完全在意料之中：在这 137 名婴儿中，只有一个人显示出安全依恋，90% 被诊断为依恋倾向失灵，这也是焦虑型依恋中最严重的类别。随后，所有婴儿被随机划分为试验组和对照组。试验组在一年时间内接受利伯曼的亲子心理疗法，而对照组则接受针对家庭虐待提供心理干预的社区服务。在孩子 2 岁时，试验组中 61% 的婴儿与其母亲形成安全依恋型关系，而在对照组，只有 25% 的孩子与母亲形成安全型依恋关系。赛切蒂的研究显示，即使是对于身处极端困境的父母，也可以培育出有助于强化依恋关系的抚养模式，而且这种模式会给父母和孩子带来同样深刻的影响。

其他研究显现出的影响力不仅针对孩子的依恋类型，而且事关其压力反应体系的健康，而且研究人员也发现，即便是强度不及利伯曼的治疗性干预措施，也同样具有这样的影响力。来自俄勒冈州尤金的心理学家菲利普·费舍尔（Philip Fisher）建立了一个名为“学龄前儿童多维治疗护理中心”的心理干预机构[49]，该中心为养父母提供为期6个月的培训和咨询，帮助他们应对家庭问题，解决家庭危机。虽然进入护理中心的孩子均在调节压力反应系统中存在问题（比如说莫妮莎·苏利文遭遇的处境），但是在费舍尔的一次试验中，孩子们在经过两个月的治疗之后，不仅显示出明显的安全型依恋倾向，而且皮质醇状态也从失灵变得完全正常。另一种针对少年养父母的干预措施，被称为“依恋与生物行为匹配”（Attachment and Biobehavioral Catch-up，简称为ABC）[50]，这些研究的设计者是来自特拉华州立大学的心理学家玛丽·多齐尔（Mary Dozier）。ABC模式鼓励养父母对其婴儿的诉求给予更周全、更体贴和更冷静的回应。在经过10次家访之后[51]，ABC模式下的儿童显示出更高比例的安全依恋关系，而且他们的皮质醇水平与心智正常、非养父母抚养的正常儿童完全没有区别。对于多齐尔的干预措施，最令人关注的方面或许在于，接受治疗的仅限于父母，不包括他们看护的儿童，但是它对孩子HPA轴的功能依旧影响深远。

13 身处窘境，怎样做才能成为一名好妈妈

2012年春天的一个下午，我来到芝加哥南区，拜访了一位名叫雅凯的16岁女孩和她只有8个月大的女儿——马凯拉，地点是在雅凯母亲的家里。当然，我并不是唯一的客人，和我同行的是一位名叫阿妮塔·斯图尔特-蒙哥马利的非洲裔老妇人。作为天主教慈善会的雇员，蒙哥马利的任务就是受昂斯预防基金会（Ounce of Prevention Fund，位

于芝加哥的一家社会慈善机构）的委托，定期拜访“高危”母亲（大多为单身母亲）及其孩子。这次活动让我真正体会到了亲子依恋关系的形成过程。在这次入户调查之后，我和著名婴儿研究专家尼克·维切斯勒（Nick Wechsler）进行了一次谈话，在过去20多年的时间里，他一直负责昂斯预防基金会的入户探访项目。维切斯勒指出，尽管他和他的工作人员确实关心入户探访者与新生儿母亲经常提到的传统问题——譬如婴儿营养、戒烟和词汇学习等，但这项研究也让他们相信，改善依恋关系是他们为儿童创造美好未来的最佳工具。因此，依恋关系也自然成为他们强调的核心。

维切斯勒认为，实际上，他一直在提醒参与项目的入户探访人员，他们的使命并不是解决这些被探访年轻母亲在现实生活中面临的诸多问题，相反，他们的使命只有这一个。“对入户探访者来说，这是一个巨大的挑战，因为本能会告诉我，做得越多就越好，”维切斯勒对我说，“但即便你不能改善糟糕的居住环境或是低劣的教育状况，至少还能为这些年轻母亲创造一种内心的力量和强大的适应力，让她们在力所能及的条件下成为最优秀的母亲。”

诚然，我们可以为马凯拉这样的孩子做很多事情。看着马凯拉、雅凯和斯图尔特－蒙哥马利在卧室地毯上边玩边聊天，我不由自主地想到了很多，我真希望屋子里更安静，家具的棱角更少一点，这祖孙三代不是生活在这样一个破败的街区，不是住在这样一座被遗弃的房子里，我们也闻不到从隔壁邻居家飘进来的烟味。但斯图尔特－蒙哥马利关注的只是雅凯，看着她和马凯拉一起游戏玩耍，千方百计地鼓励这位年轻母亲，耐心讲解育儿真经，或是她希望雅凯如何为马凯拉创造温暖的生活环境、提供适当的营养，当然，斯图尔特－蒙哥马利绝对是尽职尽责的。

此前，幼儿早期干预在很大程度上是基于贝蒂·哈特（Betty Hart）与托德·莱斯利（Todd Risley）对早期语言能力的强调，因而，其关注点就是鼓励父母采取各种措施扩大孩子的词汇量。但这种干预带来的现实却令人沮丧：如果你为人父母且掌握的词汇量屈指可数（这也是很多低收入家庭的实际情况），那么，你当然就很难用丰富的词汇教育自己的孩子。给孩子多读一点书当然没有任何坏处，但是，婴儿学习语言的源泉在于每时每刻，而不仅仅是父母专门教他们词汇的那个瞬间。正是因为这样，词汇匮乏症才会从上一代人遗传给下一代人——尽管良好的学前教育和幼儿园生活可以打破这个恶性循环，但仅凭父母干预却很难走到这一步。

不过，费舍尔、多齐尔、赛切蒂和利伯曼向我们展示的是，依恋关系会大大扩展儿童的成长和完善空间。和词汇匮乏问题不同的是，只需较少干预即可克服容易造成婴儿焦虑的抚养方式。也就是说，完全可以一劳永逸地克服依恋关系的恶性循环。如果一个存在依恋问题的低收入母亲能得到合理干预，那么，她就可以成为一个能为孩子创造出安全依恋倾向的好妈妈。而这必将让孩子的未来发生翻天覆地的变化。如果斯图尔特－蒙哥马利能在雅凯和马凯拉之间建立起这种基于安全的依恋纽带，马凯拉不仅更有可能成为一个快乐的孩子，而且更有可能顺利拿到高中毕业证，远离监狱，像大多数女性那样在适当的时间怀孕，与自己的孩子建立更积极的关系。

14 家是永远的港湾

担任芝加哥教育局负责人的罗恩·休伯曼提出了一项新计划，聘请

YAP 项目参与者对本市高危儿童提供心理辅导。就在休伯曼宣布这一计划后不久，来自保守的曼哈顿研究院的学者希瑟·迈克唐纳德（Heather Mac Donald）[52] 便在该院季刊《城市杂志》上发表了一篇关于芝加哥地区青少年暴力犯罪的文章。她在文中对休伯曼及 YAP 项目提出严厉指责，认为他们都忽视了造成罗斯兰德区管理缺位的基本原因："完整黑人家庭的消失。"她还将 YAP 项目与 20 世纪著名左翼政治运动活动家索尔·阿林斯基（Saul Alinsky）的做法相提并论，并抱怨 YAP 项目辅导员采取的措施过于"不分青红皂白"。针对这种情况，她提出了一种将辅导者定位于"童子军团长"式角色的干预手段，为干预对象"提供学习自律和自强意识的机会，以男子汉的气概激发他们的想象力，给他们传授诚实和礼仪，让他们明辨是非善恶"。文中写道，尽管这样的对话很困难，但它或许可以让濒临崩溃的南区社会秩序有所改观。

但令人费解的是，尽管迈克唐纳德对 YAP 的猛烈抨击颇有市场，但我听到的传闻，以及我在 YAP 训练营辅导员身上看到的事实，却与迈克唐纳德的观点实际上是大同小异的。对于斯蒂夫·盖茨这样的 YAP 支持者，他们一点也不回避这里存在的家庭分裂问题，而且非常关注于此，他们的想法丝毫也不隐晦：如果罗斯兰德的家庭都像正常的家庭那样，那么，他们也没有必要这般呕心沥血。

"只要认真看看这些孩子的家庭结构，我们就会清楚地发现招致现状的根源，"盖茨在一天早晨对我说。"家庭问题与孩子在学校里的表现直接相关。家庭抚养问题必然会影响到孩子，而后，孩子又把这些问题带到学校、街道乃至生活的方方面面。"

盖茨对罗斯兰德区青少年面对的其他问题同样没有视而不见。他敏锐地意识到某些给社区带来毁灭性打击的社会、经济及政治力量。事实上，他本人就曾遭受过这样的影响。譬如“白人群飞”现象：20 世纪 70 年代初，刚刚出生的盖茨和父母一同来到罗斯兰德，当时，他们还是整个社区唯一的黑人家庭。但这种情况并没有持续很长时间。盖茨告诉我，“到我会走路的时候，所有白人都已搬走。”这种现象不仅存在于他所在的街区。在 1960 年时，还有超过 4.5 万白人居住在罗斯兰德区，但是到了 1990 年，就只剩下了 493 名白人居民。与此同时，曾经繁华一时的南区也消失殆尽，那里的工厂曾是盖茨的父亲、祖父工作过的地方，而今，这些工厂都已停业或是搬迁。留给罗斯兰德的，只有无穷无尽的社会病症，而且这种病症似乎每年都在恶化，不仅每个问题都在不断恶化，而且它们还在引发更多的问题：从居民对社会福利依赖性的愈加严重，到吸毒，再到帮派暴力事件，种种社会丑陋现象，在这里蔓延滋生，肆虐猖狂。

尽管盖茨无意将罗斯兰德区的社会危机归罪于父母，但他已经认识到，至少对他来说，改善儿童境遇最有效的渠道，并非学校、教堂或是就业中心，而是家庭，或者说，在于能否为那些无家可归的孩子们创造一种替代性或者补偿性的家庭。当然，这种方式不可能百分之百有效，在我来到斯蒂夫·盖茨身边的几个月里，他就曾遭遇了不计其数的挫折和悲剧：他辅导的孩子遭到逮捕、被监禁、遭到枪击甚至被谋杀。但这种方法有时又确实见效，YAP 给这些孩子带来的转变令人震惊。

15 改变，远离宿命的诱惑

在参加 YAP 项目的学生中，前途最光明的居然是那些经历最令人心碎的学生，凯瑟·琼斯就是其中之一。2010 年秋天，我在伊丽莎白·多齐尔的办公室里第一次见到琼斯，当时，这个 17 岁的女孩还是芬格高中的三年级学生。她的外表几乎让人难以接受：胳膊上印满刺青，一根金属耳钉穿透下嘴唇，被染成红色的头发梳成波浪式。她和母亲一起生活在 113 号大道的帕奈尔街，这里与芬格高中属于一个区，位于芬格以南的几个街区，被称为“百人区”（Hundreds）。她们住在一座破旧、低矮的小平房里，凯瑟就是在这所小屋里长大的。这里似乎永远都不缺少吵闹声，永远都感到拥挤不堪，永远都会有无休无止的冲突，这里就像是一个大旅店，房客走了一拨，又来一拨：既有同父同母的亲兄妹，又有异父异母的同胞，既有叔伯姑舅，又有堂兄堂妹。偶尔，凯瑟的父亲也会来到家里，在凯瑟的眼里，这个父亲就是一个“大玩家”，他在附近一家工厂做技工，现在已经有了自己的妻子，全家人就住在几个街区之外，不过，他的女朋友（包括凯瑟的母亲）可是不计其数，几乎遍布整个街区，他的孩子多达 19 个。随着年龄的增长，凯瑟不时就会看到一些长得与自己有几分相像的女孩，于是，她就会想：天呢，我又多了一个姐妹。在 20 世纪 80 年代的时候，凯瑟的母亲曾就读于芬格高中，但是在高中三年级的时候，却因醉酒上学而被开除。凯瑟告诉我，现在，她和这个大家庭的很多成员一样，已经吸食可卡因成瘾。有些家庭成员还在贩卖可卡因，而且在凯瑟很小的时候，警察就经常光顾他们在帕奈尔的家，突击搜查毒品或是枪支。他们会拉开所有抽屉，将锅碗瓢盆扔得满地都是，而且他们从不会空手而归，总是会给某个家庭成员戴上手铐将他带走。

在读小学六年级的时候，凯瑟曾遭到过一个亲戚的性骚扰，她叫这个老男人为安吉洛叔叔，在凯瑟的整个童年时期，这个瘾君子几乎一直和她们生活在一起。“我还是个孩子，我真的被吓坏了，”她回忆说，

"于是，我只能像大多数人能做的那样，而且或许你唯一能做的，就是逆来顺受。"这场延续了很多年的性侵犯让凯瑟心力交瘁。她也曾希望母亲能注意到这件事并以某种方式做出干预，但实际上，凯瑟并没有采取任何措施。她担心的是，如果自己把这件事告诉母亲，母亲不仅不会相信她，而且会做出让凯瑟更加难以忍受的事情。于是，她选择了保持沉默，只是让自己变得越来越暴躁。尽管她始终与母亲争吵不断，但从未真正打起来。凯瑟认为，与大人动手肯定是不对的。"因此，这就是每次我来到学校就喜欢动手打人的缘故，"凯瑟对我说，"这就是我排解压力的方式。我从不和任何人谈及我遭遇的压力。我只是让这些压力在自己的心中不断累积，直至我无法忍受的时候，像火山一样爆发出来。于是，每当我来到学校，只要有人说了我不喜欢听的话，我就把满腔怒火发泄到他的身上，因为我知道，我决不能打自己的妈妈。"在芬格高中读一年级的时候，凯瑟就已经劣迹斑斑，违反纪律的情况在她身上层出不穷，停课 10 天的处罚对她来说已是家常便饭，即便是在这所以暴力见长的学校里，凯瑟的暴力倾向也是首屈一指的。

2010 年 6 月，多齐尔请求将凯瑟交给 YAP 训练营的辅导员。斯蒂夫・盖茨分配给凯瑟的第一位辅导员并不合适，凯瑟认为这个人"有点落伍"。但盖茨并没有就此撒手不管，而是将凯瑟交给一个叫拉妮塔・里德（Lanita Reed）的兼职辅导员，31 岁的里德也住在罗斯兰德，她同时还负责辅导另一个 YAP 学生。里德经营着一家名为"天使汉斯"的美容院，这也是她的本职工作。这家温馨、好客的美容院也为冰冷荒凉的第 103 号街平添了一份生机和温情。在凯瑟的内心深处，经常会闪现出一个梦想，那就是做一名美容师，于是，里德在自己的美容院里为凯瑟安排了一份做洗发工的差事。凯瑟的工作就是为客人洗发、烘发，偶尔还要协助造型、编辫或是做卷，很多邻家男孩最喜欢的发型，都出自她的手里。

虽然里德是一个虔诚的教徒，经常到教堂做礼拜，但她同样相信女性外表的重要性，因此，她对凯瑟的辅导既有外在形象的改造，又有内心世界的改造。在第一次见到凯瑟的时候，你会觉得她不是那种会去美甲的人，但里德说服凯瑟做了美甲，染了头发，还教她如何化妆，戴假睫毛，选择时髦的服装。每天，两个人都会在“天使汉斯”美容院或其他地方相处几个小时，她们一起吃饭，一起打保龄球，或是一起闲逛、聊天，俨然是一种无时不在的长期沙龙疗法。凯瑟告诉我，里德是一个绝对完美的大姐姐。每个星期日的晚上，里德都会在美容院为凯瑟和其他几个加入 YAP 训练班的女孩组织一场晚餐，大家坐在一起，畅所欲言，谈论大家感兴趣的话题，比如母亲对她们的漠视，父亲对自己的不负责任，谈论帅哥、毒品、品格或是其他话题。从来不和其他人沟通的凯瑟觉得，“这段时间彻底改变了我的整个生活。”

在里德的建议下，凯瑟开始祈祷。她说，“我祈求上帝医治我，宽恕我所犯下的所有罪孽。”她不再和母亲争吵，也不再在学校里打架斗殴。曾经有几个女孩在学校走廊里挑衅她，但凯瑟还是克制了冲动，找到里德寻求帮助。于是，里德安排这几个女孩子来到自己的办公室，大家平心静气地坐在一起聊天，让凯瑟感到意外的是，她们很快就化干戈为玉帛。凯瑟告诉我，“在我们坐下来的时候，突然好像什么都没有发生过一样。”

随后，又出现了另一件令人痛苦的事情：就在 2010 年的秋天，凯瑟只有 6 岁的小妹妹告诉她，安吉洛叔叔曾经想触摸她的身体。“听到这个消息的时候，我忍不住失声痛哭，”凯瑟告诉我，“我感到一种负罪感，因为假如我在小的时候把这件事告诉家人，他或许早就已经离开我们，这样的事情也就不会发生在妹妹的身上了。”凯瑟马上告诉了里德，里德又将此事转告给了盖茨。盖茨告诉里德，她有义务向伊利诺伊儿童与家庭服务局（DCFS）告发此事。和所有社会工作者和教师一样，YAP 的志愿者承担着检举儿童家庭违法事件的义务，也就是说，他们有义务向相应立法机构举报任何涉嫌身体侵害或性侵害的犯罪行为。听到这个，里德感到非常振奋。在罗斯兰德，儿童与家庭服务局就是人们心目中的一个坏蛋：因为他们就是那些抢走你孩子的人。尽管凯瑟的家庭深陷危机。但里德依旧相信，凯瑟及其兄妹依旧属于他们的母亲，而不是什么看护所。

里德告诉盖茨，她不想将此事上报给儿童与家庭服务局。她甚至以退出 YAP 项目来威胁盖茨。但她不知道该怎么做。“按照我的想法，我只想找几个人狠狠地给那个安吉洛一顿暴打，”里德对我说，“我心中的上帝说，你必须在自己的能力范围内更稳妥地处理这件事。”最终，里德还是让盖茨给儿童与家庭服务局打了电话。之后，经过里德和儿童与家庭服务局的交涉，安吉洛被裁定必须离开他们的家。后来，安吉洛又锒铛入狱，罪名是对幼儿实施性侵害，而凯瑟和兄妹们继续与母亲生活在一起。

正像凯瑟所担心的那样，她的母亲坚决反对举报安吉洛叔叔的做法。她的理由很简单，因为有了安吉洛每月 300 美元的房租，她们的生活才好过一点，有的时候，凯瑟甚至觉得，母亲对安吉洛叔叔狱中生活的关心，似乎要多于她对遭受这个恶棍侵害的女儿的关心。但凯瑟丝毫没有动摇，最终还是改变了母亲的想法，安吉洛曾经对她做过的坏事让她决心已定。“我不想让糟糕的过去影响自己的未来，”凯瑟对我说，

“尽管我还是会经常想到这件事，但我不会让它左右我的思想。最糟糕的已经过去了，现在，我需要的是更积极的东西。我已经厌倦了现在的生活方式，因此，我必须重新打起精神，改变现状，从头开始。”

尽管在学校里的学习成绩落在后面，但凯瑟还是立下誓言要在 2011 年夏天拿到毕业证，而且学校现行规定也为她提供了空间。现在，如果你是一所大城市的高中学生，而且学习成绩不甚理想，那么，你可以通过很多方式拿到足够学分：补习课堂、夜校或是 Aventa 之类的在线补习课程，可以用一两个月的时间完成整整一个学期的课程。很多教育人士对这些教育创新心存质疑，因为它们只不过是学校摆脱超级问题学生的一种新手段。但对并不想离开芬格高中的凯瑟来说，这些学校之外的课程则是天赐之物，凯瑟第一次开始刻苦学习，她每周到夜校里学习 5 天，而且经常会在早晨 8 点来到芬格高中，在这里一直待到晚上 7 点。2011 年 7 月，凯瑟终于从芬格高中毕业，并进入位于芝加哥北区的一所社区大学——杜鲁门学院，在这里，凯瑟走上了为获得美容学学位而学习的新旅程。

2011 年春季的一天，就在距离毕业还有几个月的时候，凯瑟和我来到芬格高中的咖啡厅，她向我描述了自己对未来的规划。她告诉我，拉妮塔·里德已向她保证，在从杜鲁门学院毕业并拿到毕业证之后，她就可以在美容院里得到一份全职工作。“按照我的规划，在 5 年之后，我就可以用自己赚来的钱买一所属于自己的公寓，我的小妹妹们也可以和我生活在一起。”

凯瑟给我印象最深刻的是，她梦想的出路不仅是为了自己，还有自己的家人。“我要让妹妹们意识到，我们完全可以过上比现在更美好的生活，”那一天，她在咖啡厅这样对我说。“对她们来说，今天所面对的一切就是她们的全部生活，她们的生活本来如此，因为在她们的生活里，除了糟糕的现实之外一无所有。但生活显然不止于此，不仅仅只有斗殴和杀戮，不仅仅只有黑暗和痛苦。还有更美好的生活，我们还有更多的方式去追求更美好的生活。”

在早期干预这个问题上，我们很难驳倒先进的科学理论。人生最初几年对儿童大脑的健康发育的确太重要了，它们对于孩子未来的决定性作用是无与伦比的。但对以情感、心理和神经学路径为对象的干预方式来说，一个令人兴奋的事实是：它们在儿童发育晚期更有效——而且远比认知干预更有效。人类智商的发育在8岁左右会完全停止。但是，即便是在进入青春期，甚至是成年阶段之后，执行功能以及应对压力和控制强烈情绪的能力依旧可以继续完善，而且有可能会出现明显改善。

青少年时期对每个孩子来说都是很艰难的，而对那些在逆境中成长的孩子来说，青春期可能会成为一个令人恐惧的转折点，正是在这个时期，早期的创伤有可能演化为拙劣的决策，而低质量的人生决策则会招致灾难性的后果。但青少年能够或者说至少有能力重新思考人生方向，重新设计自己的人生道路，而年龄更小的孩子则无法做到这一点。正如凯瑟的经历告诉我们的（而且我们还会在随后的章节不断看到这样的事例），青春期是决定人生道路的转折点，在这个阶段，我们将经历人生中最深刻的蜕化：一个年轻人可以通过自身努力，摆脱失败宿命的诱惑，逐渐远离走向失败的道路，调整人生之旅的航向，踏上通往成功的旅程。

第二章

塑造孩子的黄金品格

1 史上最有创意的课堂

在美国的公立教育历史中，1999 年春季毕业于布朗克斯南区 KIPP（Knowledge Is Power Program，意为“知识即力量项目”）中学的 38 名毕业生或许是最有名的八年级毕业生。在这 38 个人当中，既有白人又有黑人，但他们全部来自低收入家庭。四年之前，一位又高又瘦、近乎狂躁症患者的 25 岁白人将他们招至麾下，这个年轻人就是来自耶鲁大学的毕业生大卫·莱文。莱文信誓旦旦地向这 38 个孩子（当然还有他们的父母）保证[1]，只要加入他创建的这所全新型中学，38 个孩子就可以从南布朗克斯公立中学成绩最差的劣等生变成最热门的大学候选人。在 KIPP 中学度过的四年时间里，学生们接受了一种全新的模拟式教育（它似乎只是莱文信手拈来的偶然之作）：其核心就是将高强度、高投入的长时间课堂授课和以思维调整及行为改善为核心的计划巧妙地融合为一体。

莱文的策略似乎很灵验，而且立竿见影：在 1999 年的全市八年级统考中，KIPP 专科学校全体学生的平均分在布朗克斯区的所有学校中排名第一[2]，在全纽约市排名第五。对于一所地处贫困社区的免试入学学校来说，这样的成绩是前所未闻的，这也让 KIPP 登上了《时代周刊》的封面报道[3]，而迈克·华莱士（Mike Wallace）更是在《60 分钟》节目中对 KIPP 进行了一次专题访谈。媒体的这些曝光最终说服了盖普公司的创始人多丽丝·费舍尔（Doris Fisher）和唐纳德·费舍尔（Donald Fisher），让他们慷慨解囊，拿出数百万善款，将 KIPP 项目进一步拓展为一个全国性的教育开发项目。在过去的 10 年时间里，该项目已在全美各地创建了一百多所新的 KIPP 政府特许公立学校。不管结果怎样，在这场针对公立学校、加入工会的教师、标准化考试以及贫穷与学习问题的全国性大辩论中，KIPP 都无疑成了全美瞩目的焦点。

从 1995 年面世的那一天起，便有人不厌其烦地提醒 KIPP 专科学校的学生们——有人或许可以把这称之为恐吓：高等教育非常重要。莱文的班级还获得了“2003 年度最佳班级”的称号，这一年，他们将进入大学。学校的走廊里挂着各大学赠送的锦旗，所有教师将学校颁发给他们的荣誉证书装饰在教室的各个位置。而悬挂在教学楼梯井中的一个巨大标语，则提醒着每一名学生他们的使命是：跨越阻挡你进入大学的高山。在从 KIPP 毕业时，学生们似乎就已经为履行这项使命做好了准备：不仅以优异的成绩从中学毕业，而且大都获得进入著名私立学校或天主教会高中的资格，并且大多数人获得了全额奖学金。

但对于第一批学生中的很多人来说，事情的进展并没有如他们设想的那么顺利。莱文对我说：“我们曾以为，‘太好了，我们的第一个班级在整个纽约市排名第五位，我们有 90% 的学生可以进入私立学校或教区学校。一切问题都将迎刃而解。’但事实却并非如此。”在这头一批毕业生中，几乎每个人都顺利拿到了高中毕业证，而且大多数人都进入了大学。但也就是在这个时刻，面前这座大山也开始变得越来越陡峭：在他们高中毕业的六年之后，这届学生中仅有 21% 顺利完成了四年大学学业[4]，换句话说，拿到大学毕业证的只有 8 个人。

泰莱尔·万斯就是 KIPP1999 年那一批毕业生，他的经历在很多方面都非常具有代表性。在第一次来到 KIPP 专科学校时，万斯感觉到世界末日已经到来，这里的仪式、规矩和严酷让他感到难以忍受。“这就像是一种不可阻挡的文化冲击，”万斯对我说，“我从来没有过这样的经历。”在万斯看来，家庭作业是可做可不做的，但是在 KIPP，家庭作业是强制完成的，这种观念上的差异曾导致万斯和 KIPP 的教职员多次爆发冲突。在七年级的时候，整个班级组织了一次到佛蒙特州的旅行，而万斯则被留在家里补写作业。但可以肯定的是，KIPP 的教师对万斯和他的同学们倾尽心血，而万斯也渐渐对他的老师们言听计从。“可以说，这里就是我的第二个家，”万斯这样对我说，“每个人最终都会找到这样的感觉，我们就像是一家人。”

和这个班上的很多学生一样，万斯在中学时就是一个不折不扣的数学明星，始终在全市统考中名列前茅，在八年级时就已通过了九年级的数学考试。但万斯告诉我，在进入高中之后，离开 KIPP 这个大熔炉熏陶的他就此失去了动力。“我再也找不到在 KIPP 曾经有过的那种动力和激情。”万斯对我说。他的成绩开始直线下滑，他的成绩单也很快被“C”所填满，而不再像中学那样，都是清一色的“A”或是“B”。回头看看那段时间，万斯认为，KIPP 的确在学习成绩方面让他为高中学习做好了准备，但却没有让他在心理或情感上做好准备。“我们曾属于一个亲密无间的家庭，在那里，每个人都知道你在做什么，而此时此地，你却是孤身一人，”他说，“没有人检查你是否已经完成了家庭作业。在高中，我们需要自己应对这一切，尽快成长，显然，我们当中没有一个人真正为此做好了准备。”

高中毕业之后，万斯进入纽约北部的一所四年制公立大学，主修计算机信息系统专业。但他觉得这个专业枯燥乏味，于是，他又将专业转到赌场及博彩管理方向。但是，由于万斯与系主任关系紧张，于是，他只好选择休学，临时到一家鞋店工作。不久，他又进入另一所公立学院，学习历史专业。但没过多长时间，他的学费已经花光了，这一次，万斯再次选择辍学。现在，万斯已经二十四五岁了，在过去的这几年时间里，他一直在 AT&T 和时代华纳有线电台的呼叫中心工作，他的职责就是解答客户疑问。他很享受这份工作，他对自己在这个岗位上取得的成绩感到骄傲，但回首往事，他依旧不乏遗憾。他告诉我，“我原本是很有潜力的，我或许应该更好地发挥这份潜质。”

2 后天培育的乐天派

对大卫·莱文来说，眼看着他的第一批学生在煎熬中度过大学时光，显然是一种无尽的痛苦。几乎每一个月，莱文都会听到一个相同的消息：又有一名学生决定辍学。于是，莱文收集学生们在大学阶段的表现数据：怎样做才能改变眼前这种令人尴尬的现状呢？ KIPP 已经让他的学生掌握了在大学阶段取得成功所需要的一切工具。那么，他到底遗漏了什么呢？

辍学的消息不仅来自第一批学生，而且陆续出现在第二批、第三批学生中，而这些消息也让莱文注意到一个奇怪现象：在大学中，坚持到最后的学生并不一定是那些在 KIPP 成绩最优秀的学生。那些能够大学毕业的学生可能拥有某种特殊的天赋，譬如乐观、坚韧以及随机应变之类的品质。这些学生能迅速摆脱成绩不佳带来的打击，重整旗鼓，力争在下一次考试中取得更佳的成绩；他们可以迅速忘却不愉快的离别或是与父母的争吵；他们会说服教授在课后给他们补课；他们能抵挡住和朋友们一起出去看电影的诱惑，待在家里复习功课。莱文也知道，这些品质本身并不足以保证他们获得本科学位。但对于没有值得炫耀的家庭背景、没有多少可以依赖的家庭资源，也没有来自富裕家庭的同龄人所拥有的安全网这样的学生而言，这些品质会成为他们拿到大学毕业证不可或缺的优势。

莱文在这些大学能够毕业的学生身上发现到的品质，与詹姆斯·赫克曼及其他经济学家提出的所谓“非认知能力”在很大程度上是一致的。但莱文喜欢用另一种说法来描述这些能力：人格力量。自 20 世纪 90 年代初在休斯敦创建 KIPP 以来，莱文就始终与另一位创建者迈克尔·费恩伯格（Michael Feinberg）反复强调，在他们的中学课堂上，不仅传授学术知识，还要为他们的学生提供品格教育。教室的墙壁上贴满各种各样的标语，比如“勤奋学习”“做一个品格高尚的人”，或是“成功没有捷径”，学校还建立了一套完整的激励制度，不仅鼓励学生们力争在微积分或是代数考试中获得好成绩，同时还强调培育学生的团队意识、同情心、不屈不挠的精神。在 KIPP 的校园里，所有孩子都身穿统一的 T 恤衫，上面印着“一个校园，一项使命，两项能力:成绩与品格”。

第一次来到休斯敦时，莱文和费恩伯格的身份是“美国教育计划”（Teach for America）的第三批志愿人员：他们刚刚从常青藤联盟学校毕业，还是初出茅庐、毫无经验的新教师。最初，他们在很多富于创新精神的教育工作者身上学到了很多教学技巧，而对他们帮助最大的，当然就是女教师哈里特·鲍尔（Harriett Ball）吟诗、歌唱和练习等形形色色的教学手段，这些手段让所有科目的教学变得轻松容易，无论是乘数表，还是莎士比亚的戏剧。但是在品格教育方面，莱文告诉我，他和费恩伯格却从来有见过一个称职的教师。由于找不到任何可用于品格教育的现成教学模式，甚至不知道该从何谈起，这就意味着，在KIPP，任何有关品格教育的讨论都要从零开始，即便是在应向学生灌输哪些价值观和行为以及为什么应该做或者如何做这样的基本问题上，学校的教职人员也是各持己见。

莱文有一个做基金经理的弟弟，2002年冬季，也就是在KIPP学校的第一批学生即将毕业进入高中时，他的弟弟送给他一本书，就是宾夕法尼亚大学心理学教授马丁·塞利格曼写的《活出最乐观的自己》[5]。塞利格曼也是“积极心理学”学派的主要学者之一。这本最早出版于1991年的书则是该学派的奠基性作品之一，他强调的思想是，乐观并不是与生俱来的天性，而是一种可以通过后天学习掌握的技能。塞利格曼认为，悲观的成人和孩子可以通过自我学习得到改善，这样，他们就可以变得更快乐，更健康，而且也会更成功。在《活出最乐观的自己》一书中，塞利格曼写道，对大多数人来说，沮丧和抑郁并不像很多心理学家所说的那样，可以归结为疾病，“当我们悲观地认为失败的原因无法克服时”，我们就会自然而然地陷入“极度低落的情绪”中[6]。塞利格曼建议，要避免情绪低落，改善生活质量，就必须调整我们对现实的“解释基调”，用积极、美好的故事重新诠释发生在我们身边的好事或是坏事。

塞利格曼在书中指出，在消极的现实面前，悲观主义者倾向于将它们解释为无时不在、无所不在的个人宿命[7]。如果你没有通过考试，那并不是因为你没有为考试做好准备，而是因为你不够聪明。如果你表白失败，即便是换一个表白对象也无济于事，因为你根本就不应该得到爱的机会。相反，乐观主义者在面对困境时，则倾向于将挫折归结为具体、有限和短期性的原因，因此，即便遭遇失败，他们也更有可能从失败中走出来，从头开始，重新奋斗。

在看过这本书之后，莱文开始尝试用塞利格曼的“解释风格”重新认识自己，认识他的教师和学生们。那时，莱文因习惯于长时间大声训斥犯错误或是成绩差的学生而让同学和老师留记在心。（只要想到莱文，万斯就会笑着说，“那家伙的吼声又高又长。”）但是现在，莱文想知道的是，对于那些倾向于把讥讽和斥责认为是针对个人的、普遍的、长期的批评的人，他的这些讥讽和斥责会代表什么呢？按照这些学生的思维，他们很容易会把“你为什么不做家庭作业？”解释为“你到底犯了什么错？难道你就不能做点正事吗！”于是，莱文为 KIPP 学校的每一名教职员工都购买了一本《活出最乐观的自己》，受到这本书的启发，他还设计了一套“需要思考和关注的问题”。在 2002 年夏季的职业发展日，莱文将这套调查问卷分发给全体教师进行讨论。其中的一些问题可能让莱文和学校的教职员工感到不舒服，比如说，为什么我们的某些学生会觉得不被喜欢、不被看好或是不被信任？为什么某些学生的父母觉得自己受到了蔑视、缺少尊重或是在被人指手画脚？我们怎样才能继续向学生灌输 KIPP 所提倡的精神和品质，而不是半途而废？对莱文来说，这只是重新树立价值观的漫长征途的开始。在将近 10 年的时间里，他都在努力帮助自己的学生培养这种品格。但是，如果他的方法行不通，又该如何是好呢？

3 优质教育的代表

和他的学生一样，大卫·莱文也曾在布朗克斯上过学，只不过他的学校属于布朗克斯一个完全不同的地区，而且是一所完全不同的学校。如果从 KIPP 学校出发一直向西，在走过扬基体育场之后向北转，沿迪根少校高速路继续向前走几英里，就到了里佛代尔。这是一个依山而建的街区，到处是绿荫婆娑，街道上微风习习，一百多年以来，这里一直是纽约市富豪云集的地方。在众多历史悠久的宅邸之中，坐落着这座城市最负盛名的三所私立学校：贺瑞斯曼中学、伦理文化菲尔德斯顿学校以及位于山丘最高处、可以居高临下俯瞰范科特兰公园甚至整个纽约市的河谷乡村中学。成长在派克大街的莱文在读八年级时转入河谷乡村中学。他在学校里的成绩非常优异，不仅在数学和理科成绩上出类拔萃，而且还是校篮球队的队长。

当你来到这所学校时，印象最深刻的肯定是它的校园，这里是整个纽约市最大的校园，在 27 英亩起伏的山陵上坐落着一座座石制建筑和精心护理的球场。尽管学校并不严格要求学生必须穿着统一的校服，但不管是初中生还是高中生，都会刻意穿上一件休闲款的 Abercrombie & Fitch 夹克，肩背 North Face 运动背包。（我曾在深冬里的一天造访十年级的英语班，在这个班级里，除了一个女孩之外，所有人都穿着完全一样的价值 125 美元的 Hunter 高筒雨靴。）约翰·肯尼迪和罗伯特·肯尼迪都曾在小时候短暂就读于河谷学校。目前，学校的学生主要来自纽约市的上东区和韦斯切斯特郡的富人区。那些自认为属于这个富贵阶层的人总要想方设法把孩子送到这里，在他们看来，只有这样，他们的孩子才能学着成为这个阶层的一员。就读这所学校的学费是从 3.85 万美元起，而这还只是幼儿园之前的学费！

第一眼见到河谷学校的校长多米尼克·兰多夫时，你就会觉得，要领导这样一所象征着显赫地位和颠覆传统的教育机构，他绝对是不二人选。有的时候，你还会觉得兰多夫是一个反叛者或者一个颠覆者，甚至还有点古怪。每天上班时，他都会衣冠整齐，身穿一套黑色西服，扎一条窄领带，再加上冷峻超酷的外表和流畅自信的谈吐，微微泛灰的头发，这样的派头难免会让你浮想联翩，他会不会是 80 年代 SKA 乐队的萨克斯手呢？（而且他的英格兰口音更会让你产生这样的联想。）兰多夫是一个特别敢想的人，他从不放过任何一个尝试新观点的机会，和他在一起谈话时，你会觉得这是他一个人参加的 TED 会议[①]，完全是他一个人的表演；而行为心理学家、管理天才和设计理论家在会上间或发表的一点最新成果，则变成了偶尔的点缀。在 2007 年成为校长时，兰多夫便与秘书互换了办公室：秘书搬进了以前校长办公的内屋，这里幽静而隐秘，而兰多夫则选择了空间相对较小的外屋，根据他的开放式办公概念，他重新调整了办公室的风格，四壁挂满了白板，随时记录他想到的观点和口号。在我拜访他的那天，一面墙壁上除了一张纸条外一无所有。纸条上打印了一个巨大的黑色问号。

在这所竞争异常激烈的学校，作为一校之长，刚刚 50 岁出头的兰多夫居然对现时美国主流教育的很多基本理念持怀疑态度。在来到河谷学校之后不久，他就取消了大学“预修课程”；他鼓励学校的教师减少给学生布置的家庭作业数量；而且他还明确指出，河谷学校及其他私立

① TED 是 Technology、Entertainment、Design 的缩写，这个会议的宗旨是“用思想的力量来改变世界”。从 1990 年开始每年在美国加州的蒙特利举办一次，汇集众多科学家、设计师、文学家、音乐家等社会精英。——译者注

学校在幼儿园和中学入学中要求的标准化考试是“彻头彻尾不公平的”，因为它们对学生的评价几乎完全依赖于智商。在秋天那次拜访兰多夫的办公室时，他对我说，“对这种考试的过度依赖，已经完全忽略了一个人走向成功所必需的某些关键要素。”

兰多夫认为，在这些被忽略的要素中，最重要的莫过于品格。他曾说过，“不管是坐着康内斯托加式宽轮篷车的早期拓荒者，还是 20 世纪 20 年代从意大利南方来到这里的人，他们的心中都有着这样一种信念：只要勤奋努力，坚韧不拔，就能成功。但奇怪的是，现在，我们却将这种信念忘得一干二净。有些人衣食无忧，生活安逸，还能在 SAT 考试中拿到 800 分的高分，我担心他们只能听到别人一味的赞扬，而丝毫意识不到危机的存在。我认为，从长远来看，我们实际上就是在为这些人铺筑一条走向失败的道路。迟早会有一天，当困难突然出现在他们面前时，我想，他们肯定会不知所措。我认为，他们根本就没有学过如何去应对危机。”

和莱文一样，作为一个教育家，兰多夫也一直在他的教育职业生涯中思考这样一个问题：学校是否应该以及如何进行品格教育。这听起来似乎是一个孤立的问题。小时候，兰多夫曾在英格兰寄宿学校上学，在那里，教育家们想当然地以为，他们在传授数学或是历史的同时，就是在进行品格教育。但是在来到美国之后，兰多夫发现，美国的教育者比他们的英国同行更不喜欢谈论品格。多年以来，他一直在跟踪美国的品格教育，以及人们为此做了什么，但结果却令他大失所望，因为这些教育似乎都脱离了学校的需求。20 世纪 80 年代，威廉 · 贝内特（William Bennett）提倡在学校进行品德教育，但是在兰多夫看来，新保守主义派却让他的努力显得过于政治化。尽管丹尼尔 · 戈尔曼（Daniel Goleman）

在20世纪90年代有关情商的论述曾让兰多夫如痴如醉，但这个概念过于模糊，过分倾向于心理治疗，因而很难被纳入现实的教育体系当中。“我希望看到的是一种严肃、科学的教育，而不是随波逐流的时尚，它应该让我们能名副其实地改造当下学校的文化氛围。”兰多夫对我说。

2005年冬天，在阅读了《活出最乐观的自己》一书之后，兰多夫开始痴迷于积极心理学这个新的研究领域。他不仅认真研读了塞利格曼的成果，也同时关注到塞利格曼身边两位最亲密的合作者，密歇根大学的克里斯托弗·彼德森以及与塞利格曼同为宾夕法尼亚大学明星级学者的安吉拉·达克沃斯。当时的兰多夫还是劳伦斯维尔中学的副校长，这所寄宿走读学校位于新泽西州的普林斯顿附近。也就是在那个时候，他在费城安排了一次与塞利格曼的会面。碰巧的是，那天早晨，就在兰多夫驾车行驶在前往费城的40英里途中时，塞利格曼还约了大卫·莱文。当两位教育工作者同时来到塞利格曼的办公室时，塞利格曼灵机一动，决定将两次会面合二为一，此外，他还邀请了当天造访宾州大学的心理学家克里斯托弗·彼德森，于是，四个人针对心理学和学校教育展开了一场畅所欲言的讨论。而这次会面也为四位教育家走向长期而富有成效的合作创造了一个完美的开端。

4 品格力量和美德

每次来到费城时，莱文和兰多夫都期待着对乐观教育问题有更多认识。但塞利格曼的做法还是让他们出人意料，他将一本与彼德森刚刚完成的新书送给两位客人:《品格力量和美德》(*Character Strengths and Virtues*：*A Handbook and Classification*)。在以前出版的畅销书中，塞利格曼只是肤浅地探讨了时下流行的通俗心理学，用精心设计的副标题吸引人的眼球，比如说“如何改变你的思维和生活！”，但《品格力量和美德》则从学术角度进行了论证。这本厚达800页的书居然有将近1.6千克之重，零售价更是高达80美元。按两位作者的说法，他们希望这本书能成为一本“神志正常者的百科大全”，一本《精神疾病诊断与统计手册》(*Diagnostic and Statistical Manual of Mental Disorders*)①的全新翻版[8]，成为所有治疗专家和精神病专家书架上不可或缺的代表作。《品格力量和美德》的宗旨就是开创一门“良好品格的学科”[9]。换句话说，这正是兰多夫和莱文始终寻求的东西，尽管他们还不清楚自己的终极目标是什么。

品格这个词之所以会让这些讨论复杂难懂，很大程度上是因为它对不同的人而言可能有着完全不同的含义。品格往往意味着对一套特定价值观的追求和坚守，也就是说，它的定义必然会随着时间的推移而变化。在维多利亚时代的英国，一个拥有良好品格的人至少应展现出纯洁、节俭、整洁、虔诚和社交礼仪等方面的价值观。而在美国拓荒时代，良好的品格则更多地意味着勇敢、独立、智慧、勤奋和坚毅。但是在这本书中，塞利格曼和彼德森则跳出时代的框架，明确了一系列放之四海而皆准的品质，这些品质不仅为当代北美文化所重视，而且为各个社会、各个阶层所推崇。他们纵览历史，翻阅古今，总结了一大批古今名人的思想，从亚里士多德到孔子[10]，从《奥义书》②到旧约圣经的前

---

① 简称DSM，由美国精神医学学会出版，是一本在美国与其他国家中最常使用来诊断精神疾病的权威指导手册。——译者注

② 印度教古代吠陀教义最原始的著作，也是后世各派印度哲学的基础。——译者注

五卷“摩西律法”，从《童子军手册》到《神奇宝贝》动画片，最终，他们圈定了 24 项被社会普遍接受的品格力量。在这些品质中，有些就是传统意义上的高尚品质，譬如勇敢、公民意识、公正性、智慧和忠诚等；有些则从属于情感领域，例如爱、幽默感、热情以及对美的理解；还有一些则更多地关乎我们的日常人际交往，包括社交智力（即识别人际间动态机理以及迅速适应社交形势的能力）、仁慈和感恩之心等。

塞利格曼和彼德森在书中指出，大多数人都认为，品格力量具有道义上的影响，在很多情况下，它们与宗教法典及清规戒律是相互重叠的。但道德准绳在品格上的约束力是有限的，因为它们只是将道德行为简单归结为对更高权威的遵从。他们写道，“美德本身远远比法律更有趣。”[11] 塞利格曼和彼德森认为，这 24 种品格力量的价值并非来自它们与某种伦理体系的关联，而是它们在现实中所具有的价值，即：通过拥有和表现这些品格所能带来的收益。因此，培育这些品格力量，就代表着一条通往“美好生活”[12] 的路径，这种生活不仅是幸福的，而且是有意义的，因为它会实现我们的追求。

对很多人而言，品格是某种永恒的内在事物，它是定义人本质的一套核心属性。而塞利格曼和彼德森则以不同的方式对品格做出了定义：它是一套具有高度可变性的能力或力量，因而，在现实中，品格具有非常强的可延展性。它们是一系列可以通过后天学习而掌握的技能；是我们可以通过练习而强化的技能；当然，也是你可以传授给别人的技能。

但是在现实中，教育者在进行品格教育时，所采取的做法却往往与这些道德规范相违背。在 20 世纪 90 年代，美国曾兴起一股全国范围的品格教育高潮[13]，其中的部分原因就在于第一夫人希拉里·克林顿和克林顿总统的公开言论，后者曾在国会的国情咨文中指出：“我鼓励所有学校都开展品格教育，让学生拥有良好的价值观，成为优秀的公民。”但此后不久，克林顿的品格教育运动便演化为两大政治派别互相指责和相互猜疑的焦点。右翼势力认为，品格教育运动只是渐进式政治改良的借口，而左翼势力则怀疑，品格教育是基督教化的一种隐形手段。今天，尽管已有几百所公立学校开设了品格教育课程[14]，但大多数学校的课程内容含混不清，且多流于形式，而研究则显示，这些课程几乎没有任何实际意义。2010 年，作为联邦教育部的下属机构，美国教育实验中心开展了一项针对品格教育课程的全国性评估，他们连续三年对常见的 7 项小学生品格教育课程进行了跟踪。研究显示，这些课程不仅对学生的个人行为没有带来任何实质性影响，对学习成绩和学校文化同样没有什么显著效果。

让莱文和兰多夫着迷的是，塞利格曼的方法并不强调无关紧要的道德准则，而是注重个人的成长和成就。不管是拥护者还是反对者都认可 KIPP 符合道义原则。在出版于 2008 年的《庸人自扰》（*Sweating the Small Stuff*）[15]一书中，著名记者大卫·惠特曼（David Whitman）给 KIPP 及其他公立学校采用的教育模式贴上了一个令人信服的标签：“新式家长主义”。惠特曼在书中写道，这些学校教育学生“如何按传统意义上的中产阶级价值观进行思考和行动”。[16]但莱文却对这个观点不敢苟同。他不喜欢将 KIPP 的宗旨定义为向学生灌输中产阶级价值观，因为这似乎就是在说，富裕家庭的孩子拥有低收入学生所不具备的某些品格。“我认为，品格力量教育法的积极意义，就在于它从根本上规避了价值判断问题，”莱文对我说，“如果从价值和伦理出发，会让你面对一个无法回避的问题，即：到底应该遵循谁的价值观，到底应该采取谁的伦理？”

5 自控力和意志力

自从在塞利格曼办公室初次会面之后，莱文和兰多夫就一直通过电话、电子邮件、交换文章和网络等形式同塞利格曼保持密切联系。他们很快就发现，尽管就职于不同的学校并拥有不同的教学氛围，但彼此之间还是有很多共同的观点和兴趣。这让他们最终做出决定，携手并肩，共同解决有关品格的诸多未解之谜。于是，他们找到了正在塞利格曼领导的心理学系攻读博士后的安吉拉·达克沃斯。（目前，她已经成为该系的助教。）达克沃斯是在 2002 年来到宾州大学的，那时的她已经 32 岁了，对于一个研究生来说，这个年纪确实有点大。达克沃斯来自一个中国移民的家庭，在青少年时期，她始终是一个成绩优异的典型优等生。在哈佛大学拿到本科学历之后（期间她利用业余时间在剑桥为低收入家庭的孩子开办了一所暑期学校），她便完成了由 90 年代学界精英到下一个全新状态的蜕变：白宫演说稿撰稿办公室的实习生，牛津大学的“马歇尔奖”获得者（她在那里研究神经学），麦肯锡咨询公司的管理咨询师以及公立学校顾问。多年以来，达克沃斯一直想要自己创办一所特许公立学校，但是，她最终还是意识到：公立学校绝不是转变贫困儿童生活处境的合理载体——或者说，公立学校至少不是她可以选择的最合理的载体。在申请宾州大学的哲学博士学位时，达克沃斯在申请书中这样写道：在学校工作的经历让她“对学校改革有了一种完全不同的认识”，而这些认识显然与她在 20 几岁时的想法相去甚远。“我认为，问题的关键不仅在于学校，还在于学生自己，”[17] 达克沃斯写道，“原因很简单：学习是艰苦的。诚然，学习也是一种快乐，会给人带来愉悦和满足；但它往往也会带来压力，会令人气馁，让人精疲力竭，有时甚至令人感到绝望……要帮助那些始终成绩不佳但却不乏智慧的学生，教育者和父母首先需要意识到，品格的重要性绝不亚于智力。”

在宾州大学，达克沃斯最初的研究方向是自律性。在第一年的研究课题中[18]，她在马斯特曼实验与示范学校组织了 164 名八年级学生。这所中学也是费城主城区最有吸引力的学校之一。达克沃斯对所有学生逐一进行了传统的智商测试和标准化自律性评估。在随后的一个学年内，达克沃斯又通过一系列成绩指标对他们的表现进行跟踪评价。在学期结束时，达克沃斯发现了一个让很多人感到意外的结果：学生的自律测试得分对学年平均分（GPA）的预测精度远远好于智商测试结果。

之后，达克沃斯开始与哥伦比亚大学的心理学教授沃尔特·米切尔开展合作研究，米切尔教授以所谓的“棉花糖”实验而享誉社会科学界。20 世纪 60 年代末，当时还在斯坦福大学任教的米切尔设计了一个匠心独运的试验，对 4 岁儿童的意志力进行测试[19]。在斯坦福大学内的护士学校，研究人员把每个孩子带进一间小屋子，让他们坐在椅子上，然后再给他们一点零食，比如说棉花糖。桌子上放一只铃铛。随后，实验人员会告诉这些孩子，他们要离开屋子，孩子需要一个人待在屋子里，等到他们回来之后，孩子就可以吃棉花糖。然后，实验人员让孩子做出选择：如果想吃棉花糖，他必须摇一下铃铛；或是实验人员回到屋子后再吃。但是，如果孩子愿意等待并一直等到实验人员回来之后再吃，他就可以得到两块棉花糖。

米切尔设计这项实验的目的，就是为了研究这些孩子在抵抗外界诱惑时所采取的不同方式。但十多年之后，实验却有了一个新的发现，米切尔开始检查这些参与实验的孩子，看看他们抵抗诱惑的能力是否能预测学习成绩或其他方面的成绩。从 1981 年开始，他便已经开始跟踪尽可能多的学生学习情况，并在此后的时间始终如一。孩子们等待享受棉花糖的时间与后期学习成绩之间表现出令人惊讶的相关性。在后期的 SAT 考试中，可以等待 15 分钟的孩子[20]的平均成绩要比那些 30 秒钟之后便摇响铃铛吃棉花糖的孩子高出了 210 分。

米切尔的实验结果让达克沃斯感到兴奋无比，这似乎与她在费城进行的自控力研究相互吻合。但实际上，她对米切尔最早提出的试验假设更感兴趣：如果要让你的自我克制力达到最大化，哪种技巧和策略最有效？这些技巧是否可以传授？米切尔的实验显示出某些极为有趣的答案。比如，心理分析理论和行为学理论都认为，对孩子来说，鼓励他们等待获得两个棉花糖的最好办法，就是让奖励成为他们关注的焦点，强化两块棉花糖会给他们带来更多快感的意识。但事实却恰恰与此相反：在不让孩子们看到棉花糖的时候，他们可以忍耐更长时间，但是当美食摆在面前时，孩子们的忍受力便会轰然崩溃。在推迟享受试验中表现最好的孩子会采取主动分散注意力的方式。在等待实验人员返回的过程中，有些孩子会选择自言自语，有些孩子会一个人唱歌，还有的孩子则让视线离开美食，或是用手捂住眼睛。有一个自控力达到极致的孩子，干脆就睡了一觉。

米切尔发现，如果用简单的提示引导他们换一种观点看待棉花糖，孩子们就能更有效地推迟享用这份美食。对美食的想法越抽象，他们忍受诱惑、推迟享受的时间就越长。如果引导孩子们把棉花糖看作一团蓬松的团状云，而不是棉花糖[21]，那么，他们推迟享受的时间就可以增加 7 分钟。实验人员还让部分孩子观看一张棉花糖的图片，而不是真实的棉花糖，此时，孩子们的等待时间就会进一步延长。还有一些孩子虽然看到的是真实的棉花糖，但实验人员告诉他们，“在你的大脑里，想象着把棉花糖放进一个框线里，就像眼前摆放的是一张图片一样。”此时，这些孩子的等待时间可以接近 18 分钟。

但是，当达克沃斯在学校背景下检验米切尔的结论时，她却发现，这远比想象中要困难得多。2003 年，她和几位同事在费城开展了一项长达 6 周的实验，实验对象是当地学校的 40 名五年级学生。他们带领孩子进行自我控制能力练习，并对完成家庭作业者给予奖励。在实验结束时，学生们自己汇报的结果是：与实验开始时相比，他们的自控力有了较大改善。但事实却并非如此：在很多衡量指标上，接受干预的孩子并不好于来自同一所学校的对照组实验对象。“我们检查了教师给学生做出的自控力评分、家庭作业完成情况、标准化考试成绩、GPA 成绩以及迟到率是否增加等方面，但没有发现任何有效的结果。”达克沃斯告诉我。

6 物质激励是白费心机

对于自我控制，譬如自律性较强者在棉花糖实验中为抵抗诱惑而采取的方法，它们的问题是，只有在孩子清楚自己的需要时才能发挥作用。达克沃斯希望看到的是，在实验完成之后，孩子的长期目标就不再像两块棉花糖那么具体、直接和有诱惑力。那么，我们怎样才能帮孩子们获得实现更抽象的长期目标所需要的专注力和忍耐力，让他们顺利通过考试从高中毕业或是在大学取得好成绩呢？

达克沃斯发现，将成绩机制划分为两个相互独立的维度更有帮助，即：动机和意志。她认为，尽管每个维度对实现长期目标都不可或缺，但仅仅依赖其中的任何一个都无法实现目标。我们中的大多数人都熟悉拥有动机但缺乏意志的经历：比如说，你可能有无穷的动机去减肥，但是，除非你拥有足够的意志力，即毅力或称自控力，放下美味，减去不必要的体重，否则，你永远也不会取得成功。如果一个孩子拥有强大的行为动机，那么，达克沃斯传授给五年级学生的自控力技巧和练习就会大有益处。但是，假如一个学生根本就没有动力去实现老师或家长希望他们实现的目标，情况又会怎样呢？于是，达克沃斯不得不承认，世界上所有关于自控力的把戏都将无济于事。

不过，这并不意味着我们无法改变一个人的动机。实际上，这在短期内或许极端简单。如果你在糖果店多待一会儿，在这里，想想科研人员在几十年前进行的关于智商和 M&M 巧克力豆的两个试验。第一项测试是在 20 世纪 60 年代末的北加州进行的，加尔文 · 艾德兰德[22]征集了 79 个年龄在 5 ～ 7 岁的孩子，所有孩子均来自"中低收入家庭和赤贫家庭"。这些孩子被随机划分到试验组和对照组。首先，所有人要接受标准版本的斯坦福－比奈（Stanford-Binet）智商测试。七周之后，他们再接受一项类似的测试，但是在这一次，试验组的孩子每答对一个问题，都将获得一颗巧克力豆。在第一项测试中，两个组的智商测试结果基本上是平分秋色。但是在第二项试验中，可获得巧克力豆一组的智商得分则平均高出了 12 个点——这显然是一种巨大的飞跃。

几年之后，来自南佛罗里达州的两位研究者[23]进一步完善了艾德兰德的实验。按照他们的实验方法，在完成了第一项没有糖果刺激的测试之后，再根据他们在这项测试中的得分划分为三个组。其中，高智商组在第一项测试中的平均智商得分约为 119；中等智商组的平均智商得分约为 101；低智商组的平均智商得分约为 79。在第二项测试中，研究人员仅为各组中一半的孩子按其答对的问题奖励相同数量的巧克力豆，这一点与艾德兰德是一致的，而三个组别中的其他孩子则没有任何奖励。在中等智商组和高智商组中，得到糖果奖励的孩子在第二项测试的得分没有任何改进。但是在低智商组中，所有每答对一个问题即可获得一颗巧克力豆的孩子却在第二项实验中大有长进，他们的平均智商得分居然提高到了 97，几乎与中等智商组的平均智商得分不相上下。

巧克力豆实验沉重打击了传统意义上的智商理论，即：智商测试只能衡量某种客观真实、恒久不变的东西，它绝非是区区几颗巧克力包起来的糖豆所能改变的。此外，这项实验也为我们如何认识所谓的低智商儿童提出了一个重要且难以回答的问题：他们的智商是否真的不够高，或者事实根本就并非如此？到底哪个数字更能客观地反映他们的智力水平，是 79，还是 97？

而教师几乎始终都在面对这样一种令人费解但又客观存在的难题，尤其是那些处于赤贫地区的学校教师。你可能会认为，你的学生远比他们看上去要聪明得多，而且你也知道，只要他们再用心一点，就能做得更好。但是，怎样才能让他们更专心、更勤奋呢？难道只能用巧克力豆去奖励他们在今后人生中做对的每一件事吗？这显然不是一个切实可行的解决方案。而摆在我们面前的现实是，对于来自低收入家庭的孩子，获得好成绩可能会给他们带来无比巨大的回报，不仅仅是眼前利益，也不仅仅是因为答对一个问题，而是长期性的。如果一个学生的考试成绩或是初中、高中入学成绩能表明他们具有 97 而不是 79 的智商水平，那么，他就更有可能顺利地从高中毕业，随后进入大学，然后又找到一份好工作。到了那个时候，他就可以用自己赚来的钱，随心所欲地买到自己想得到的巧克力豆。

但正如每个中学教师都知道的那样，让学生明白这个道理要困难得多。事实证明，动机是一种极为复杂的东西，而奖励有时则适得其反。

在《魔鬼经济学》一书中，史蒂芬·列维特（Steven Levitt）和斯蒂芬·都伯纳（Stephen Dubner）讲述了研究者在20世纪70年代进行的一项研究，目的是检验少量经济回报是否会促使献血者增加献血量[24]。研究结果显示，经济刺激只能减少他们的献血量，而非增加献血量。

尽管M&M巧克力豆实验表明，以物质刺激激励孩子成功的做法应该会立竿见影，但现实却并非如此。最近几年，哈佛大学的经济学家罗兰·弗赖尔（Roland Fryer）将M&M巧克力豆试验拓展到大城市的学校体系。他检验了公立学校采取的几种激励机制[25]——为提高班级考试成绩的教师提供奖金；为提高学习成绩的学生提供手机等形式的奖励；向孩子学习成绩改善的家庭直接提供奖金。尽管这项实验异常艰苦而严谨，但结果却始终令人沮丧。实验人员仅找到为数不多的几个数据。在达拉斯开展的实验中，儿童每读完一本书即可获得一份奖励，这种做法似乎有助于提高学生的阅读成绩。但对大多数学生而言，物质刺激的做法似乎都是枉费心机。在规模最大的一项实验中，实验者为纽约市的教师发放奖金，奖金总额高达7700万美元，时间跨度也长达三年。2011年春，弗赖尔发现，这项计划几乎没有带来任何有意义的积极成果。

7 专注力

外界激励通常会带来这样一个问题：根本就没有人知道，到底该如何激励他人。这也是励志宣传、自助类书籍和励志演说家行业兴旺发展的根源所在：真正能激励我们的东西，不仅难以解释，而且难以衡量。

这个问题之所以异常复杂，在一定程度上是因为不同人格类型的人对不同的激励会做出不同的反应。而我们之所以能认识到这一点，则是因为卡米特·西格尔（Carmit Segal）在2006年开展的一系列试验。当时的西格尔还在哈佛大学经济系攻读博士后，而现在的她已经是苏黎世一所大学的教授。西格尔希望通过这些实验验证人格与激励之间的互动关系[26]，为此，她选择了一种最简单的方法作为其研究对象，即：评价基本文秘技巧的编码速度测试。这是一种非常简单直接的测试。首先，向参与者分发一份由很多简单词汇构成的参考答案，其中，每个单词均被赋予一个四位数的识别码。比如：

游戏	2715
下颚	3231
房子	4232
帽子	4568
屋子	2864

测试页的下脚是一道多重选择测试题，它包括5组四位数字，被测试者需要从这5组四位数中找到对应于每个单词的正确编码。比如：

请回答：

	A	B	C	D	E
帽子	2715	4232	4568	3231	2864
房子	4232	2715	4568	3231	2864
下颚	4232	2715	3231	4568	2864

被测试者需要做的，就是从上面的参考答案中找到正确的数字，然后在该表格上勾出相应的选择（如1C、2A、3C等）。这种测试尽管不难，但却有点让人感到枯燥乏味。

最终，西格尔锁定了两大组数据，它们分别包含了数千名年轻人的编码速度测试得分以及标准认知能力测试得分。一组数据来自美国青年纵向调查机构（National Longitudinal Survey of Youth，简称 NLSY），自 1979 年以来，该机构便开始对 1.2 万名年轻人的情况进行实时跟踪调查。另一组数据来自军队的招募人员，在加入美国军队之前，他们必须接受一系列的测试，其中就包括编码测试。在 NLSY 进行的调查中，高中生及大学生参与测试不会得到任何物质回报，测试得分仅用于研究目的，与他们的学习成绩没有任何关系。但对于军队的招募人员来说，测试结果意义重大，成绩不佳将直接导致他们无法参军。

在对比这两组对象的各项测试得分时，西格尔发现，就平均水平而言，高中生和大学生的认知能力测试得分高于军队招募人员。但是在编码速度测试中，后者的成绩却优于前者。有人或许会认为，那些决定应征入伍的人或许本身就具有对数据和单词进行配对的天赋，但这样的假设似乎不太可能。西格尔逐渐意识到，编码速度测试所衡量的，是一种远比文秘工作更基本的能力：被测试者要强迫自己关注这项世界上最无聊、最令人头疼的测试的一种心理倾向和能力。由于测试结果关系重大，因此，应征入伍者投入到编码测试中的精力当然要远远高于 NLSY 的实验对象，在这种如此简单的测试中，只要多投入一点点精力，便足以让他们超过更有学识的同龄人。请记住，NLSY 进行的毕竟只是一次性测试；它的目的在于跟踪这些年轻人在考完试若干年后的学习进步情况。于是，西格尔再次回到 NLSY 的数据库，重新审视每个学生在 1979 年的认知能力得分编码速度测试得分，然后，对比他们在这两种测试中的得分与其在 20 年后的收入情况，此时，这些学生已年近 40。意料之中的是，那些在认知能力测试中得到较高分数的学生，其收入水平也相对较高。但是在超级简单的编码测试中，取得好成绩的孩子同样在步入中年后得到了较高收入。实际上，在西格尔只研究未能大学毕业的

NLSY 实验对象时，编码测试得分对成年收入水平的预测性几乎与认知能力测试的预测能力不相上下。编码测试高分获得者的年收入要高于低分者数千美元。

何以至此呢？难道当代美国劳动力市场真的会如此看重一种无心插柳式的词汇数字配对游戏吗？当然不是。事实上，西格尔并不认为，那些在编码测试中表现优异的学生就一定会拥有高人一筹的编码能力。他们之所以能在测试中有突出表现，完全是出于一个非常简单的原因：他们更用心，更专注。劳动力市场真正看重的，正是这种促使他们在测试中更用心、更专注的内在激励，在即便没有外在激励的情况下，他们依旧会聚精会神、全力以赴。很少有人会意识到，这种编码测试所反映的是一种在成年世界中极为重要的非认知技能。

西格尔的发现为我们提供了一种新的思维方式，促使我们重新认识参与南佛罗里达州巧克力豆实验中的那些所谓低智商儿童。回想一下，他们在第一项智商测试中得分较低，但在随后提供巧克力豆奖励的第二次测试中，他们的表现却大有长进。这就提出了一个问题：所谓“低智商”学生的真实智商到底是多少呢？到底是 79，还是 97 呢？当然，我们完全有理由认为，他们的真实智商肯定是 97。可以认为，所有接受测试者都会在智商测试中全力以赴，而且在为低智商孩子提供巧克力豆的奖励时，他们肯定会加倍努力。显然，巧克力豆不可能具有增加孩子智力的神奇效用；他们肯定已经具备了这样的智力水平。因此，他们的智商实际上根本就不低。也就是说，他们拥有普通人所拥有的智商水平。

但西格尔的试验所说明的是，真正关系到孩子未来发展前途的，是他们在第一次测试中的成绩，即 79。这个成绩具有与编码测试得分相同的效应，尽管这个测试貌似不相干，没有任何奖励，但它却能预测一个人的未来生活状态。或许他们在智商测试中表现尚可，但他们却有可能缺乏一种在没有明显激励的情况下依旧还能做到全力应对智商测试的品质。而且西格尔的研究表明，这恰恰是一种非常有价值的品质。

8 责任心

既然如此，对于那些在西格尔实验中全力以赴的参与者，或者说，那些无论有无奖励都会全身心投入的人，应该如何定义他们所展现出的品质呢？在技术上，人格心理学家将这种品质称之为：责任心。在过去的 20 年时间里，人格心理学家基本上达成共识：大约有五种特质可以涵盖人格描述的所有方面，即“大五人格”：随和性（agreeableness）、外倾性（extraversion）、神经质或情绪稳定性（neuroticism）、开放性（openness）和尽责性（conscientiousness，与“责任心”为同一个词）。当西格尔在对一项调查中的男性学生进行标准人格测试时，没有对物质刺激做出反应的人——即，那些不管有无 M&M 巧克力豆都会有同样优异表现的人，在尽责性这个方面都会取得上佳成绩。

在人格心理学领域，尽责性研究的头号专家无疑是来自伊利诺伊大学香槟分校的布兰特·罗伯茨（Brent Roberts）教授，他曾与经济学家詹姆斯·赫克曼以及心理学家安吉拉·达克沃斯有过合作的经历。罗伯茨曾告诉我，20 世纪 90 年代末，他刚刚从研究生院毕业，还在寻找未来的专业研究方向，那个时候，没有几个人愿意从事尽责性方面的研究。大多数心理学家认为它是人格领域的害群之马。直到现在还有很多人这么认为。但罗伯茨对此的解释是，这只是一个理解上的问题。就像“品格”这个词一样，在学术界以外，“尽责性”这个词同样会让人们产生一种强烈但却倾向于消极的联想。“研究人员更偏爱他们所看重的东西，”罗伯茨对我说，“在一个社会里，重视尽责性的人既不是知识分子，也不是学者，更不是自由派人士，他们往往是那些主张应该对人施加更多束缚的右派宗教保守主义者。”（罗伯茨认为，心理学家更偏向于对经验开放性的研究。他略带伤感地解释道，“开放性确实很重要，它是创造力的源泉。此外，它与自由派意识形态的关联性也最强。在人格心理学领域里，大多数人都属于自由派，应该说，我也是他们中的一员。”）

除罗伯茨之外，尽管学院派的人格心理学家一直在对“大五人格”中的尽责性退避三舍，直到 20 世纪 90 年代，它才发展成为一个不太起眼的心理学分支[27]：工业与组织心理学（I/O psychology）。而且这个领域的研究人员很少在知名高校任职；他们中的大多数人就职于大企业的人力资源部门，担任咨询顾问，因为他们的需求极为具体，而且远离学术界的喧嚣：他们希望能找到有生产力、最可靠和最勤奋的员工。当工业与组织心理学开始运用各种各样的人格测试帮助企业寻找这样的员工时，他们发现了一个近乎颠扑不破的真理："大五人格”中的尽责性是预测事业成功的最佳品质。

但对于尽责性这种品质，最让罗伯茨感到好奇和费解的是，它的预测范围竟然远远不止于职业发展[28]。具有较高责任心的人会在高中和大学中取得较好的成绩；他们很少涉嫌犯罪；而且他们的婚姻维系时间也更长。他们还拥有更长的寿命，而且这绝不仅仅是因为他们较少吸烟喝酒。他们不仅很少患中风，而且患高血压或阿尔茨海默症的概率也较低。“如果说责任心这种品质会带来一些负面的影响，实际上也不是什么坏事，”罗伯茨说，“在今天，它正在成为人生中最重要的成功特质之一。但是实际上从长远来看，它的预测并不是那么可靠。”

9 自控力的负面影响

当然，我们并不是说，任何人都认为尽责性是一种完全积极的要素。事实上，某些证明尽责性与学业、事业成功相关性的第一手实证依据并非来自那些认真对待学业和事业的人。在创作于 1976 年的《资本主义美国的学校教育》（*Schooling in Capitalist America*）一书中[29]，作为马克思主义经济学家的塞缪尔·博尔斯（Samuel Bowles）和赫伯特·金蒂斯（Herbert Gintis）指出，美国的公立学校始终在加剧社会阶级分裂。他们在书中写道，资本家为了让无产阶级永无翻身之日，“就必须不断通过教育体系向无产阶级灌输服从意识”[30]。博尔斯和金蒂斯还在书中引用了基恩·史密斯（Gene Smith）的最新研究成果。作为一名心理学家，史密斯发现，最能预测高中学生未来发展前景的测试并不是去测量他们的智商，而是去看他的同伴是否认为他有史密斯称为“品格力量”的这些特征，这些特征表现为“谨慎，负责任，始终如一[31]，不喜欢做白日梦，有毅力，有韧性”。在预测大学成绩时，“品格力量”这一量度的有效性是包括 SAT 得分和班级排名等在内的认知综合指标的四倍。受史密斯这一研究结论的启发，博尔斯、金蒂斯和他们的一位同事开展了一个新的研究项目，对纽约州一所大型高中的全部 237 名三年级学生进行各种智商测试和人格测试。不出所料，他们发现，认知得分确实对 GPA 具有较强的预测作用，但通过综合尽责性等 16 项人格测量而得到的另一个指数，也具有同样的预测能力。

对于塞利格曼、彼德森、达克沃斯和罗伯茨这样的心理学家来说，这种结果足以说明品格之于学生在学校取得好成绩的重要性。而对于博尔斯和金蒂斯来说，学校则是资产阶级操纵学校教育、打造俯首帖耳的无产阶级的工具。在博尔斯和金蒂斯看来，教师会褒奖那些不务正业而依赖他人的学生；他们发现，GPA 得分最高的学生在创造力和独立性方面的得分最低，而在守时、推迟享受、预测能力和可靠性等方面则得分最高。随后，博尔斯和金蒂斯又对办公室职员开展了一项类似调查，他们发现，上司评价下属的方式与教师评价学生的方式如出一辙。他们对创造力和独立性较强的员工给予了较低的评价[32]，对那些圆滑世故、遵规守时、可信且甘愿推迟享受的员工则评价较高。博尔斯和金蒂斯认为，这些结论恰好验证了他们的观点：美国企业的管理者宁愿让他们的办公室充斥着俯首帖耳、温顺可靠的绵羊，于是，他们就创造出一个能够培养这种品行的学校教育体系。

根据罗伯茨的研究，那些在尽责性方面得分较高的人往往拥有某些共性：他们通常做事有条不紊，勤奋可靠，遵章守纪。但是，尽责性这种品质中最重要的元素或许就是自控力。谈到自控力，并不是只有马克思主义的经济学家才怀疑它的价值。

在《品格力量和美德》一书中，彼德森和塞利格曼主张，“拥有过强的自控力并不是什么不可忍受的劣势”[33]；和力量、美貌或是智商一样，自控力同样是一种能力，在本质上没有任何不好的地方——越多越好。但是，另一个学派的观点则与之对立，这个学派的领袖便是加州大学伯克利分校已故的心理学研究员杰克·布洛克（Jack Block），该学派主张，过度的控制和没有控制一样[34]，都是一个大问题。布洛克和两位同行也曾在一篇文章中称，受到过度控制的人员往往处于“过分约束”状态，并表现出强烈的受迫性。他们在选择面前“难以做出决定，而且可能会不必要地推迟享受，甚至是自寻烦恼”。这些学者指出，有责任心的人就是古板的代名词：他们会表现出明显的受迫症，他们经常会焦虑不安、抑郁寡欢。

布洛克的发现显然是有根据的。尽责性蜕变成强迫症是很常见的事情。但是，我们同样难以否定自控力与积极成功之间的相关性。2011年，证明自控力具有积极意义的证据得到了进一步升华[35]：一批学者公布了他们的最新研究成果，他们对1000多名新西兰少年进行了长达30年之久的跟踪研究，这项研究揭示了很多不为人所知的新细节，研究表明，儿童时期表现出的自控力与他们在成年后取得的成就之间存在明显的相关性。在这个以心理学家阿夫夏劳姆·卡斯皮（Avshalom Caspi）和泰瑞·莫菲特（Terrie Moffitt）为首的研究团队中，也包括布兰特·罗伯茨，在研究对象尚处于3～11岁时，研究人员采用各种测试和调查问卷衡量孩子们的自控力，然后，利用这些结果对每个孩子的自控力给出一个评分。在这些研究对象达到32岁时，研究人员发现，儿童时期的自控力评分对很多结果具有预测性。研究对象在儿童时期的自控力得分越低，他们在32岁时吸烟、患病、涉及不良信贷记录以及涉嫌违法行为的可能性就越高。在某些情况下，影响的程度甚至非常巨大：与儿童时期拥有最高自控力得分的成人相比，儿童时期自控力得分最低的人在成年后涉嫌犯罪的概率要高出三倍。而且后者沾染各种毒品的可能性同样高出三倍，成年后成为单亲父母的概率则高出两倍。

10 坚毅

但是，即便是安吉拉·达克沃斯也不得不承认，自控力确实有它的局限性。她认为，尽管自控力确实有助于预测哪些人更有可能高中毕业，但却无助于预测哪些人能发明出新技术，或是导演出一部获奖影片。2005 年，达克沃斯在权威的《心理科学》（*Psychological Science*）杂志上发表了一篇关于自控力与智商关系研究的论文，这篇文章很有开创性，但之后，达克沃斯开始逐渐意识到，自控力不是她所期待和寻找的成功的根本诱因。她回顾了一下自己的职业经历。按传统的客观标准，达克沃斯显然是那种非常有智慧的人，而且她认为自己还是一个拥有高度自律性的人：每天按时起床，工作勤奋认真，从不拖延，定期到健身房锻炼身体。尽管她在事业上确实很成功——极少有几个博士生能在第一年便在《心理科学》这样的权威刊物上发表文章，但和一些人相比她在职业早期缺少方向性，比如说，在 22 岁时即已圈定人生目标并从此开始为之奋斗、克服千辛万苦、不断探索新路的大卫·莱文，或是成功创建连锁型特许公立学校并培养了数千名学生的迈克尔·费恩伯格。达克沃斯认为，作为同龄人，莱文拥有她所不具有的某种品质——以无尽的激情执着追求一个使命，并为了实现这个使命而全力以赴，在任何艰难险阻面前都毫不动摇。达克沃斯认为有必要对这种品质做出定义，于是，她便选择了“坚毅”（grit）这个词。

通过与和塞利格曼共同创作《品格力量和美德》一书的克里斯托弗·彼德森进行合作，达克沃斯开发了一项旨在衡量坚毅的测试[36]，并将这种测试命名为“坚毅量度”（Grit Scale）。这种测试在表面上极为简单，只有 12 个简短的命题，被测试者需要对每个命题做出评价，比如说，“新想法和新项目有时会让我忽略原来的想法和项目”，“挫折不会干扰我”，“我是一个勤奋的人”，“我做事习惯于善始善终”。

对每一个命题，被测试者按 5 分制打分法给自己打分，其中，选择

5 表示该命题“与我的情况非常接近”，选择 1 则代表该命题“完全不符合我的情况”，以此类推。测试大约持续 3 分钟左右，被测试者的选择完全依赖于他们的自我感受，但是，当达克沃斯和彼德森将这种测试运用到现实中时，他们发现，它居然是一种预测未来事业成功的极佳指示器。达克沃斯发现，坚毅与智商之间的关联性极为有限，有些坚毅的人非常聪明，也有一些愚蠢的人非常坚毅，但是在宾夕法尼亚大学，较高的坚毅测试得分可以让入学成绩较差的学生在 GPA 考试中获得高分。在美国拼字大赛中，达克沃斯发现，在坚毅测试中得分较高的学生更有可能进入下一轮比赛。更引人关注的一项实验是，达克沃斯和彼德森对西点军校的 1200 名一年级新生在入学时进行了这种坚毅测试，并在炎热的夏季开展了一门名为“野兽训练营”的训练课。军校有自己的一套复杂评价体系，即“全方位新生素质测评”，他们以此对新入校的学员进行评价，并预测哪些学员更有可能符合西点军校的要求。该指标包含学习成绩、身体状况以及领导能力等几个方面。但事实证明，要预测哪些人会继续留在“野兽训练营”，哪些人会掉队，最精确的标准，或许就是达克沃斯设计的关于“坚毅”的 12 道问答题。

11 成就未来的 7 种品格力量

在开始就品格问题请教安吉拉·达克沃斯及其同事时，多米尼克·兰多夫及大卫·莱文就被轻而易举地说服了：对于他们的学生，自控力和坚毅就是最基本的品格力量。但它们似乎并不是唯一重要的力量。不过，塞利格曼和彼德森提出的 24 种品格要素显然过于烦琐，而且很难转化为可以被学校诉诸实践的教育手段。于是，莱文和兰多夫请教彼德森，是否可以将这些要素进一步浓缩，使之更易于管理和适于操作，于是，彼德森根据自己的研究提炼出几个最有助于预测生活满意度和未来发展成就的品格力量。在经过一番细微的调整之后，他们最终敲定了如下 7 项要素：

◎ 坚毅

◎ 自控力

◎ 热情

◎ 社交能力

◎ 感恩

◎ 乐观精神

◎ 好奇心

在随后的一年半时间里，达克沃斯与莱文及兰多夫又密切合作，将这 7 项品格力量细化为一个两页纸的评估工具，这是一份标准化形式的调查问卷，由教师、父母或是学生本人完成。对每一种品格力量，教师提出各种可能出现的标准，这些标准类似于达克沃斯在坚毅测试问卷中提出的 12 个命题。达克沃斯在河谷学校和 KIPP 选择了几十名学生实地测试了这种方法，她让教师按 5 分制计分法给学生在这些标准上的表现情况打分，然后再由学生给自己打分。最后，达克沃斯锁定了 24 项在统计上最可靠的指标，其中既有"这个学生渴望探索新的事物"（反映好奇心的标准），也有"这个学生认为努力必将有助于带来更美好的未来"（乐观精神）。

在莱文看来，下一步该做什么就很清楚了。早在 2007 年，兰多夫曾在劳伦斯维尔组织了一次仅限于受邀参加的小规模论坛，论坛的主题就是积极心理学，就是在这次会议上，他第一次想到了按数学、科学和历史那样的评分方法去评价学生品格的想法。莱文当时还在思考，如果所有学生在毕业时不仅有 GPA 成绩，还能拿到一个 CPA 成绩（即品格平均分），岂不是更好吗？如果你是一个大学入学咨询师，或是负责招聘员工的企业人力资源经理，难道你就不想知道哪些人在坚毅、乐观精神或热情测试中曾得到过最高分吗？如果你是 KIPP 学校的学生家长，你难道就不想知道，除了阅读成绩之外，孩子的品格在班级同学中的排名情况如何吗？对莱文而言，这些问题的回答就是最好的辨别依据，在从达克沃斯和彼德森手里拿到最终版的指标后，莱文便马上将其转化为一种简洁、具体的评估问卷，此后，每隔两年，他便向纽约市学校的学生和父母发放一次问卷，这也是有史以来的第一份品格调查成绩单。

但是在河谷学校，品格调查成绩单的想法却让兰多夫感到焦虑不安。“在品格量化方面存在一个哲学问题，”一天下午他向我解释了自己的想法，“对于学校所针对的人群，一旦建立了成绩单之类的东西，就会有一批人提前准备。我不想让人把品格量度当作游戏，如果那样的话，我宁愿没有这样的东西。”

但兰多夫也同意莱文的观点，达克沃斯和彼德森设计的指标体系可以成为和学生沟通品格的有用工具。于是，他采用了一位河谷学校教师曾向我描述过的“病毒法”，在河谷学校推广这种新型品格评估方法的基本思路。他在家长夜校上谈论品格问题，在员工会议上提出尖锐的问题，积极联系志趣相投的同事，鼓励他们提出新的方案。2011 年冬天，河谷学校的五年级和六年级学生接受了上述 24 项指标调查，并由这些学生的老师对他们进行评价。评价结果仅限于在教师中进行讨论，但不将这些结果告知学生或家长，这样的评价结果显然不应属于成绩单。

兰多夫之所以能如此的从容不迫，在一定程度上源于他的个人风格——他很享受自己所说的对话程序，就是通过春风化雨的沟通逐渐改变人们的看法。这还与河谷学校的文化有很大关系，教师来到这所学校，并不在于他们是否对某种教学法感兴趣，而是出于他们对相关领域知识的掌握。“教师来到这里，是因为他们希望能得到一定程度的独立性，”兰多夫是这样解释的，“在理论上，我或许可以说，‘我们正准备这么做，也应该这么做。’但所有人都会说，‘我不明白。”

在河谷学校时，我才逐渐开始意识到，有关学校品格教育的争论并不只在于如何合理评价和改善学生的品格，以及如何尽快以新的方法做到这一点。它的含义远远不止于此，而是直指“品格到底意味着什么”这样一个最根本的问题。当兰多夫来到河谷学校时，该校已经开设了一门品格教育课程。这门被简称为“CARE”课程的全名为“河谷学校的儿童道德意识”（Children Aware of Riverdale Ethics），1988 年，该计划首先在低年级开始实行，在河谷学校，低年级指幼儿园到小学五年级。这项计划是开展品德教育的基本形式，它要求学生“尊重他人”，“关心他人的感受，积极帮助那些情感受到过伤害的人”。学校走廊中的标语随时提醒学生“CARE”提倡的美德（讲文明，不传谣，热心助人）。在低年级，很多教师自豪地将这些美德描述成让河谷学校名声显赫的基本原则。

当我请兰多夫评论一下 CARE 课程时，他表情略显痛苦地称，让他摆脱传统束缚的是一种革命性力量。“在我看来，品格力量就是 2.0 版的 CARE 计划，”兰多夫的解释独辟蹊径，“从根本上，我更喜欢接受这种全新的品格教育理念，我认为我们所开展的就是第二代 CARE 课程。”

事实上，塞利格曼和彼德森提出的品格力量法并非 CARE 等类似课程的延伸。如果说它们之间有什么瓜葛，也只能是否定和背叛。2008 年，一个名为品格教育合作联盟（Character Education Partnership）[37]的全国性组织发表了一篇文章，将品格教育划分为两大类：以推进公平、宽容和正直等个性的“道德品格”为目标的课程，以及包括努力、勤奋和坚韧等个性在内的“素质品格”为主导的课程。尽管 CARE 课程明显偏重于两大类中的“道德品格”一方，但莱文和兰多夫为他们学校所选择的 7 项特征则严重倾向“素质品格”：虽然这 7 项特征同样包含道德品格的元素，不过，热情、乐观、社交能力和好奇心之类的特征并不仅仅局限于英雄人物才有，这些特征更可能让你想到史蒂夫·乔布斯或是比尔·盖茨，而不是马丁·路德·金或者甘地。

为了对学校开展的品格教育活动实施监督，兰多夫专门选择了两名教师：K.C. 科恩（K.C.Cohen）担任中高年级的辅导员，凯伦·费尔斯特（Karen Fierst）担任低年级辅导员。30 岁出头的科恩为人和蔼可亲，善于思考，她毕业于距离河谷学校不远的一所私立学校——菲尔德斯顿文理学校。她不仅对品格培养问题有着强烈的兴趣，而且和兰多夫一样，也对河谷学校学生的品格问题深感焦虑。不过，科恩并不完全认同河谷学校选择的 7 项品格特征。“在谈到好品格的时候，我想到的肯定是，‘你是一个客观公正的人吗？你在和人打交道时是否诚实？你会不会骗人？’”科恩对我说，“我不会过多地去想，‘你是否是一个有毅力的人？你是否勤奋？’而是会想，‘你是不是一个好人？’”

在科恩看来，品格更接近于道德品格，而非素质品格，在我造访河谷学校的几个月时间里，这样的品格观念始终占据主导地位。2011 年冬末，我曾在河谷学校度过了一天，在列席了一个会议和课程之后，我发现，这里的人们都在谈论行为与价值，但这些话题几乎完全集中于道德层面。这是学校里最繁忙、最热闹也是最令人兴奋激动的一天：首先，因为是“睡衣日”[1]，再加上还有一次晨间集会，除此之外，那些准备到波尔多进行两周班级旅行的孩子们还要为了赶上巴黎航班而提早离校。这次集会的主题是英雄主义，五六个学生站在350名同学们面前，每个人对自己心目中的英雄做一番简要阐述，其中包括1960年最早参与整合新奥尔良学校体系的黑人女孩鲁比·奈尔·布里奇斯，以自焚唤醒人们反对暴力政府的突尼斯水果贩子穆罕默德·布瓦吉吉，美国著名男低音歌唱家、演员兼社会活动家保罗·罗布森以及菲律宾拳击手曼尼·帕奎奥。

通过这次集会、在班级听课以及与很多学生的交谈，我听到了很多关于价值和伦理道德的话题，他们所强调的价值往往是社会价值：包容性、宽容性和多元性。（我在河谷学校听到的黑色历史甚至比在KIPP听到的还要多。）学校咖啡厅沐浴在阳光中，咖啡厅一角的摄影展展示着形形色色的家庭生活场景：同性恋家庭、盲人父母、不同种族的家庭以及收养儿童等。在谈及品格问题时，一个八年级女孩说，对她本人和朋友来说，最大的问题就是包容性：在一个犹太女孩的成人仪式中，应该邀请谁来参加;在Facebook上你屏蔽谁。就我个人的认识，在河谷学校，个性的定义主要体现为乐于助人，或者说，至少不伤害他人的感情。我很少听到有人说，拥有品格力量会帮助一个人拥有更成功的生活。

但兰多夫告诉我，他还是担心品格培养计划难以超越这些所谓“好人”价值的束缚。“品格问题的危险在于，如果你只盯着这些最常见的条目，比如说诚实和宽容，它就会变得空洞无物，”兰多夫说，“如果我

---

① 在圣诞节前夕的这一天，人们可以穿着睡衣拖鞋上班上学，这是美国人在年底时为体现轻松工作和生活的一个传统。——译者注

们站在孩子们的面前只是一味地说，‘你们一定要相互尊重，这真的非常重要。’我相信，孩子们肯定会不知所措，但如果你说，‘好吧，实际上，你们一定要表现出自我控制力，’或是解释社交能力的价值，这肯定有助于更有效地与孩子们实现互动，然后，你的说教就会变得更具体，更形象。”

在与负责监督河谷学校低年级品格教育项目的教师凯伦·费尔斯特谈话时，她告诉我，她最担心的是，要说服学生及其家长，这 24 项品格力量终将会让他们受益匪浅，这显然是一个非常艰巨的挑战。费尔斯特说，对 KIPP 中学的学生来说，品格可以帮助他们顺利拿到大学毕业证这样一种观点，显然是极具诱惑力的，这将激励他们投入更多的精力，更勤奋地学习。但是对河谷学校的孩子们而言，大学毕业根本就不是什么问题。费尔斯特对此的解释是：“大学毕业是顺其自然的事情，而且这样的事情都是他们祖祖辈辈经历过的。因此，很难让他们接受这样的想法。而对 KIPP 的学生来说，掌握这些能力在一定程度上就在于揭开其他人的学业成功或是取得其他成就的秘籍。‘我们正在让你洞悉成功者的秘密。’但是，这里的孩子始终生活在成功者中间。他们根本就不需要老师为他们讲述成功者的故事。”

12 要成功，首先要学会失败

德怀特·维德尔（Dwight Vidale）是河谷学校中高年级的英语教师。他本人也是河谷学校的 2001 届毕业生。作为一个非洲裔美国人，他在河谷学校的教职员工中间绝对是一个异类。在我认识维德尔时，他还仅仅是一所高中的黑人教师。维德尔是在布朗克斯区长大的，母亲是一名公司秘书，继父则是一名电气技师。他在高中时来到河谷学校，尽管他喜欢这里无所不有的校园环境和课堂上充满挑战的学习气氛，但是，白人同学的富有依旧让他难以适应。在读九年级时的一次学校活动中，维德尔与同班的一个女孩合作，女孩主动邀请他到上东区的家里进行排练。“我永远也不会忘记走进她家的那一刻，”维德尔对我说，“那种极端奢华的富丽堂皇几乎让我目瞪口呆。”他说，那次经历拉大了他和很多同学的距离。维德尔告诉我，在河谷学校的那段时间，他从未邀请过任何一个白人朋友到家里做客。在维德尔看来，自己生活在一个与他们有着天壤之别的世界里。

通过教育孩子们学会在与自己有着相似家庭背景的群体中长大，维德尔发现，他开始以更客观的视角认识拥有富裕物质的童年。尽管来自被他称之为“极端卑微的家庭”，但母亲无微不至的关怀还是给维德尔带来了巨大的力量，每当他需要有个人开导自己时，母亲便会出现在他面前。但很多同学与父母的关系却似乎疏远得多。维德尔说，在河谷学校，他看到了很多被教师们称为“直升飞机”式的父母——“高高在上，随时做好俯冲下来解危救难的准备”，但是，“这并不意味着他们与孩子建立了健康的情感连接，甚至也不意味着他们一定要和孩子们分享快乐时光”。

在河谷学校，我曾经历过学校组织的一个教学开发日，当时，多米尼克·兰多夫组织全体教职员工观看纪录片《无目标的竞赛》(*Race to Nowhere*)，影片揭示出，在美国很多最知名的高中，学生们正在面临着巨大的压力。影片在富人中引发了极大的反响，通过在学校、教会和社区播放，让不计其数的父母开始为自己的子女教育问题担心不已。影片让人们意识到，美国当代青少年的生活正在被蒙上一层阴影。影片讲述了一个成绩优异的女孩最终却选择了自杀的故事，而导致她选择这种极端做法的主要原因，就是学校和家庭带来的压力让她无法承受，除了成功以外，她别无选择。影片让美国人开始越来越关注高中生的生活状况。在河谷学校，这部影片给很多教职员工带来了强烈的震撼；一位教师观看完影片后找到兰多夫时甚至满眼泪水。

《无目标的竞赛》让很多心理学家和教育工作者越来越认识到，针对美国富裕家庭子女的现有教育体系和教育方法实际上就是在摧残这些孩子。影片中的一个主要角色是玛德琳·莱文（Madeline Levine），这位来自马林郡的心理学家也是畅销书《特权的代价：父母的压力和物质优势如何造就出一代没有情感、没有快乐的孩子》（*The Price of Privilege：How Parental Pressure and Material Advantage Are Creating a Generation of Disconnected and Unhappy Kids*）一书的作者。在这本书中，作者引用了大量研究和调查为其观点佐证：富裕家庭的孩子基本“从进入高中起，即展现出日趋严重的心理问题”[38]。莱文指出，这显然不是发生在人口统计数据中的偶然情况，而是当前美国富裕家庭教育模式带来的直接后果。她认为，富裕家庭的父母更有可能在与孩子情感日渐疏远的同时，对孩子的学习成绩提出了不切实际的高标准，这些负面影响相互交汇，必然会带来破坏性后果，导致富裕家庭的子女产生“强烈的耻辱感和无助感”[39]。

莱文的书引用了哥伦比亚大学教师学院心理学教授苏妮亚·卢瑟尔（Suniya Luthar）的研究成果，在过去10年间，她一直以富裕家庭儿童面对的特殊心理压力为研究方向。（卢瑟尔也参加了2007年兰多夫在劳伦斯维尔组织的私人会议。）在开始这项研究时，卢瑟尔的兴趣点主要是低收入家庭的青少年问题。但是在20世纪90年代末，她认为，有必要通过一个参考组更好地认识城市贫困群体与正常群体有何区别。于是，她开展了一项对比性研究，一方是200多名主要由白人、富裕郊区家庭十年级学生构成的群体，另一方则是相同数量主要由非洲裔美国人构成的群体。让卢瑟尔感到意外的是，她发现，富裕家庭子女酗酒、吸烟、吸食大麻及其他非法毒品的概率要高于低收入家庭的孩子[40]。在来自城市郊区的女孩子中，35%曾尝试过全部上述四种行为，而在来自城市中心的女孩中，这个比例则只有15%。在卢瑟尔的调查对象中，富裕家庭女孩出现抑郁症的比例同样令人震惊，根据调查，她们中的22%被临床诊断为患有严重的抑郁症。

很快，有关方面便邀请卢瑟尔对一座更富裕城市[41]的一所中学进行研究，此后，她开始对一组中学生进行了为期几年的跟踪性调查。她发现，在这些来自高收入家庭的学生中，约1/5存在多种长期性问题[42]，包括吸食毒品、高度抑郁和焦虑及长期性学习问题。在这次调查中，除了收集有关心理疾病和犯罪行为方面的信息之外，卢瑟尔还调查了这些学生与父母的关系，她发现无论贫富，父母的教养方式对孩子都有很大的影响。某些家庭特征可用来预测青少年的行为失调，这些家庭特征包括与父母沟通较少、父母苛责孩子，以及父母对子女的课后监管严重缺失等。卢瑟尔发现，在来自富裕家庭的孩子中，最主要的压力来源就是"过高的成绩压力以及与父母在身体和心理上存在过多的隔阂"。

为了给2000年出版的一本书提供依据，哈佛大学儿童心理学助理教授丹·金德伦（Dan Kindlon）开展了一项针对美国全国范围富裕家庭的调查，研究富裕家庭子女承受的特殊压力。和卢瑟尔一样，金德伦也发现，富裕家庭学生尤其是青春期少年出现高度焦虑和抑郁的比例明显偏高[43]，研究显示，在很多富裕家庭中，父母与子女缺乏沟通往往意味着父母会对子女的不良行为采取极端纵容的态度。金德伦在调查中发现，年收入超过 100 万美元的父母[44]更有可能认为，他们对子女的要求远远不及他们自己的父母。

科恩告诉我，她和河谷学校的其他教师曾对财富及其对学生个性发展的潜在破坏作用进行过大量讨论。事实上，她曾邀请金德伦来河谷学校为师生们讲解这一问题。科恩和费尔斯特都告诉过我，在河谷学校，很多家长在不断敦促孩子做到最好的同时，却在不经意之间让孩子们失去了品格发展的机会。正如费尔斯特所说的那样，“我们的孩子几乎没有经历过任何逆境。他们不会遇到障碍，即便在遇到困难时，他们也会获得这样那样的庇护。只要这些孩子发出求助信号，他们的父母就会及时赶到。我们试图说服父母给孩子留下一点挑战，因为只有这样，他们才能学到新东西。”

科恩解释说，在中学，“如果一个孩子在考试中得到 C，而父母则认为他们的孩子应该得到 A，于是，我们就要与这些家长辩解甚至是面对这些家长的指责：‘你们在讨论什么呀？这是一篇不错的论文啊！’很多父母会打来电话，为他们的孩子找借口，‘难道你们不能再给他多留两天时间吗？’他们过分溺爱孩子，让他们的孩子衣食无忧，对他们百般呵护，但代价却是牺牲了他们的个性发展。这种现象在我们当中大有人在。我认为，这也是河谷学校面对的最大问题之一”。

当然，这个问题不仅仅存在于富有家庭，它是所有父母都在面对的问题。实际上，这也是当前家庭抚养中的核心矛盾：我们不顾一切甚至是近乎生物本能般地满足孩子的一切要求，为他们创造一切可以创造的条件，保护他们免受一切可能遭受的危险和不适，想让自己的孩子总能高枕无忧。但我们也知道，至少在某种程度上，每个孩子都需要一点点困难：这是一种挑战，是某种他们可以克服的障碍，哪怕只是为了证明他们有能力克服这些挑战。作为父母，你每天都要面对这些棘手的问题，而且只要能在一半的事情中做出正确选择，你就可以算作幸运者了。不过，在你的家里私下承认这种两难境地是一回事，但是，要在公开场合、在你花费了巨大代价为孩子找到的学校承认这一点，显然就是另一回事了。

这也是兰多夫在河谷学校推进这种新的品格教育思维时所面临的问题。如果你就职于一所公立学校，不管是特许的公立学校还是传统的公立学校，州政府就要为你支付工资，而你对同胞承担的责任，就是让你的学生为成年后的生活和工作做好准备。但是，如果你是在河谷学校这样的私立学校里工作，那么，你就应该随时想到，自己是在为那些支付学费的父母而工作。而促使兰多夫尝试推行品格教育运动的原因，则远比这要复杂得多。假如你倡导这种运动的前提，是你认为自己的学生缺少坚毅、感恩和自控力等深层次的品质，那么，你无疑就是在批判他们所接受的抚养——而这又可以理解为，你就是在批判你的老板。

富裕的父母为孩子选择河谷这样的学校，至少在一定程度上是他们为规避失败而采取的一种策略，尽管他们肯定不会这么直白露骨地表达。看看河谷校友录中的那些成功者，你会发现很多令人难忘的名字：著名歌手卡莉·西蒙、设计大师切维·切斯、作家罗伯特·克鲁维奇、宾夕法尼亚州州长以及康涅狄格州参议员，但对于一所曾在104年的时间里造就无数名人的学校，它所缔造的改革家却屈指可数。（对此，我要向切维表示歉意了。）按照传统思维，对于像河谷这样的学校，其教育宗旨并不在于提高孩子在未来生活中可能达到的最高点，而是在于提高他们走向人生的起点，为他们提供一种融入上流阶层的社会关系和知识底蕴。归根到底，河谷学校带给学生家长的，首先是一种规避失败的防护网。

正像兰多夫所认识的那样，问题的关键在于，年轻人塑造品格最好的办法就是通过现实的失败去磨砺自己，去体验真正的挑战。无论是工作、体育比赛还是艺术，如果你的奋斗历程充满艰辛和风险，那么，你遭遇失败的概率肯定会更高，但是，你同样也更有可能实现真正的成功，缔造真正的奇迹。“增强坚毅和培养自控力的思想，就是为了帮助你更快地走出失败阴影，”兰多夫说，“在美国这样一个充满学习氛围的环境里，任何人都不会失败。”

大卫·莱文认为，这一点也正是 KIPP 学生相对于河谷学校学生所具备的优势。“在这里，为了掌握知识，孩子们每天面对的挑战远远不同于河谷的学生，”莱文对我说，“因此，KIPP 学生的坚韧不拔要明显强于那些到河谷上学的学生。”

就像凯伦·费尔斯特所说的那样，在河谷，大部分学生的面前都摆着一条走向光明未来的道路。他们会顺利升入大学，顺利毕业，然后再找到一份收入不菲的工作——只要沿着这条路走下去，家庭肯定能助他们一臂之力，扶着他们走到 20 几岁，如果有必要的话，这种支持甚至一直可以延续到 30 几岁。尽管这些学生有很多优势，但兰多夫认为，无论是他们今天在河谷所接受的教育，还是家庭给予他们的支持，都不可能给他们带来被塞利格曼和彼德森称为“良好品格”的产物：快乐、有意义、创造性的人生，而这才是走向更高层次成功所需要的工具。兰多夫当然也希望自己的学生都能成功，而这也促使他相信：要成功，他们首先需要学会失败。

13 自律性

“在 KIPP，我们一直在说，品格和成绩同样重要，”汤姆·布伦泽尔（Tom Brunzell）说。在 10 月一个暖风和煦的星期三傍晚，布伦泽尔站在一座大型礼堂的主席台上，为 KIPP 项目的家长们介绍品格成绩单。“我们认为，即便您的孩子已经掌握了他们所需要的技能，而且我们也尽了最大努力让他们掌握这些技能，但是，如果他们长大成人之后没有强大的品格力量，那么，他们依旧不会走得很远。因为我们都知道，品格会给我们带来快乐与成功，让我们心想事成，如愿以偿。”

30 多岁的布伦泽尔是 KIPP 无止境中学（KIPP Infinity middle school）的教务长。2005 年，无止境中学成为 KIPP 项目在纽约市创办的第三所学校，该项目占用了西 133 号大街罗伯托·克莱门特中学的一个楼层，学校对面就是纽约市的一个大型公共汽车总站。作为学校的纪律总责任人，布伦泽尔有着严厉坚定的一面，但是在这个傍晚，他却始终面带微笑。他身着一件领尖带纽扣的衬衫，扎一条领带，下面是一条紧身牛仔裤，他一边在笔记本电脑上翻动 PowerPoint，一边讲解投影到身后墙壁上的演说稿，有时甚至还略显一点紧张。在 KIPP 这个组织中，布伦泽尔已成为品格成绩单的直接负责人。每个月，他都要主持一场所谓“KIPP/ 河谷”品格教育工作组的会议。但是从很多方面看，他都不是承担这项任务的最佳人选——在来到 KIPP 时，他多少还对德育教育持反对态度，他还曾公开指责 KIPP 的纪律规范。

从 KIPP 创办之初，高强度的学生管理手段既给作为创始人的莱文和费恩伯格带来了荣誉，也让他们饱受非议。他们的管理事无巨细，甚至对学生的坐姿、如何讲话乃至要如何在走廊里走路这样的细节都做出了规定。在《庸人自扰》（*Sweating the Small Stuff*）一书中，作者大卫·惠特曼（David Whitman）写道，对于像KIPP这样的“家长式”学校，总是习惯于“告诉学生他们的言行举止应该怎样[45]，而且他们的行为始终处于校方的严密监督之下，遵纪守法者将得到奖励，而违法乱纪者必将受到严惩”。杰伊·马修斯（Jay Mathews）曾在《勤奋守纪》（*Work Hard & Be Nice*）一书中谈到KIPP的创建过程[46]，他在书中描述了莱文严明到近乎苛刻的纪律措施。有一次，莱文在校园里抓到一个学生扔纸团。于是，莱文让违纪者坐在全班同学的前面，再把一只垃圾桶摆在他面前，然后告诉其他同学，他们可以用手头能找到的所有纸团都扔进这个垃圾桶——当然，肯定有些准头不够的同学会把纸团扔到这个学生的身上。（马修斯说，莱文在后来也为那件事感到后悔。）

2005年，当布伦泽尔来到KIPP无止境学校时，他正在攻读银行大街学院的学士学位，这是一所以追求教育改革而著称的高等学校。他的毕业论文就是在无止境学校的前一年半时间里完成的，而论文的主题就是全面否定这所学校的校纪体制。布伦泽尔在论文中提到，无止境中学这种完全“以遵纪为基础”的教学体制，“制造了一种依靠惩罚的氛围，它最终必然会摧毁学生的独立判断与决策能力”[47]。他认为，这导致KIPP无止境中学的学生在行为举止方面表现不佳——他们从不估计自己的行为会带来怎样的结果，而且当面一套背后一套，在老师的面前，他们会表现出无比夸张的顺从，一旦离开老师的视线，他们就会想方设法地为所欲为。

尽管布伦泽尔对KIPP教学理念的某些基本要素表示怀疑，但莱文和无止境中学的年轻校长约瑟夫·内格伦（Joseph Negron）的回应还是让他备受鼓舞，因为即便是按KIPP的标准，他们在第一年里取得的成就也足够令人振奋。学校在开班时只有五年级，学生全部来自西哈雷姆区和华盛顿高地的贫民区，而且完全是随机挑选的。这些学生在入校时，只有 24%[48] 的人在此前的公立学校中通过了州级的四年级英语考试；仅有 35% 的人通过了四年级数学考试。但是在 KIPP 度过一年之后，81% 的学生通过了五年级英语考试，99% 的通过了五年级数学考试。不过，内格伦还是告诉我，他认同布伦泽尔的观点，无止境中学的第一年并不顺利。“我们的孩子虽然也在做着正确的事情，但他们的初衷却是错误的，”内格伦说，“我们没有很多来自学生的麻烦事，而且我们也取得了不错的成果，本来已经很好了。但我们并没有感觉到，我们就是那种可以创造快乐和美好生活的学校。”

2010 年秋天，我第一次见到布伦泽尔，当时，他已在 KIPP 无止境中学工作了 5 年多，在那段时间里，无止境中学已发生了很大的变化，而部分原因便源于他的批评。学校对学生实行的惩罚不再像以前那么严厉，处罚期限也不像以前那么长；学生与教导人员的违纪约谈尽管频率不减，但通常不再公开进行，而且更强调倾听学生心声，尊重学生。在布伦泽尔看来，“品格成绩单”是这些改革措施中的一个重要组成部分，它为师生间有关行为的约谈提供了一种不同的基调，从而更深刻地反映学生心声，为学生创造更多的成长空间。

与此同时，布伦泽尔对 KIPP 的管理手段的评论较之当初也缓和了很多。他告诉我，在 KIPP，某些以前被他指责为过分集权甚至是独裁的行为约束体系，他现在也逐渐开始接受了。其中的一个例子就是“SLANT（Sit up，Listen，Ask questions，Nod and Track）”，它的含义是“起立、认真听讲、提问、点头以及紧紧盯住老师的每一个动作”，这是 KIPP 的学生在五年级开学时接受培训的一套课堂行为规范，五年级也是他们进入 KIPP 的第一个年头。对布伦泽尔而言，“SLANT”是引导孩子们实现行为代码转换（code–switching）的一种有效途径，帮助他们了解和适应不同文化背景的行为模式，并据此诉诸实践，这种行为调整能力不仅被 KIPP 所推崇，也是很多低收入城市学校所追求的目标。按照行为代码转换理论，在大街上自由自在并无大碍，但如果是在博物馆、学校面试或是一家考究的餐厅里，你就必须知道应该怎样做才算得体，否则，你就有可能错过重要的机会。“在 KIPP，我们会传授职业行为规范、大学行为规范和以文化为主导的社会行为规范，”布伦泽尔说，“我们必须无时无刻引导孩子们掌握这些最基本的行为规范。”

这也是 KIPP 的教师与河谷学校分歧最大的地方。河谷学校的辅导员科恩曾告诉我，在学校度过的这段时间里，她感觉到两所学校在品格成绩考核方面的分歧不断加剧。科恩说，这倒不是说，她和河谷的其他教师对自控力等品质的重视不及 KIPP 的同行，而只是表明，他们正开始认识到，他们或许应该换一个角度认识这些品质。“比如说，如果你要在 KIPP 表现出自我控制能力，那么，你就要在课堂上坐得笔直，两眼紧紧盯着老师，”科恩解释说，“但是在河谷，即便是蹲在座椅上，也不会有人注意你。甚至没有人会在乎你是不是躺在地板上。”

在科恩的办公室与她交谈过程中，她为我通读了一遍 KIPP 品格成绩单的全部 24 项标准，还提到了其他几个她认为会在其他学校引发不同见解的项目。谈到自控力这项要求时，她说：“以‘学生必须尊重师长和同学’这一要求为例。这肯定是对的，毋庸置疑。但是在河谷，孩子们会走到我身边，拍着我的后背说，‘嘿，科恩！’这也很好啊。但是在 KIPP，学生必须把老师称作‘这个先生’或是‘那个女士’。这是一种礼节，但也是一种陈规陋习。”这也是代码转换过程最令人困惑的地方：那些已经成为主流文化一部分的孩子，根本就没有必要把学校中的行为规范一成不变地移植到生活中，或者更确切地说，在一所像河谷这样的学校里，举止懒散，穿着T恤衫但却不系扣子，在老师身边无拘无束，却恰恰是符合主流文化的行为模式。

科恩接着说："在我们的学校里，有些孩子一定要嚼口香糖，因为他太过于活跃了，似乎只有口香糖才能让他们安静下来。但是在KIPP，这样做却永远都是不会被允许的。让孩子嚼口香糖无异于是在说，我们的孩子知道怎么做才算得体，因此，如果他们觉得蹲在椅子上很有趣，那也无妨。而在KIPP，这绝对是不允许的，千万不能这么做，每个人都必须循规蹈矩，因为只有严格守纪才能引领他们走向成功。"

诚然，嚼口香糖在KIPP是被禁止的，但同样不可否认的是，正是因为KIPP对品格教育的不断强化，一些教师找到了一些方法，让诸如学生嚼口香糖这样的违纪行为的讨论变成了更有意义的事情，而不仅仅是简单的服从。就在我和科恩这次谈话的几天之前，我还与小百合·斯塔布罗斯基（Sayuri Stabrowski）进行过一次交流。这位30岁的女士是KIPP无止境中学的八年级阅读教师，她提到，就在那天早晨，她在课堂上抓到了一个女孩嚼口香糖。"她矢口否认，"斯塔布罗斯基告诉我，"女学生说，'没有，我真的没嚼口香糖，我只是在咬舌头。'"在讲述这件事的时候，斯塔布罗斯基的眼睛一直在不停地转动。"我说，'好吧，只要没嚼口香糖就好。'就在快要下课的时候，我又看见她在嚼口香糖，于是，我说，'你在嚼口香糖！这下你跑不掉了。'她却依旧强词夺理，'没有，我绝对没有嚼口香糖，你看到什么了？'与此同时，她迅速吐出嘴里的口香糖，动作快得让你几乎感觉不到，我们都看到她在干什么了。如果是在几年之前，我会大发雷霆，对着她大声吼叫。但是这一次，我却能心平气和地说，‘天哪，你不仅在嚼口香糖，这只是小事，你居然可以对我撒两次谎。这才是真正让我感到失望的。你知道这对你的品格来说意味着什么吗？’这句话几乎让她无地自容。”

让斯塔布罗斯基担心的是，这个经常为自己的行为狡辩的女孩，或许会因此而在上课过程中出现“轻度崩溃”——按KIPP的行话说，就是遭受轻度打击，但是，这个女孩只是吐出了嘴里的口香糖，安安静静地上完了这堂课。课后，她眼里噙着眼泪走到斯塔布罗斯基面前。“我们进行了一次长谈，”斯塔布罗斯基对我说，“她说，‘我只是想让自己显得成熟一点，但一切都没变！’我告诉她，‘你知道你身上发生了什么变化吗？那就是你没有在同学面前表现出遭受打击的样子。但是在两周之前，你可能会无法控制自己的情绪。’”

对汤姆·布伦泽尔来说，类似这样的事情显然不属于学习上的问题，甚至也不是纪律方面的问题，而是一个心理治疗问题。具体地说，这是一种认知行为治疗手段（cognitive-behavioral therapy，简称CBT），这种切实可行的心理治疗手段也为整个积极心理学领域奠定了理论基础。认知行为治疗技术的核心，就是利用意识心理识别消极或是具有自我破坏性的思维和认识，并带你进入一种更积极的心理状态。

布伦泽尔对我说：“那些在KIPP取得成功的孩子往往善于进行自我认知行为治疗。”在他看来，他和KIPP其他教师的一部分职责就是让孩子们掌握这种自我治疗方法。“在这个年龄段上，所有孩子每天都在经历这种轻度崩溃，”他说，“我的意思是说，这毕竟还是中学，是他们一生中最不靠谱的年龄。但那些最终成功的孩子往往善于告诫自己，‘我一定能走出这段不顺利的时间，我很棒，明天一切都将变得更美好。’”

14 好习惯

认知行为治疗只是心理学家所称“元认知”（metacognition）的一个例子，作为一个概括性术语，广义的元认知就是指对认知的认知方式，具体而言，就是关于个体认知过程的知识以及调节这些认知过程的能力，即对思维和学习活动的知识和控制。比如说，我们认识品格成绩单的方式就是一种元认知方法。实际上，最早让大卫·莱文对《活出最乐观的自己》一书产生兴趣的事情，就是马丁·塞利格曼在书中提到的观点：将天性悲观的儿童转化为乐天派的最佳时间，就是在“童年期即将结束，但青春期尚未到来的时候[49]，只有在此时，元认知能力才能帮助他们认识自己的思维习惯，即有能力认识自己的思维”。换句话说，就是在孩子们进入 KIPP 的中年级时，讨论品格，思考品格，评价品格，就是元认知过程的全部内容。

但安吉拉·达克沃斯认为，仅思考和讨论品格还不够，尤其是对青春期的孩子而言，更显不足。抽象地认识到你需要提高坚毅、热情或是自控力是一回事，而真正掌握获取这些品质的工具则是另一回事。正因为如此，达克沃斯才将动力和意愿或称意志力区分开来。如果一个学生没有成功的动力，那么，再强大的意志力也无济于事，同样的道理，如果没有持之以恒、为实现目标锲而不舍的意志力，仅有动力依旧不足以让他们看到成功。现在，达克沃斯正在努力帮助这些年轻人培养这种意志工具——从很多角度看，她的工作似乎与沃尔特·米切尔对孩子们如何拒绝棉花糖的研究有着异曲同工之处，而且可以看作是对后者的延伸。我曾去过达克沃斯创办的一家职业开发工作室，该工作室的任务是为 KIPP 无止境学校的教师提供元认知策略培训，这些可行性很强的元认知策略在该校五年级学生中接受了一个学年的检验。

纽约州立大学心理学家加布里埃尔·奥廷根（Gabriele Oettingen）及同事提出了一种心理干预措施，并给它起了一个笨重拗口的名字："有实施意图的心理对照"（Mental Contrasting with Implementation Intentions，简称 MCII）。奥廷根通过研究发现，在设定目标时，人们倾向于采取三种自我调整策略，其中两种策略的作用非常有限。乐观主义者喜欢"纵容"策略（indulging），这就是说，他们习惯于想象自己希望实现的未来（对中学生来说，这可能意味着在下一学年的考试中拿到"A"），并疯狂幻想随之而来的一切美好事物——比如赞扬、自我满足以及未来的成功等。奥廷根发现，在日常生活中，这种纵容情绪确实是有益的——它可以刺激大脑大量分泌多巴胺，促使人的心情更加舒畅，但它与真正的成就之间并无相关性。

悲观主义者则习惯于采取奥廷根所说的"沉淀"（dwelling）心理，只考虑可能阻碍目标实现的因素。假如上述以数学考试拿到"A"为目标的这些中学生属于沉淀者，那么，这些学生或许只会想到妨碍他们按时完成作业的因素，他们永远也找不到一个可以安心学习的地方，此外，他们在课堂上还会经常分心。可以想象，沉淀心理与成功的正相关性很低。

第三种方法被称为"心理对照"，它结合了其他两种方法的基本要素。也就是说，这种方法同时强调实现积极的结果以及追求结果过程中遇到的障碍。达克沃斯和奥廷根在最近的一篇论文中写道，同时兼顾二者，就是"在现实和未来之间建立起一个坚实的桥梁[50]，它表明，要实现预期目标，就必须克服障碍"。奥廷根认为，实现成功目标的第二个步骤就是创造一系列的"实施意图"——以"如果－那么"表述的具体计划，它将目标与实现目标过程中的困难联系到一起，比如说，“如果看电视在课后复习时分散了我的精力，那么，我就会在完成作业之后再看电视。”奥廷根通过一系列实验验证了 MCII 的有效性[51]：这种策略已帮助很多减肥者成功地增加了水果和蔬菜食用量，促使高一年级学生为 SAT 考试刻苦学习，让长期背痛患者的活动更加灵活自如。

达克沃斯在自己的工作室里向 KIPP 的教师解释道，“一味沉溺于幻想——在下学期每天都能按时完成家庭作业，想到这种情况的时候，这种感觉肯定很美妙。但你什么也没有做，只是在想。在很多学校，我都会看到贴在墙上的标语，‘只要想到就能做到！’但是，我们不能只幻想着有朝一日会成为富人、名人，还要考虑实现目标过程中可能会遇到的困难。”

归根到底，MCII 为我们设定了一种思维规则。正如前食品药品管理局局长大卫·凯斯勒（David Kessler）在最近出版的《终结过度饮食》（*The End of Overeating*）一书中所言，任何行为都可以在神经生物学中找到依据，比如说拒绝油炸食品（如凯斯勒）或是抵挡《美国偶像》的诱惑（如上述假场景中准备数学考试的 KIPP 学生）。凯斯勒在书中写道，在为自己设定规则时，你会把前额皮质当作自己的伙伴，抵御大脑中受感官刺激的反射性部分。凯斯勒指出，规则不同于意志，它们是意志力的元认知替代品。通过制定规则（“我从不吃油炸汤圆”），我们可以避免油炸食品带来的诱惑力与拒绝油炸食品的决心之间形成的内在冲突。凯斯勒认为，规则“为我们提供了一种基本结构，帮助我们面对有诱惑力的刺激，将注意力转移到其他事物上”[52]。很快，规则就会像它们所抵御的美味那样，成为自然而然的东西。

就像那天在 KIPP 工作室里一样，每每谈到品格，达克沃斯就会提到美国哲学家、心理学家威廉·詹姆斯（William James），他曾写道，被我们称之为美德的品质无疑就是一些再简单不过的习惯。“习惯和品格在本质上是统一的，”达克沃斯对KIPP的教师说，“它的含义并不在于说哪些孩子是好孩子，哪些孩子是坏孩子。有些孩子养成了好习惯，有些孩子养成了坏习惯。如果你这么说，孩子就能理解，因为他们知道，尽管习惯或许很难改变，但改变并非完全不可能。威廉·詹姆斯认为，我们的神经系统就像是一张纸。你可以把这张纸反复地折叠，很快，这张纸就会皱褶遍布。我认为，这正是你们在KIPP所做的事情。当学生们离开KIPP时，你当然希望他们都拥有能帮助他们走向成功所需要的那种皱褶。”

达克沃斯认为，一个品行端正、正大光明的人不会总是刻意地去做好事。事实上，他们潜意识中的固有反应就是做“好”事，也就是说，采取为社会接受或增进社会长期利益的行为。在任何既定环境下，最符合社会行为规范的行为往往并非最理智的选择。例如，在卡米特·西格尔的编码速度测试中，得分最高的学生在无聊但没有回报的工作上表现最卖力。描绘这种行为的一个词就是责任心，而另一个同样合适的词汇就是愚蠢。但是就长期而言，把责任心作为默认选项，会让大多数人受益。因为在责任感真正扮演重要角色的时候——比如说，为准备期末考试而不得不认真复习，必须按时参加求职面试，或是决定是否应该接受某种诱惑并对妻子撒谎时，你会自然而然地做出正确的选择，而无须绞尽脑汁，让自己备感折磨。归根到底，MCII之类的行为策略或是想象将棉花糖放在图框里的做法，无非是为了让追求美德的行为变得更简单。

15 身份效应

在 2011 年冬季造访 KIPP 无止境中学的时候，恰值学校正式实行品格成绩单那一年，在校园里，人们都在谈论品格，品格这个词几乎无处不在。孩子们穿着印有“无止境品格”字样的运动衣，后背上则印着所有代表品格特征的词语。有一个学生甚至穿了一件印有“不要吃棉花糖！”字样的 T 恤衫，表示对沃尔特·米切尔的支持，当然，这也是对自控力这一品格特征的认同。墙壁上的标语写着“阅读能提高自控力吗？”以及“我会积极参与！”（衡量热情的一个标准）。教学楼走廊里有一张公告牌，最上面写着“品格同样重要”；公告牌上贴着“表扬”卡，在这些标签上，学生们可以填写他们在同学身上发现的能够体现某种品格特质的行为。比如，杰丝敏认为威廉是一个热情的人：在数学课上，对老师提出的每个问题，威廉都会举手。

我曾问过大卫·莱文是否会存在信息饱和问题。难道他就不认为这样做有点太烦琐了吗？他的回答很干脆，一点也不会。他解释说：“为了成功，必须让这些信息遍布于学校的每个角落，从制订教学计划时使用的语言，到如何确定奖励方式，以及如何认识这些贴在墙上的标语，品格教育的信息随处可见。如果不能把这些信息融入制度的基因中，它就只能发挥最小的作用。”

当然，墙壁上无处不在的标语在 KIPP 并不是什么新鲜事；从一开始，莱文和费恩伯格就在使用标语、口号、符号和 T 恤衫等载体在 KIPP 营造一种强大的校园文化，向学生们灌输一种思想：他们与众不同，他们属于 KIPP。达克沃斯告诉我，她认为，KIPP 采取的集体归属感教育是让这所学校在品格教育方面行之有效的核心手段。“KIPP 的做法就是促进社会角色的转换，这样，一个孩子就可以迅速改变思维，进入一种全新的思维模式之中，”达克沃斯说。“这就是一个你是否属于某个群体的问题：我知道 SLANT 是什么意思，但你不知道 SLANT 是什么意思，因为你不属于 KIPP。”

心理学家已证实，群体身份会对最终成就产生重大影响，当然，这种影响既有可能是积极的，也有可能是消极的。20 世纪 90 年代初，现担任斯坦福大学教育学院院长的著名心理学家克劳德·斯蒂尔（Claude Steele）提出了一种被他称为“刻板印象威胁”（stereotype threat）① 的现象。斯蒂尔发现，在进行智力测试或身体能力测试之前，如果向被测试者发出一个细微的心理暗示，让他意识到必须考虑其群体身份，那么，你就可以给被测试者的表现带来重大影响。此外，研究人员在很多不同场合下进行的试验中均发现有这种效应。在普林斯顿大学开展的一项试验中，实验人员让两组白人学生参加 10 洞迷你高尔夫球赛，在比赛之前，实验人员告诉一组学生，比赛的目的是为了测试他们的运动能力[53]（这是他们担心自己缺乏的能力），但他们告知另一组学生比赛的目的是测试他们的策略性思维能力（这是他们最有把握的能力），结果表明，第一组学生的成绩落后于第二组四个洞。但是在对黑人学生进行的体验实验中，结果却大相径庭：在被告知比赛目的是测试其策略性思维能力时，他们的得分则落后了四个洞。斯蒂尔的理论表明，如果你正在担心自己的行为验证了针对你所在群体的刻板印象——白人不善于运动，黑人不善于思考——那么，你就会变得焦虑，于是，你的表现就会

① 是群体中个体面对的一种风险，处于该风险中的个体，担心自己会验证所属群体的消极成见。——译者注

受到影响。

其他研究者也通过比迷你高尔夫球赛更正式的例子验证了刻板印象威胁。如果在对 60 ~ 80 岁实验对象进行记忆能力测试之前[54]，先让他们阅读一篇讲述记忆力随年龄增长而衰退的文章，那么，被测试者只能记得测试中 44% 的单词；但是，在对类似实验对象进行测试前，没有让他们阅读这篇文章，那么，被测试者会记住其中 58% 的单词。在数学竞赛之前，实验人员提醒一部分女大学生：她们是女生，而另一部分女生则没有接到任何关于身份的提示，于是，前者的考试成绩低于后者。

刻板印象威胁也不是没有好的方面：敏锐的提示可以触发这种心理效应，同样，细致的干预也能缓解这种效应。一种最有效的技术，就是让承受刻板印象威胁的学生了解一种已经过诸多场合检验非常具体的信息：智力是可以塑造的。这些研究表明，如果学生接受这种观念，他们就会增强信心，他们的考试得分和 GPA 成绩往往也会提高。

这些心理干预措施最有趣的事实就是：智力的可塑造性问题，实际上也是心理学家和神经学家争议最激烈的问题。一般认为，尽管 SAT 之类的考试成绩肯定要受到各种练习的影响，但最纯粹的智力绝非是可塑造的东西。但是，来自斯坦福大学的心理学家卡罗尔·德韦克（Carol Dweck）却发现了一个令人惊讶的事实：虽然很多事实都说明智力是不可塑造的[55]，但如果让学生相信智力是可塑造的，那么，他们的学习成绩肯定会更好。德韦克将人划分为两类[56]：一种人具有固定型思维模式，他们认为，智力和其他技能在本质上都是天生的，是静止不变的；另一类人则具有成长型思维模式，他们相信，智力也是可以改善的。德韦克的研究显示，学生的思维模式可以预测他们的学习轨迹[57]：认为人可以改善其智力的人，其学习成绩在现实中确实可以提高。

不管智力是否具有可塑性，思维模式肯定是可以调整的。德韦克及其他学者发现，只要采取正确的心理干预措施，那些具有固定型思维模式的学生就可以转化为成长型思维模式，于是，他们的学习成绩也会相应有所提高。经常与克劳德·斯蒂尔合作的乔舒亚·爱伦森（Joshua Aronson）与其他两位同事曾进行过一项研究，对几种以调整思维模式为目的的干预手段的有效性进行了比较，实验对象由来自得克萨斯州的七年级学生构成，而且大多来自低收入家庭。参与研究的每一个学生均配备一名辅导员，在一个学年的时间里，这些担任辅导员的大学生与他们会面两次，每次时间约为 90 分钟，之后，便通过电子邮件与他们随时保持联系。研究人员随机选取一部分学生，由辅导员向他们灌输成长型思维模式的观点[58]，比如，“智力并不是固定不变的天赐之物，而是一种可以随着心理干预的增加而不断拓展的能力。”而在对照组中，学生们听到的则是更标准化的信息，比如说，吸食毒品会影响学习成绩。

到了年末，爱伦森及其同事将两个组在得克萨斯州的标准化考试（“得克萨斯学业能力评估考试”）成绩进行了比较，结果显示，接受成长型思维模式教育的学生的成绩明显高于只接受反毒品教育的学生。最明显的影响体现于女生的数学成绩。刻板印象威胁的影响始终在女生的数学成绩上得到完美体现，在认为她们可能会验证女性不擅长数学这一成见的情况下，女生似乎会对考试环境表现出极度的焦虑。在得克萨斯州的实验中，接受标准反毒品教育的女孩子在考试中的平均分为 74，比接受相同教育的男同学低了约 8 分。而对于接受成长型思维模式教育的女孩子，其平均分约为 84，几乎与男同学没有什么差别。

16 品格成绩单

德韦克的核心观点就是，那些认为智力可以提高的学生他们的智力确实得到了改善，这个概念同样适用于品格，它至少是品格成绩单的基本原理——不是把学生的品格表述为一套固定不变的品质，而是一系列不断演化并促使他们改善这些品质的属性。一天早晨，我和八年级英语教师麦克·维特尔（Mike Witter）在KIPP无止境中学校区谈到了这个想法。31岁的维特尔似乎始终对成长型思维模式笃信不疑。“如果你要成为一名好老师，就必须接受智力具有可塑性的观点，”他对我说，“品格同样是可以塑造的。如果你教育孩子们要关注品格，那么，他们的品格就会得以改善。”

维特尔一直在不遗余力地教导孩子们关注品格发育，这一点或许是其他学校其他任何一个老师都无法比拟的。那年冬天的一个上午，我有幸亲身体验了维特尔的一堂课，感受了大卫·莱文所说的“双重目的教学”，即，教师在每一课上都会刻意强调品格力量。莱文希望数学老师也能用到品格力量，他解释说，历史老师当然不存在这个问题，因为品格力量是他们介绍哈丽特·塔布曼（Harriet Tubman）和“地下铁路”[①]最好的工具。在我旁听维特尔的那堂课上，他带领学生们讨论齐诺瓦·阿切比（Chinua Achebe）的小说《崩溃》（*Things Fall Apart*）。在教室前方墙壁的上方是一条横幅，蓝底白字的横幅上用10厘米见方的字母写着包括情绪智力和乐观态度等在内的7项品格特征。他要求学生

① 哈丽特·塔布曼是美国黑人女性的代表人物之一，出生于马里兰州东海岸的一个奴隶家庭，她的一生是非洲美国人顽强抵抗奴隶制的见证。在19世纪50年代，她曾是地下铁路的一个著名“售票员”，带领许多奴隶从地下铁路获得自由。——译者注

们根据这7项品格特征来评价书中的主人公奥孔克沃。学生们众说纷纭，但是到了最后，大多数学生还是达成了一致意见：奥孔克沃是一个坚毅但缺乏自控力的人。随后，一名叫杨子的学生举起手，“好品质难道就不会事与愿违吗？”他问道。

“当然会，任何一种品质都有可能给你带来麻烦，”维特尔说，“过分的坚毅，比如说像奥孔克沃那样，就会让你丧失理解他人、同情他人的能力。如果你过于坚毅，就不会理解其他人为什么会抱怨世事艰难，因为任何事情对你来说都算不上困难，因为你是无敌超人，于是，你会对困难处之泰然。即便是爱也如此，过分的爱或许会让你成为被人捉弄的对象。”听到这些话，学生们发出一阵会心的笑声。“所以说，品格是你必须关注的东西。品格力量也可能会转换为品格缺陷。”

在课后与维特尔的交谈中，他告诉我，在 KIPP 无止境学校，有些教师仍然不相信品格成绩单的基本前提：品格是可以变化的。“我们始终在灌输这个思想，现在，他们已经接受了这个观点。要真正接受品格成绩单的概念，你就必须相信品格的可塑性，我不知道是否每个老师都认同这一点。我们经常会听到成年人说，‘就是这样做的啊！这就是我。我已经习惯于这样了！’但是，如果你认同品格可塑的观点，那么，你怎么可能相信成年人那一套也适用于孩子们呢？”

在公布成绩单的那天晚上，我在 KIPP 无止境学校再次见到了维特尔，那是 2 月初的一个星期二，天气异常寒冷。成绩单之夜在 KIPP 是一件大事，学校强烈建议家长亲自参加，在无止境学校，几乎所有家长无一缺席。但无论是对学校管理者还是对父母而言，这个晚上都将为他们平添一份焦虑，因为学生们将接到他们平生以来的第一份品格考核成绩单，而且没有人知道，等待他们的结果将是什么。

从逻辑上讲，品格考核成绩单对布伦泽尔及其同事来说始终是一种挑战。KIPP 项目在纽约市创办了四所中学，在其中的三所中学里，教师必须按 24 项品格标准为每一名学生打分，而且不止一两个人觉得这个过程有点令人生畏。但在成绩单发布日已经到来的时候，他们却要面对更大的挑战：如何向家长们解释孩子们的品格得分，这些精确到小数点后第二位的数字到底从何而来。我和维特尔坐在乐队练习室外面走廊的长椅上，听着他给费斯·弗莱美斯特认真讲解品格成绩单。弗莱美斯特涂着黑红色口红，戴一顶黑色的编织帽。她是朱进·本奈特的家长，站在一旁的本奈特高大健壮，穿一件灰色套头运动衫。

“在过去的几年里，我们一直在研究这个项目，希望能让家长对孩子的品格有一个客观认识，”维特尔对弗莱美斯特解释说，“最终汇总得到的这些标准代表了我们的研究成果，我们认为这些指标可以用来预测学生取得成功的可能性。如果能在这些指标上取得好成绩，就意味着你更有可能被大学录取，更有可能找到一份好工作，它们甚至意味着你更有可能结婚生子，组建完美的家庭。因此，我们认为这些标准确实非常重要。”

弗莱美斯特点了点头，随后，维特尔开始逐条讲解本奈特的品格成绩单，当然，首先是讲好消息：所有老师在“是否尊重长辈和同学”这一条上都给本奈特打出了满分 5 分，在“善于控制情绪”一条上也几乎是满分。这两点都是反映处理人际关系方面自控力的标准。

“可以说，这就是你最大的优势，”维特尔对本奈特说，“这说明你在自控力方面的发展非常健全。这让我觉得有必要重新认识你的品格发展，看看我们可以从哪里入手？我最先想到的就是这个。”维特尔掏出一支笔，在品格成绩单的一个指标上画了一个圈。“专注力和抗干扰，”

维特尔大声念到，这是一个反映学习自控力的指标。“你在这个指标上的得分略低于其他指标，你认为原因在什么地方呢？”

“我在课堂上说话太多了，”本奈特两眼紧盯着黑色运动鞋怯生生地说，“有时候，我经常盯着天花板，不知道自己在想什么。”

为了帮助本奈特在课堂上提高专注力，他们三个人讨论了几种可以改善的方法，15 分钟之后，弗莱美斯特似乎对新方法非常认同。就在维特尔准备分析下一个学生时，弗莱美斯特对他说，“我对本奈特的优点并不感到意外。他就是那样的人。但您提到如何让本奈特进一步提高的事情，我觉得很好。因为那样的话，他的学习成绩肯定会进一步提高。”

17 失败是成功的“捷径”

如果说每个学生的第一份品格成绩单都意味着一个新的开端，以此为契机，他可以和 KIPP 的教师及管理者开诚布公地谈论自己的品格以及如何改进，但是，一位名叫简·马丁内兹·道林（Jane Martinez Dowling）的女士却让我们看到这个过程的另一面。道林是 KIPP 穿越学院（Through College）纽约办公室和 KIPP 校友赞助机构的负责人，办公地点设在距离华尔街只有一个街区的一座高层大理石建筑中，她和手下的 20 名教学顾问共同在八层楼的一间办公室里办公。通常，纽约穿越学院负责管理约 700 名 KIPP 的毕业生，其中的一半还在读高中，而另一半则各奔前程，并已经取得了不同程度的成绩。

穿越学院针对升学率制定的正式目标是：在高中毕业的 6 年之内，让 75% 的 KIPP 中学毕业生完成大学学业。但是，如果想想泰莱尔·万斯的那一届在 6 年内的实际大学毕业率只有 21%，你就能体会到，道林女士面对的是怎样的挑战了。2011 年 2 月一个寒冷的上午，我来到道林女士的办公室，她递给我一份记录 KIPP 各分校大学成绩数据的表格。显然，数据的变动趋势令人振奋：6 年内的大学毕业率从 2003 年的 21% 增加到 2005 年的 46%。在我拜访穿越学院的那一天，道林正在关注 2007 年毕业班，因为这个班级马上就要达到 4 年标志线，即高中毕业 4 年整，此时，第一批学生在理论上可以获得学士学位了。道林的表格显示，在被跟踪的学生中，只有 26% 的人在 4 年期这个节点上大学毕业，还有 18% 的人尚处于申请入学阶段，这意味着，他们至少还需要 5 年甚至是 6 年才能毕业。

道林告诉我，2007 年毕业班的学习能力远远超过此前的几个班级。很多学生都曾进入专门的寄宿制高中，在他们当中，就读范德堡大学和哥伦比亚大学的学生大有人在。“我们发现，正是品格因素导致某些学生无法取得好成绩，”道林解释说，“有些学生的智力水平特别突出，但却不能正确发挥自己的优势。很多孩子甚至连守时都很难做到，实际上，他们完全有能力做得更好。还有一些学生不得不为了社会问题和心理问题而浪费精力。”道林告诉我，在这个毕业班的全部 57 名学生中，竟然有 7 个人在大学期间患上了严重的抑郁症。“这种情况在那个班上尤为突出，”道林说，“他们要面对各种各样的家庭问题，或者处理同学间的问题，这确实影响了一部分学生的学习成绩。”道林还强调，她谈到的绝大部分孩子还处于大学在读阶段。她说，“他们都是好孩子。但贫困确实束缚了很多原本不乏天赋的学生。”

道林递给我 KIPP 一份 76 页的《学院咨询记录》，它是教学顾问用来跟踪学生学业进展的笔记。记录的内容极为详尽，充分反映了 KIPP 重视客观数据的传统。记录显示，在 KIPP 的穿越学院，每个顾问每月至少必须与其花名册上登记的学生进行一次交流，并对他们在大学在读期间的表现按如下四个方面进行持续性的动态评价：学习准备程度、财务稳定性、社交心理成熟性以及非认知准备程度，每次与学生会谈之后，教育顾问针对上述四个方面对学生的情况进行一次评价，评价结果以红、绿、黄三种颜色表示。比如说，如果学生接到一项任务，要求他每周必须至少工作 20 个小时，那么，教学顾问就会将学生的学习准备程度标注为黄色。如果一个学生正在接受学校的心理咨询服务，则将学生的社交心理成熟性标注为红色。如果他“难以承担责任并无法完成重要任务”，则非认知准备程度评价结果就会被标注为红色。道林的办公桌上总是摆着一份统计报表，在这份报表上，每个醒目的红点都表示一个学生可能存在的问题。

坐在返回城区的地铁上，通读《学院咨询记录》让我想到了成功的艰辛。记录中罗列着各种各样的事实和想法——提交补助金申请表格的最后期限，挑选专业的注解，改善学习习惯的心得，与室友和教授搞好关系的建议，对于在河谷学校毕业的学生来说，他们可以在日常生活中从父母、朋友或者学长身上学到这些基本的生活常识，并受益终生。但是对于 KIPP 的毕业生，这些原本再平常不过的东西却如同天书一般。

我们可以这样看待品格：它可以取代河谷学校学生所享受的那种社会安全网，即来自家庭、学校和社会氛围的支持，避免他们走弯路、犯错误或是做出糟糕的人生决策。如果你没有这样一种安全网——低收入家庭的孩子注定不会拥有这张安全网，那么，你就只能从其他方面加以补偿。要获得成功，你就需要比富裕家庭的孩子拥有更多的坚毅、更多的情绪智力和更多的自控力。培养这些能力需要付出很多努力。但对那些通过自身努力拥有这些能力并最终闯过雷区、顺利大学毕业的 KIPP

学生来说，我们完全可以相信，在走向成人的历程中，他们注定要拥有河谷学校学生所不具备的某些更重要的优势。这种优势显然不在于经济实力，而是在于品格。当一个 KIPP 的学生拿到大学毕业证时，他所得到的不仅是一个学士学位，还有某些更有价值的财富：只有跨越巅峰、克服障碍才能获取的知识。

第三章
学会思考

1 慢动作，多思考

塞巴斯蒂安·加西亚确实想不出来自己到底错在了哪里。在2011年的全国中学国际象棋锦标赛的一场比赛中，他曾一度形势大好，在人马上比对手多一个象和一个卒，他觉得信心百倍，胜券在握。但是没过多久，他便陷入了困境，先前的优势荡然无存，他的王犹如惊弓之鸟一般，为了逃避对手车的追杀而四处乱窜。几步之后，他便败局已定，于是，塞巴斯蒂安无力地向对手挥了挥手，这位战胜他的对手来自俄亥俄州中部的郊区，长着一头淡黄色的头发。比赛结束之后，塞巴斯蒂安拖着沉重的脚步穿过布满棋局的中央会议室大厅，此时，上千人还坐在各自的棋盘边冥思苦想。他灰溜溜地回到B单元，这个位于走廊尽头、没有窗户的会议室也是他所在代表团的临时休息室。塞巴斯蒂安是典型的拉丁美洲人，身材矮小健壮，长着一副圆圆的面颊，一头浓密乌黑的卷发，当时，他还是布鲁克林区第318中学（IS318）的六年级学生。两天之前，他同6名同学和一些学校老师及家长乘校车来到俄亥俄州的哥伦布市，参加在这里举办的全国中学国际象棋锦标赛。显然，周末的比赛并不是一个好的开端。

318 中学国际象棋队的宗旨是，不管输赢，每一场比赛之后，队员都要回到休息室与学校的象棋教练伊丽莎白·施皮格尔进行赛后总结。塞巴斯蒂安无精打采地走进 B 单元，来到施皮格尔的小桌子前，一声不响地坐在棋盘旁边。

“我输了，”塞巴斯蒂安说。

“讲讲你的比赛，”施皮格尔说。身材又高又瘦的施皮格尔年龄在 30 多岁，一袭黑衣，在染成亮色的头发衬托下，她本已苍白的面孔显得更加缺少血色。她喜欢经常改变染发的颜色，为了本次赛事，她特意挑选了红丝绒蛋糕那样的鲜红色。塞巴斯蒂安在施皮格尔对面的一把椅子上坐下，把比赛记录册递给她。在这本比赛记录册上，塞巴斯蒂安潦草地记下了他和对手在这场比赛中走出的全部 65 步棋。

对手发挥得的确比自己好，塞巴斯蒂安解释说，“他的实力很强，”他略带难过地说，“而且比赛中的策略也得当。”

“是啊，我看看，”施皮格尔一边说着，一边拿起白棋，开始复盘整场比赛的过程，她用白棋重复对手的招数，而塞巴斯蒂安则以黑棋重复自己的棋招。塞巴斯蒂安和来自俄亥俄的小男孩均以卒开局，然后以马跟进，这也是国际象棋中标准的“卡罗－康式防御”开局，此前，他们已在布鲁克林的象棋课上反复练习过这一开局。随后，对手出人意料地将马撤回，于是，他的双马形成对黑棋一个单卒的夹击之势。惊慌之中，塞巴斯蒂安用另一卒进行防御，但无意之间再次落入对手设下的圈套中。对手马上抓起马吃掉前来防守的卒，只走了四步，塞巴斯蒂安便损失了一个棋子。

施皮格尔盯着塞巴斯蒂安，“你走这步棋时思考了多长时间？”她问。

“两秒钟吧，”塞巴斯蒂安回答。

施皮格尔的脸色变得有点阴沉。“我们把你派到这里比赛，不是让你用两秒钟走一步棋的，”施皮格尔说，声音中略带一点严厉。塞巴斯蒂安低着头，一言不发。“塞巴斯蒂安！”他抬起头。“这有点不可思议，如果你继续这样比赛，我打算让你退出比赛，你可以就这样坐下去。两秒钟做出一个决定显然太快了。”她的声音略微柔和一点，“想想，如果你犯了一个错误，这没什么。但你不能一点也不反思啊？这就不对了。你在比赛中这么不认真，这么鲁莽，这确实让我感到非常、非常的难过。”

不过，紧张局面马上就过去了，双方又恢复了平静，施皮格尔继续摆弄着棋子，研究塞巴斯蒂安的棋局。“不错，”当塞巴斯蒂安避过另一个卒被吃掉时，施皮格尔说。当他吃掉对手的马时，“太聪明了。”他们继续一步步地复盘，施皮格尔不断赞扬塞巴斯蒂安下出的每一步好棋，对不够完美的出招，则让他想想是不是有其他办法，期间，施皮格尔一再提醒塞巴斯蒂安放慢走棋速度。“从某种程度上说，你在这盘棋中表现得非常精彩，”她说，“只是偶尔走棋太快，出现了几步昏着。如果没有那几步昏着，你可能会做得更好，肯定会非常不错。”

2009 年冬天，我第一次见到施皮格尔，当时，我刚刚在《纽约时报》上看到一篇文章，讲述了她的国际象棋队在前一个月的全国校际 K-12 级锦标赛中的优异表现[1]。在这篇文章中，著名国际象棋评论员迪兰·麦凯恩（Dylan McClain）指出，按照联邦政府教育部的标准，318 中学属于 I 类学校，即 60% 以上的学生来自低收入家庭，但是在上面提到的这次赛事中，施皮格尔的学生却打败了来自私立学校和特色学校的学生。我感到很好奇，但平心而论，我还是有一点怀疑。好莱坞的制片商和杂志编辑当然喜欢丑小鸭变白天鹅的故事，贫民窟的学生在全国象棋比赛中打败贵族学校的孩子，自然是他们不愿放过的话题。但是，如果你近距离地了解这些胜利者，你就会发现，他们并不像我们最初想象的那样。有的时候，来自贫困地区的队伍成为胜利者的比赛级别很低，或是仅限低于特定积分的学生参加的比赛。某些情况下，低收入家庭孩子成为比赛赢家的情况只是特例——他们在通过入学考试后进入了非常规学校，或者他们是刚刚从亚洲或东欧国家来到美国的移民，而不是黑人或是拉美国家等始终处于贫困状态的孩子。例如，在2005年，《纽约客》热情洋溢地介绍了一支来自莫特·霍尔中学的国际象棋队，这支参加纳什维尔全国锦标赛的队伍，更是被大张旗鼓地称为“来自哈莱姆的黑暗骑士”，“这是一支战无不胜的象棋队，他们都是一些10 ~ 12岁来自华盛顿高地、因伍德和哈莱姆区的穷孩子”[2]。在六年级比赛组，他们最终获得了第二名，这已经是不错的战绩了——但他们参加的是积分低于1000的比赛，也就是说，所有对手的国际象棋积分均不超过1000，这实际上已经是很低的水平了。所有进入莫特·霍尔中学的学生都必须参加入学考试，因此，他们的起点本身就很高。再说这个象棋队，尽管从理论上说是来自哈莱姆区，但实际上只有一名黑人选手；其他所有人均出生在科索沃、波兰、墨西哥、厄瓜多尔或中国。

因此，在1月份来到318中学的那个上午，我希望能看到一些名副其实的“明星”，但结果却很令我失望。这支国际象棋队是一个多元化团队，其中不乏很多白人和亚洲人，但绝大多数选手是黑人和西班牙人，而最出色的选手则是黑人。根据我的观察，在这支象棋队中，很少有几个学生会像罗斯兰德区芬格中学的大多数学生那样，面对那样的艰辛和困难。但是在 318 中学，87% 的学生享受联邦政府的午餐补贴，这也是 I 类学校的基本待遇。318 中学位于南威廉斯堡区，靠近布鲁克林区的贝德福德 – 斯泰弗森特，这所学校最知名的毕业生就是说唱艺人 Jay–Z，他是在附近的马西住宅区长大的——而国际象棋队也反映了 318 中学的学生构成：学生们大多来自在艰难中跋涉的工人阶层，在他们的父母中，绝大多数虽然没有读过大学，但至少都有工作。

在随后的两年里，我经常回到 318 中学——到课堂上听课，陪同棋队参加各种纽约市的比赛，游历国际象棋俱乐部，在施皮格尔的博客上跟踪棋队的进步情况，与此同时，我一直在猜想，他们是如何做到这些的。但一个毋庸置疑的事实是，国际象棋锦标赛的冠军经常属于富家孩子——或者更确切地说，属于那些通过入学考试进入专门学校的富贵人家子女和拥有强大认知天赋的精英。不妨看看 2010 年度校级锦标赛各年级的获胜者，比赛在奥兰多进行，时间就在塞巴斯蒂安 · 加西亚参加的这次比赛的几个月之前：

◎ 学前班：奥克 · 赫尔学校，私立学校，位于佛罗里达州的盖恩斯维尔

◎ 一年级：SciCore 学院附属小学，私立学校，位于新泽西州

◎ 二年级：达尔顿学校，私立学校，位于纽约市

◎ 三年级：亨特学院附属小学，专业学校，位于纽约市

◎ 四年级：SciCore 学院附属小学与斯图尔特 · 霍尔联队，后者是一所位于新奥尔良的天主教学校

◎ 五年级：莱格娜特小学，公立学校，位于加州库珀蒂诺，这里是苹果公司及十几家全球知名软件公司的所在地

◎ 九年级：圣贝尼托退伍军人纪念学院附属中学，公立学校，位于

南得克萨斯州，该校主要招收西班牙裔和低收入家庭的孩子

◎ 十年级：霍利斯·曼恩中学，私立学校，位于纽约市

◎ 十一年级：所罗门·切科特中学，私立学校，位于纽约市郊区

换句话说，除来自圣本尼托的几个特例，每个年级的获胜队均来自私立学校、教区学校或是苹果工程师的子女们就读的公立学校。

除了中学各年级，这个阶段的获胜者如下：

◎ 六年级，318 中学，由低收入家庭子女就读的公立学校，位于布鲁克林区

◎ 七年级，318 中学，由低收入家庭子女就读的公立学校，位于布鲁克林区

◎ 八年级，318 中学，由低收入家庭子女就读的公立学校，位于布鲁克林区

318 中学的学生不只是某一个年级的佼佼者；他们在每个有资格参赛的年级赛事上都是胜利者。在他们的手下败将中，很多是让所有美国富人家庭翘首以盼的私立学校：有纽约市的 Trinity、Collegiate、Spence、Dalton 和 Horace Mann，还有一些位于波士顿、迈阿密以及康涅狄格州格林尼治的高级私立学校。2010 年的锦标赛绝不是侥幸获得，318 中学在 2008 年的全部三个年级比赛中都获得了冠军。（2009 年，他们赢得了六年级和七年级年龄段的冠军，但却在八年级组别中以半分之差与冠军失之交臂。）

归根到底，这是一个简单的事实，不需要任何说明或标注：318 中学的国际象棋课程是美国最好的中学象棋课，没有一所中学能与之相提并论。事实上，几乎可以肯定的是，它在任何一个年级上都拥有全美最好的学校国际象棋课。随着学校的象棋队在最近几年声名鹊起，他们开

始吸引整个纽约市最优秀的小学棋手，这进一步巩固了他们的优势。但最重要的是，他们之所以能在锦标赛中不断取得胜利，还是因为伊丽莎白·施皮格尔在4月那个下午在B单元所做的事情：带领一批像塞巴斯蒂安·加西亚这样的11岁孩子，他们从对国际象棋略知一二，经过一步步痛苦的磨炼，最后成为冠军。

在与施皮格尔复盘到这场比赛的第35步时，塞巴斯蒂安已经完全从刚才失败的痛苦中摆脱了出来，他的头脑开始变得清晰敏捷：他将后直插入对手的底线，直将白棋的王。对手撤回一个卒，阻击黑棋后的进攻。塞巴斯蒂安将自己的后移动两个格：再次将白棋的王。白棋的王回撤一个格，逃出黑棋的攻击范围。

随后，塞巴斯蒂安并不是继续向白棋的王施加压力，而是转向更容易攻击的目标：用后吃掉白棋的一个卒。不过，他再次忽略了一个近在咫尺的威胁：从棋盘的另一端，对手的车不知不觉地吃掉了自己的象，塞巴斯蒂安的优势再次悄然溜走。

“你吃了卒吗？”施皮格尔问，“想想，还有别的更好的对策吗？”

塞巴斯蒂安说没有。

“那步将我的王呢？”

塞巴斯蒂安两眼一动不动地盯着棋盘。

“认真想想，”施皮格尔说，“记住，在我问你问题时，你不必马上回答，但如果要回答，就要回答正确。”

突然之间，一丝微笑悄悄地掠过塞巴斯蒂安的脸颊。“我可以吃你的后啊。”他说。

“我看看，”施皮格尔说，塞巴斯蒂安演示了一下，如果再次将白棋的后，不仅可以救自己的象，还可以让白棋陷入两难境地，如果走出这一步，对手就必须在舍弃后和失掉整局棋之间做出选择。

“关键就在这里，”施皮格尔不慌不忙地说，将棋局恢复到塞巴斯蒂安鲁莽地吃掉白棋卒的时候。“回想一下你走这步棋的时候，”她像塞巴斯蒂安那样吃掉白棋的卒——“就是因为这步棋，你输掉了这场比赛，”她又将白棋的后，“这样，你就可以赢了。”她直起身靠在椅子上，两眼紧紧盯着塞巴斯蒂安，“如果说输棋让你觉得有点不舒服，这很正常，”施皮格尔说，“你应该感到难过。虽然你是一个天才棋手，但一定要学会慢动作，多思考。”她看着表说，“现在，离下一场比赛还有四个小时的时间。这就是说，你还有四个小时反思一下为什么会输掉刚才那场比赛。”施皮格尔敲着棋盘说，“就是因为这步棋，本来可以慢下来，但你却没有慢下来。”

2 失败不是宿命，只是一种选择

在位于曼哈顿的埃奎特中心，自 1985 年以来一直保持国际象棋世界冠军头衔的加里·卡斯帕罗夫与 IBM 工程师制造的象棋计算机程序“深蓝”展开的六轮人机大战进入最后一轮，但比赛仅仅走到第 19 步，卡斯帕罗夫便推盘认输。这是卡斯帕罗夫输给“深蓝”的第二场比赛，在此前的五场比赛中，他一胜一负三平——这就意味着，他已经输掉了这次比赛，更重要的是，他也输掉了自己的非正式头衔“人类星球上最杰出的象棋大师”[3]，这是《纽约时报》现场记者送给他的头衔。卡斯帕罗夫的失利给国际象棋界乃至整个世界都带来了巨大的震动，人们开始对这场人机大战给人类带来的影响感到焦虑。(《新闻周刊》在几天之前就曾对这场赛事进行了详细报道[4]，杂志的封面标题是“大脑的最后防线”。）在赛后充满悲情色彩的新闻发布会上，卡斯帕罗夫说，他对比赛的失败感到羞愧难当，更对“深蓝”不可思议的能力感到诧异。他不无悲怆地说：“我们都是人类[5]，当我看到某种超越我的理解力的东西时，自然会让我感到恐惧。”

对很多人来说，“深蓝”的胜利不仅是对人类在国际象棋界的统治地位发起的挑战，也是对人类智商至高无上地位的挑战，它就像一群海豚刚刚谱写的一首交响乐一样。实际上，在人们的心目中，象棋实力对聪明者来说就像是再简单不过的速记：你越是聪明，象棋实力就越强，反之亦然。在1997年出版的《象棋天才》一书中，英国国际象棋特级大师乔纳森·莱维特提出了一个反映智商（IQ）与象棋实力之间关系的精确计算公式，被称为“莱维特公式”[6]：

$$Elo \sim (10 \times IQ) + 1000$$

Elo表示棋手在国际比赛中的等级分——莱维特解释说，在上述公式中，该指标表示一个棋手在经过很多年的比赛和研究后可能得到的最高等级。（Elo后面这个滑稽的波浪线表示“约等于”。）因此，如果你拥有和大多数人基本相近的智商100，按照莱维特的计算公式，你可以达到的最高等级分应该是2000分。而智商120对应的最高等级分则是2200分。以此类推，国际象棋特级大师的等级分通常在2500分以上。按莱维特公式推算，他们的智商至少应为150，这通常被视为已达到天才的程度。

但并不是每个人都认同象棋水平与纯智商密切相关并直接对应的观点。年轻的苏格兰特级大师乔纳森·罗森写过几本关于国际象棋方面的书籍，且备受关注，他在这些书中称莱维特的公式“完全是误导性”的[7]。罗森一直认为，在国际象棋中，最重要的天赋并不是智商，而在于心理和情绪方面。“大多数有关国际象棋的学术研究都忽视了棋手的思维和情感，”[8]罗森在《国际象棋的七大致命错误》中写道，“他们羞于将国际象棋看作是纯粹的认知性活动，因为如果这样的话，每一步的选择和每一个棋局的理解就只能依赖于心绪和推断了。”他写道，现实中，如果你要成为一个优秀的棋手甚至是一名伟大的棋手，“拥有认识和利用情绪的能力与思维方式是同等重要的”[9]。

在318中学的国际象棋课以及在全国高中低年级锦标赛的赛后总结会上，施皮格尔经常会向她的学生们传授一种特殊的象棋技巧：如何识别“斯拉夫”式开局与“半斯拉夫”式开局的转换；如何权衡白格象与黑格象的相对重要性。但每次观看她的工作时，给我留下印象最深刻的，就是她所做的事情既非常简单，又非常复杂：她是在让自己的学生学习一种新的思维方式。施皮格尔采用的方法与马丁·塞利格曼以及安吉拉·达克沃斯研究和传授的元认知策略极为相近。我感觉，无论从哪个角度看，她的体系似乎都与神经学家在执行功能领域——被某些科学家比作“大脑空中交通控制中心”的高层次心智能力——开展的研究有着千丝万缕的联系。

大脑最重要的两种执行能力是认知灵活性（cognitive flexibility）和认知自控力（cognitive self-control）。认知灵活性表现为拓展思维、以多种方案解决问题、进行创造性思维和应对陌生环境的能力。认知自控力则是抑制本能性或习惯性反应并以更有效、不太明显的反应方式取而代之的能力。施皮格尔提供给学生的训练中，其核心就是这两种能力。她认为，要在国际象棋比赛中获胜，你就必须拥有一种超人一等的认识新事物和不同观点的特殊能力：哪个极具创造性、可能让你制胜对手的一步棋被你忽略掉了？对手的哪一步制胜棋没有引起你的关注？她还教导他们学会拒绝眼下貌似诱人但实则致命的一步棋，这样的走法必定导致彻底的失败（对于这一点，塞巴斯蒂安·加西亚应该深有体会）。在观摩施皮格尔授课的那天上午，她是这样向我解释的：“教授国际象棋实际上就是一种思维习惯。比如说，如何认识自己的失误，以及如何深刻认识自己的思维构成。”

在成为318中学的全职国际象棋教师之前，施皮格尔一直在该校担任八年级的英语教师，她说，作为一名英语教师，她的经历带有灾难性色彩。她的英语作文教授方式有点像她分析塞巴斯蒂安下象棋的方式：在学生提交作业时，她会逐字逐句地通读每个学生的作业，然后还会问，你觉得这就是表达自己想法最好的方式吗？“他们会张口结舌地看着我，觉得我神经不正常，”施皮格尔对我说，“我会把他们在作业中用到的长句抄录下来，因此，每天晚上，我只能修改六七篇作业。”

尽管施皮格尔的教学风格或许不太适合英语课，但英语教学的这段经历确实对她更好地理解国际象棋教学模式有所帮助。她并没有一套固定的象棋教学方案，相反，她认为，必须建立一种根据情况不断调整的动态模式，在设计课程时不仅充分考虑学生已经掌握的程度，更重要的是，要考虑到学生所不知道的东西。比如说，她会带着学生观摩周末的锦标赛，刻意关注很多选手在比赛中出现的孤子——即让自己的棋子处于毫无防御的状态，这会很容易让这些棋子成为对手攻击的目标。到了星期一，施皮格尔便会组织全班学生讨论如何在比赛中避免孤子。她会用挂在教室的一块绿色感应棋盘，向学生们讲解如何避免此类失误，而采取其他可行策略。她会一遍又一遍地分析，对自己学生参加的比赛进行复盘分析，有时是辅导个别学生，有时是在班级上；她会分析棋手到底错在何处，可以采取的其他对策有什么，如果走出一步好棋会出现何种棋局，以及如何避免错着后可能出现的局面。

尽管这样的方式听起来很简单，但实际上，它只是一种教授象棋和学习下棋的特殊方式。“过度关注你的缺陷和失误肯定会让人感到不舒服，”施皮格尔对我说，“因此，通常人们学习下棋的方式就是阅读棋谱，这样的学习方法可能很有趣，而且往往在智力上的确有启发意义，但这显然不能转化为能力。如果你的象棋水平确实想更上一层楼，那么，你就必须学会反思自己参加过的每一场比赛，看看你到底错在何处。”

施皮格尔说，这有点像人们在心理诊疗中最理想情况下所能得到的收获。反思自己曾经犯下的错误，或者是还在继续犯的错误，努力揭示这些错误发生的根源。同样，就像最优秀的治疗专家一样，施皮格尔也试图带领学生们走上一条狭窄而艰难的道路：让他们学会为自己的错误负责，从错误中汲取教训，而不是痴迷于这种错误或是被这些错误所击倒。“如果事事都在孩子们的掌控之中，他们就很少会在生活中体会到失败，”她告诉我，“但是当他们输掉一场象棋比赛时，他们却知道，他们只能责怪自己，而不是其他任何人。他们拥有取得胜利所需要的一切，但他们还是输了。如果这种事情只发生过一次，你或许还可以找到其他理由，或是选择永远也不再想这件事。当失败成为你生活的一部分时，当失败每个周末都会光顾你一次时，你就必须想办法让自己摆脱这些错误或是失败。我一直试图告诉我的学生们，失败只是你的选择，而不是你的宿命。”

3 一位女象棋手的故事

当然，让你告诫孩子们要学会反思失败、在挫折面前信心不减并不困难。但是，如果你就是那个正在犯错误的人，那么，要说服自己就不那么容易了。施皮格尔自己就是一个高水平的国际象棋选手。尽管她的等级分在过去几年因过多关注教学而略有下降，但她在美国女子国际象棋选手中依旧位列前 30 名。不过，和所有优秀棋手一样，施皮格尔也输掉了很多比赛，而且在输棋时，她通常都会记录在自己的博客上——几乎是让自己在所有人面前完全暴露，颜面扫地。在 2007 年输给一位俄罗斯象棋大师之后，施皮格尔在博客中写道，“我就像个愚蠢至极的孩子，没有头脑，没有思维，简直令人难以忍受。我难道连计算最简单的一步棋的能力都没有吗？说句实话，我恨死自己了。”[10]

在只有 4 岁的时候，施皮格尔的父亲便教她学习基本的国际象棋走法，但直到六年级的时候，她才真正开始参加国际象棋比赛，并在北卡罗来纳州罗利市读初中时加入一个课后国际象棋培训班。她喜欢这份经历，不仅仅是她擅长的国际象棋，还有国际象棋带给她的那种特殊的陌生感。在接触国际象棋之前，施皮格尔是个羞于社交的女孩，现在，她突然之间找到了适合自己的位置。她对我说：“在我的记忆中，那时的感觉是如此的快乐，是如此的无忧无虑。孩子们对我很好，因为我是一个好人，大人对我也好，他们觉得我是有真水平的。在人生中，我第一次感觉到生活正在变得越来越美好。”她的国际象棋等级分直线上升，很快就超过培训班的老师。而且她还出人意料地发现，要继续提高自己，老师已经无能为力了，她只能自力更生。她盘算着，既然可以自学下棋，那也可以自学数学或是其他知识。她善于独立学习新的知识，这种能力完全源于她的下棋之旅，这种能力帮助她走过了“令人恐怖的美国高中”阶段并进入大学，最初，施皮格尔就读于杜克大学，随后转入哥伦比亚大学，在这里，她开始主修数学专业，两年之后，她又转到了英语文学专业。

毕业之后，施皮格尔留在了纽约市，并在一家被称为“国际象棋走进学校”的非营利机构担任签约教师。该机构成立于1986年，主要负责向招收低收入家庭的公立学校派出像施皮格尔这样的象棋教师，为这里的孩子提供国际象棋培训。在几年的时间里，施皮格尔曾先后在四所学校任课，这里几天，那里几天，游走不定，但是，她还是最喜欢318中学，并最终在2006年接受了318中学校长的聘请，成为这所学校的全职教师，担任学校国际象棋队的实战教练。

2005年夏季，经过几年三心二意的参赛经历之后，她突发奇想，参加了在菲尼克斯举办的一次高水平公开赛。出乎意料，她在这次比赛中表现优异，成为参赛选手中积分最高的女棋手，这意味着，她已自动获得参加次年春季举办的美国全国锦标赛的参赛资格。共有64名男女选手将参加此次赛事，其中包括美国最出色的棋手，而她是其中等级分最低的人之一，因此施皮格尔知道，她在这些人当中只能算是个外行。于是，她开始全力以赴为这次赛事做准备，每周都有5天时间研究棋局，每天至少三个小时，甚至经常为研究开局或在“互联网国际象棋俱乐部”进行几个小时的网上对峙而彻夜不眠。通过这段时间的集中训练，她的水平得到明显提高，并在比赛中获得了不错的成绩——虽然没有进入前十名，但绝对值得敬佩。比赛之后，她保持着此前的劲头。就像初中时一样，国际象棋再次占据了她的生活。她每天白天在学校里教象棋，晚上回家便开始下象棋。逐渐地，她和那些不下棋的朋友失去了联系，其他事务和社会关系也开始远离。她在自己的博客上写道，下象棋已成为“我能想到的一切。至于其他事情，除了极少数例外，我几乎一无所知”[11]。

施皮格尔开始逐渐脱离象棋以外的世界。她开始变得越来越多愁善感，甚至有一点古怪，这种与外界的长期隔绝也促使她的性格发生了变化。有一天，她在博客上怯生生地向读者宣布，她在上个星期五完成了人生中的第一次约会。她写道，“不知道是什么时候，他用一只手从背后抱住我[12]，在那一刻，我心里想，天哪，我可不想再和任何人有身体接触了。不过，我还是不得不佩服自己，因为经过很长时间的思考之后，我最终决定还是不把这句话告诉约会对象。在那一刻，我意识到，这显然不应该是在约会上说的话。”

随后，在2009年的圣诞节假期里，她和318中学的艺术老师乔纳森到加勒比海进行了一次浪漫的冲动之旅。乔纳森身材高大、外表俊朗，有着一副地中海人的外貌，一头黑色的长发，从教师联谊会上第一次见面开始，他便对施皮格尔一见倾心，但她始终认为他们之间缺乏共同语言。经过巴哈马的假期，他们开始恋爱了。四个月之后，他们住到了一起，2010年秋天，两个真心相爱的人订婚了。

乔纳森从不下象棋，当他们在一起的时候，施皮格尔发现自己对象棋的痴迷开始降温。她并没有彻底放弃国际象棋——她至少每天还在学校教授象棋，在周末的校级锦标赛上给学生担任教练。但是现在，她的业余时间则是花在骑自行车、吃美食、探险或是谈论未来等事情上，而不再是在网上下棋。对于我这样一个非象棋选手，这样的生活似乎是在向一种有益的方向发展。显然，把全部时间用于下象棋似乎并没有让施皮格尔非常快乐，而与乔纳森约会、一起游玩的时候，却让她感受到了真正的愉悦。然而，对施皮格尔来说，成本与收益分析显然不这么简单。尽管她的国际象棋正式等级分曾达到个人运动生涯最高的2170分，但是在开始与乔纳森约会之后，她的等级分却下降到不足2100分。她经常提到重新拾起国际象棋的愿望，希望能更多地参加比赛，提高等级分。施皮格尔对我说，她自己很清楚，在内心里，现在的生活肯定比全身心投入到下象棋中要快乐得多，所以，她最终放弃了这种将全部身心都交给象棋的不快乐生活。

4 另一种关爱

施皮格尔的工作核心就是一种复杂的权衡能力。她的目的是增强学生的信心，让他们相信自己有能力战胜更强大的对手，赢得异常艰难的比赛。但工作的紧迫性以及她追求完美的个性，使得施皮格尔每天都要花费大部分时间去告诉学生他们错在何处。事实是，所有的赛后分析基本上都可以归纳为这句话：你觉得自己的想法不错，其实却是错误的。

在我听课的那天，施皮格尔对我说：“我的内心一直很纠结。每一天，我都在心里与自己斗争。作为一名教师，这的确让我无比焦虑。我觉得自己对孩子们有点太苛刻了。有时候，这种感觉几乎让我难以忍受，每天回到家里，我都会回想我对每个孩子说的每一句话，我会想，‘我到底在做什么呢？我只是在害这些孩子！’”

在 2010 年的全国女子国际象棋锦标赛（318 中学获得冠军）后，施皮格尔在自己的博客里写道：

前一天半的经历令人窒息[13]。我几乎已经完全不能自控，始终对学生们暴跳如雷，在分析每一盘棋的时候，我都在抱怨、责怪和发牢骚：对这些 11 岁女孩走出的每一个孤子或是没有理由的每一步棋，我的嘴里始终都在唠叨，“这完全是不可理喻的！！！”我经常对学生们说着一些令人无法理解的话，比如说，“你原本可以再等一会，对吧？这样，你就会看到了！！！”或是，“如果你再不集中精力，就应该退出国际象棋了，因为你在浪费大家的时间。”

到第三轮结束时，我几乎变成了一个动辄张嘴骂人的怪兽，我几乎都要放弃了，此时我倒把自己装成了一个好人。但是在第四轮，每个人在经过一个多小时的分析后，渐入佳境。现在，我绝对可以肯定，我们之所以总能轻而易举赢得全国女子比赛冠军，原因并不复杂：因为大多数教练都不会毫无顾忌地对小女孩，尤其是对这些沉稳可靠、口齿伶俐的女孩子们说，她们很懒惰，她们的工作让人无法接受。但有的时候，孩子们确实需要经历这样的刺激，否则，她们就不会向上迈进了。

在我看来，一个好老师，尤其是一个贫民区学校的好老师应善于与学生沟通，但施皮格尔一向对我的陈词滥调嗤之以鼻。我承认，在遇到她之前，我已经在自己的心目中勾勒出一个理想的贫民区学校象棋教师的印象：那就是影片《南布朗克斯骑士》（*Knights of the South Bronx*）中由泰德·丹森扮演的主人公。在2005年这部励志题材的原创电影中，丹森带领一群出身贫民窟的孩子们打败了骄横自大的私立学校学生，一路上，他们相拥相助，用令人振奋的演说互相激励，用生活的启迪支撑求胜的欲望。但施皮格尔则不是这样。她从不会拥抱自己的学生，显而易见，她并不在乎自己的学生，她从不关心他们的内心世界，如果一个学生因为输掉比赛而难过的话，她很少会走过去安慰一下。施皮格尔说，在外出比赛时，318中学的副校长约翰·加尔文（John Galvin）经常担任自己的助理教练，他似乎更擅长这些，他拥有更强大的“情商”。

“当然，我肯定会和大多数孩子保持热络的关系，”施皮格尔在一次锦标赛期间对我说，“但我认为，作为一名教师，我的工作更应该像一面镜子，讨论他们坐在棋盘边上的表现，帮助他们思考如何在棋盘上表现得更好。帮助孩子们是最大的事情。他们已经为此投入了巨大的精力，而你就是那个站在他们身边，与他们一同奋斗，为他们鼓劲加油的人。这并不是孩子们总能得到的东西，而按照我的经验，这恰巧也是他们最需要的东西。但我并没有给他们带来爱，像母亲那样关心他们，我显然不是那种类型的人。”

包括迈克尔·米尼和克兰西·布莱尔在内的很多学者指出，要帮助婴儿培养坚持不懈和专注力等品质，养育者就必须给予他们充分的温暖和照顾。但施皮格尔的成功表明，当儿童达到青春期早期时，给他们带来最有效激励的方式并不是亲吻或者爱抚式的呵护，而是另一种完全不同的关注。促使中学生能像施皮格尔指导下的棋手那样，近乎疯狂地关注象棋、练习象棋的原因或许就是，某些人能够严肃对待他们、相信他们的能力，以及不断挑战他们提高自己，这是他们以前未曾经历的。

在我报道318中学最忙碌的那几个月里，在观看象棋队为哥伦布锦标赛进行的赛前训练的同时，我在KIPP无止境中学也花费了大量时间，以跟踪了解品格成绩单的进展情况。在乘坐地铁在西哈莱姆区和南威廉斯堡之间往来穿梭时，我有足够时间对比施皮格尔的象棋训练法以及KIPP中学教职人员向学生们讲解日常情感危机或不当行为的方式。我们或许还会记得，KIPP中学的教务长汤姆·布伦泽尔曾说过，他认为自己的教导方法类似于认知行为治疗法。当他的学生遭遇飞来横祸，在压力和心理危机面前不知所措时，布伦泽尔就会鼓励他们着眼大局，这种发生在前额皮质的宏观思维就是很多心理学家所说的元认知：放慢动作，克制冲动，思考更有效的问题解决方案，而不是对着老师大吼大叫，或是在球场上推搡其他孩子。为了做到这一点，在赛后的棋局分析中，施皮格尔完全采取了一种更格式化的方式。和 KIPP 中学的学生一样，施皮格尔激励 318 中学的学生更深刻地认识自己的失误，反思他们为什么会犯错误，认真思考更有效的替代方案。不管你是把这种方法定义为认知疗法，还是干脆称之为优秀教学法，有一点毋庸置疑：它对于促进中学生的改变是极为有效的。

不过，这种方法在当代美国学校中极为罕见。如果你相信自己学校的使命或是作为教师的职责就是传递信息，那么，似乎根本就没有必要让你的学生经受如此严格的自我剖析。但是，如果你想帮助学生改造品格，仅仅是传递信息还远远不够。尽管施皮格尔并没有使用“品格”这个词描述她所传授的东西，但是在大卫·莱文和多米尼克·兰多夫强调的技能以及施皮格尔试图传授给学生的能力之间，有着异曲同工之处。实际上，无论是在教室还是在赛场上，每一天，我都会看到施皮格尔在尽心尽力地向学生们传授如何培养坚毅、好奇心、自控力和乐观精神。

有几次，我甚至看到施皮格尔运用这种分析技术传授社交智力。在 9 月的一天，我和施皮格尔以及 318 中学象棋队一同参加一场大型室外锦标赛，这次在中央公园进行的比赛是由“国际象棋走进学校”组织的。当天的气温非常高，就在我和施皮格尔坐在通向毕士大喷泉的石级上时，一个学生走过我们面前，他看起来很难过，似乎有话要和施皮格尔说。这个七年级学生名叫 A.J.，黑皮肤，短头发，戴着一副朋克式的墨镜。我知道，A.J. 不善交际，经常会因为一个笑话而不知所措，时常误读发生在身边的事情。那天，他的事情来得有点突然：罗恩是 318 中学刚毕业的学生，他威胁要教训一下 A.J.，A.J. 找施皮格尔的目的，就是希望她能帮助解决这件事。

“他为什么要教训你呢？”施皮格尔问。

A.J. 犹豫了一下说，今天，他带着自己的足球来到公园，在比赛间隙的时候，他和其他几个孩子在场上练习传球。A.J. 觉得很热，准备去自动饮水机喝水，此时，他想随身带上足球。当 A.J. 抓起足球走向自动饮水机的时候，他听到有一个男孩骂自己是混蛋。他指责是罗恩骂他，而罗恩则矢口否认。

“他说，‘别这样和我说话，’”A.J. 对施皮格尔说，语气中带着委屈。“罗恩对我说，‘我真想在你脸上打一巴掌。’我说，‘你为什么要打我啊？’然后，他就向我走过来，试图打我的脸，但其他同学把他拉了回去。”换句话说，这是发生在两个刚踏入青春期的男孩之间的典型冲突：易激动，荷尔蒙激增，近乎疯狂。

施皮格尔既没有不闻不问地任意偏袒一方，也没有无关痛痒地推诿，而是像分析棋局一样开始了一番剖析。

“这样，看看我理解得对不对，”施皮格尔一边用手遮挡着刺眼的阳光一边抬起头看着 A.J. 说，“你告诉他你打我试试，之后他就真的想打你。”

“好像是吧，”A.J. 回答，但似乎有点不太肯定。

“好吧，你知道，如果罗恩没有对你说粗话，你却当众攻击他呢？如果是这样的话，他肯定会感到不舒服，是不是这样？”

A.J. 盯着施皮格尔，一言不发，就像塞巴斯蒂安因为丢了象而受到批评那样看着她。

“我还有一个问题，那就是关于足球，”施皮格尔接着说，“你一定要意识到，当其他同学还在踢球时，你却拿走了足球，他们当然不会高兴。如果你不在的时候，能让大家继续用你的球吗？”

“可以。”

“这就对了，你一定要明白，如果你不打算信任他们，他们或许就不会成为你的朋友。”

A.J. 看起来有点沮丧，“算了吧，”说完，他就离开了。

实际上，早在几个月之前，我曾亲眼看见发生在 A.J. 和施皮格尔之间的类似对话。当时，我正和施皮格尔坐在她的教室里，A.J. 走进来向她反映情况：他曾讲过另一个孩子的坏话，于是，这个孩子便对他破口大骂。

最初，我以为 A.J. 找施皮格尔是为了寻求救援或是报复，这样，施皮格尔就会批评另一个学生。但是在经过了中央公园的谈话之后，我惊讶地发现，他这次找施皮格尔的原因，和选手在浪费领先局面或丢掉后而输掉比赛之后来找她的原因实际上没有任何区别。他想知道的是如何避免愚蠢的错误。他希望能从施皮格尔的嘴里得到建议，以便于在另一场更复杂、更难以预料的棋局中做得更出色：顺利地度过中学生涯，成为同龄人当中的宠儿。

5 天才象棋手的成长

我在哥伦布市的比赛期间第一次见到施皮格尔时，正值锦标赛开幕式的下午，她看上去心情不错，而且怡然自得。她坐在会议中心顶层的客房里，上穿一件洁白的礼服式衬衫，下着剪裁考究的细条纹短裤，嘴里嚼着柑橘，喝着印度香茶，手里拿着 20 多个学生刚刚塞给她的战术设计方案。但是，比赛一开始，施皮格尔的轻松便荡然无存，每一天，她的头发会愈发蓬乱，她的眼神会愈加凌厉。对她来说，初中锦标赛是整个一年里最重要的赛事。“我认为这是对我工作的评判，”在赛事第一天的那个下午，施皮格尔对我说，“这些年来，我所做出的全部努力都将在这里得到体现。”于是，施皮格尔整天都坐在 B 单元，喝着咖啡，吃着赛事餐厅提供的外卖，在焦虑不安中度日如年。

318 中学的棋队同时参加五个级别的比赛，而施皮格尔最关心的两个级别是 K-8 级开放式和 K-9 级开放式比赛。（开放式的意思是指对参赛选手的等级分没有限制。）K-9 级开放式比赛的参赛者为最高到九年级的学生，由于参赛队伍较少，因此，很多教练认为其竞争性不及 K-8 级（仅接受最高到八年级的学生）比赛。施皮格尔认为，她的棋队至少应在这两个级别有所斩获，尽管还没有一所学校同时获得这两个级别的冠军，尽管 318 中学根本就没有九年级。

施皮格尔的棋队之所以能在锦标赛上一直表现优异，原因之一就在于，她有一批篮球教练所说的深度板凳队员。在大多数私立学校和重点考试学校中，你可以看到几个真正优秀的象棋选手，他们大多来自富裕家庭，在很小的时候父母就给他们聘请私人教练。318 中学根本就不可能吸引到这些条件优越的孩子，但是，国际象棋是 318 学校活动和文化的重要组成部分，因此，施皮格尔每年都能吸引一大批新的学生加入到自己的象棋俱乐部，虽然这些孩子对国际象棋知之甚少，甚至一无所知，但他们渴望了解象棋、学习象棋。她已经设计了一套量身定做的教学计划，在经过 318 中学近 10 年的实践后，这套教学计划已非常成熟可靠，那就是让 20 多名六年级时进入国际象棋俱乐部的新手在八年级结束时，等级分可以轻而易举地达到 1500 分或 1600 分，少数人甚至可以达到 1800 分或 1900 分。

在 318 中学，只有极个别的学生能达到 2000 分，这就意味着，他们很少获得个人赛冠军。但施皮格尔采取的方法显然是培养团体冠军的绝佳策略，他们在每一级别的比赛中都是冠军，而学校排名前四位的选手一起几乎成了垄断所有比赛的冠军。施皮格尔知道，在团体比赛中，最终的胜负并不取决于头号选手的实力，而是依赖于前四名选手的实力。而在318中学，任何时候都至少会有10名学生拥有跻身四强的实力。

但是在2009年秋季，贾斯特斯·威廉姆斯来到318中学，学校国际象棋队的构成也就此发生了变化。来自布朗克斯区的贾斯特斯沉稳冷峻，善于思考，他身材高大，皮肤黝黑，体格健壮。寡言少语的贾斯特斯在陌生人面前甚至会害羞，但是在318中学的校园里，他的一举一动都充满了自信，因为在这里，国际象棋可以为他带来无与伦比的尊重，这在美国的中学中并不常见。在南布朗克斯读三年级时，贾斯特斯通过“国际象棋走进学校”组织的活动开始接触象棋，从一开始，他的老师就发现，他不仅渴望学习，具有超乎寻常的专注力，而且具有成为一名杰出棋手的潜质。于是，“国际象棋走进学校”为他支付了请私人教练的全部费用，他的母亲认为，自己的孩子注定会成为一名伟大的棋手，于是，她竭尽全力帮助贾斯特斯不断提高棋艺。在来到318中学读六年级时，他的等级分已超过2000分，这比施皮格尔以前接收的任何一名新生都高出几百分，实际上，这已经接近于施皮格尔的等级分了。显然，贾斯特斯是最优秀的六年级棋手，但和他同时来到318中学的其他两名学生有着同样出色的业绩：伊萨克·巴拉耶夫，来自一个俄罗斯家庭，在进入六年级之前就读于皇后中学，等级分为1500分；小詹姆斯·布莱克，来自贝德福德－斯泰弗森特靠近布鲁克林区的非洲家庭，毕业于当地的一所公立学校，等级分为1700分。

施皮格尔与詹姆斯·布莱克的关系尤其密切。在布莱克读小学的时候，施皮格尔就已经认识了他。尽管他眼下的棋艺已经和施皮格尔不相上下，但布莱克还是认为，在就读318中学这段时间里，靠着她的帮助，自己的等级分从1700分一跃增加到2100分。詹姆斯身材瘦小，相貌英俊，短短的卷发，门齿略有缺损，炯炯有神的大眼睛异常传神。他善于交际，而且喜欢和同学们开玩笑。在观摩施皮格尔的授课时，我经常会看到坐在教室后面的詹姆斯一边下着自己的棋，一边对旁边同学的棋局说三道四，告诉别人应该怎么走棋，甚至偶尔会直接插手。

和贾斯特斯一样，詹姆斯也是在“国际象棋走进学校”组织的一名教师访问他的学校时开始学习下棋，当时的詹姆斯还在读三年级。回到家里之后，他和父亲一起练习下棋，在发现孩子对国际象棋感兴趣之后，父亲便马上为詹姆斯买了一套棋具。老詹姆斯·布莱克对自己的孩子寄予厚望。他曾对我说，他的第一个孩子不管是男是女，他都要把他的名字叫作小詹姆斯·布莱克，就是希望孩子继承父亲的心愿。

老詹姆斯是在布朗克斯长大的，高中阶段学习成绩优异，但是在进入大学两年后便辍学了。他昔日的梦想一直是当一名海军，但是在离开学校之后，他在纽约市的达格斯蒂诺连锁超市熟食柜台找到了一份收入不菲的工作，他的从军梦想就此消失。25年之后，布莱克仍在达格斯蒂诺超市，而且还是在熟食柜台。在30多岁的时候，他爱上了已经有三个孩子的托亚·科尔斯，他们带着自己的小詹姆斯和科尔斯的三个孩子组建了一个混合家庭。老詹姆斯告诉我，他一直希望自己的继子们能给小詹姆斯树立一个好榜样，但事情的发展却事与愿违。在小詹姆斯还是个小孩子的时候，一个哥哥便涉嫌贩毒，并在监狱中待了三年[14]；另一个哥哥因谋杀罪被判刑20年。他们的境遇让老詹姆斯把更多的精力放在自己的孩子身上，他决心让小詹姆斯走出自己的成功之路。老詹姆斯曾告诉我：“我对詹姆斯说，‘我只能对你的哥哥们说这些了，但我能够对你说更多一些，我的工作就是引导你走好未来的路。’”

在318中学，詹姆斯绝对是一个自相矛盾的学生。虽然学习成绩基本还算说得过去，但是在全州的六年级统考中，他的数学和阅读成绩却只有2分，满分则是4分。也就是说，他的成绩低于年级平均分，属于全州成绩最差的30%的学生之列！在学校里，他是有名的捣乱分子，在六年级的时候，他经常因为在课堂上溜号和对女同学出言不逊而被叫到校长办公室训话。尽管他在学校里经常犯错，但却是一个超常的棋手，每天学习下棋6个小时，在他卧室的一面墙上，摆满了研究棋谱的书籍。

6 成败之间

在哥伦布锦标赛的6个月之前，我和詹姆斯、施皮格尔及其他6名318中学的学生在马歇尔国际象棋俱乐部待了一天。俱乐部位于绿树成荫的格林尼治村的一座老式宅院里，占据了整座住宅的两层楼。在很多国际象棋手看来，这里也是美国顶级的象棋俱乐部。1915年，这个俱乐部是由当时的国际象棋冠军弗兰克·马歇尔一手创建的，该俱乐部的某些会员已成为最优秀的美国棋手。这是一个令人振奋的地方，尤其是对那些志向远大的年轻棋手：高高的天花板，精美的壁炉，精心制作的木质桌椅光泽可鉴，墙壁上挂着30年代以来很多传奇式国际象棋大师伏案下棋或是在俱乐部参加晚餐聚会时的黑白照片。

在从杜克转到哥伦比亚之后，施皮格尔在接近20岁时来到了纽约市，此后，马歇尔俱乐部就成了她最经常去的地方，这让她有机会参加周末的比赛，让自己沉浸在象棋的海洋里。现在，马歇尔俱乐部每年都会为318中学提供一定数量的免费会员服务，几乎每个月，施皮格尔都会带着几个学生来这里参赛。这就为学生们提供了一种完全不同于以往的象棋阅历。在纽约市举办的定期性校际象棋赛异常混乱，几百名棋手和家长挤进一所公立学校，母亲则忙着为小棋手们准备中午的意大利通心面。比赛仅持续一个小时，而 318 中学的棋手通常会成为胜利者，或者至少会有上佳表现。但是，当学生们来到马歇尔俱乐部时，他们往往会选择等级分远远高于自己的对手进行 4 个小时的比赛。尽管比赛的双方差距悬殊，但施皮格尔会提醒她的学生们，提高棋艺的最好办法就是与最优秀的选手比赛，尽管这样的比赛会让他们输得片甲不留。

秋季的一天，我亲身体验了詹姆斯在马歇尔俱乐部的比赛，他的对手是出生于乌克兰的国际大师尤里·拉普什，他在美国棋手中的排名始终在前 30 名到前 40 名。在 2000 年和 2001 年，拉普什均获得马歇尔俱乐部锦标赛的冠军，在俱乐部墙壁上展示的 1917 年以来各次比赛冠军的木质牌匾上，他的名字被刻在两块挨在一起的铜牌上。在国际象棋尤其是马歇尔俱乐部锦标赛上，经常会出现外表迥异的对手——喜怒无常的哥特小女孩和满脸胡须、戴着眼镜的数学怪人，身穿粗花布外衣、老迈的乡村狂人和精灵可爱的中国小男孩，但布莱克与拉普什的对局显然最为怪异。拉普什年近 40，几乎是布莱克年龄的三倍，而且体重也至少比后者多出将近一百斤。对大多数耗时 4 个小时的象棋赛，拉普什都会怒目而视地坐在棋盘边，重重地靠在座椅上，捋着复古的俄国式大胡子，粗壮、巨大的手臂抱着圆鼓鼓的大肚子。詹姆斯坐在拉普什的对面，双手托着下巴，几乎要把自己躲进超大号的夹克里，他偶尔会环顾一下赛场周围，然后便将眼光移回棋盘，快速眨动着又长又黑的睫毛。实际上，詹姆斯很难长时间地坐下来，在整个比赛期间，他不时地站起身来，四处走动，看看其他人的棋局，这让他的老师和教练非常恼火。

在与拉普什的比赛中，詹姆斯甚至曾一度闲逛到施皮格尔和我谈话的二楼。施皮格尔对着詹姆斯大声吼叫，让他赶快回到比赛场上，并告诉他，如果他不能在比赛期间继续坐在自己的座位上，她就会给他父亲打电话。

拉普什在当天的国际等级分为 2546 分，而詹姆斯的等级分则是 2068 分。无论从哪个方面看，詹姆斯都要优于对手——唯独在棋盘上似乎明显逊于对手。在战至第 6 步的时候，詹姆斯采取的奇特招法就让拉普什大吃一惊，走到第 30 步时，现场观棋的很多专家和大师便已看出来，詹姆斯已完全掌握了比赛的走势。他在棋盘的中央为自己构筑起一道固若金汤的防线，一次次地切断拉普什的阵营，让他陷入进退两难的危境。几乎每走一步，拉普什似乎都会丢掉一个棋子，或是丧失原有的一点点微弱优势。在行至第 59 步的时候，拉普什不得不推盘认输。

之后，在比赛场的二楼，詹姆斯开始与施皮格尔复盘分析，心胸开阔的拉普什也和他们一起分析刚才的比赛，偶尔用浓重的东欧口音发出一两声宿命般的感慨，指着棋盘说，“真的没救了。”随后，在走了几步之后，他再次懊悔地摇了摇头，“走到这儿，我就完蛋了。”而詹姆斯则一步步地解释如何让拉普什越来越深地陷入自己精心设下的陷阱，与此同时，施皮格尔不住地点头称道。他不仅战胜了一位国际象棋大师，而且自始至终都将强大的对手压制在自己的火力之下。施皮格尔对詹姆斯说，这是“一场令人难忘的象棋比赛”。

通过对拉普什的胜利以及当年秋季的其他几场硬仗，詹姆斯的国际等级分已超过了 2150 分。他的短期目标是达到 2200 分，这对国际象棋选手来说是一个至关重要的节点。只要达到 2200 分，你就可以在美国国际象棋联合会登记注册为国家级大师。贾斯特斯在 9 月份即已成为国家级大师，也就是在詹姆斯战胜拉普什的一个月之前。实际上，贾斯特斯也是有史以来成为国家级大师最年轻的美国黑人。因此，至少就目前情况看，比贾斯特斯还年轻 5 个月的詹姆斯极有可能打破这一纪录，成为最年轻的黑人国际象棋大师。但是在当时，詹姆斯的等级分似乎已经达到了不可逾越的巅峰。到了 1 月份，他的等级分实际已跌至不足 2100 分，在随后的两个月里，又小幅反弹到 2100 分多一点。到 4 月份登上前往哥伦布全国锦标赛的大巴时，詹姆斯几乎失去了超越贾斯特斯的机会，他的等级分停滞在了 2156 分。

7 奇迹创造者

在哥伦布的比赛中，詹姆斯并没有找施皮格尔进行赛后分析，而是选择与马坦·普利莱尔腾斯基进行拆棋。23 岁的普利莱尔腾斯基来自迈阿密，因实力雄厚而在那一年担任 318 中学象棋队的兼职助理教练，与此同时，他还在攻读硕士学位，研究方向是特殊教育。普利莱尔腾斯基对特殊教育问题的关注源于他自己曾在儿时被诊断为患有注意力缺陷多动障碍，即 ADHD。他的小学和中学阶段是在艰难中度过的，无论是在课堂上还是在做家庭作业时，他都需要几分钟的时间才能集中精力。之后，他偶然发现了国际象棋。他对我说，国际象棋让他第一次找到可以轻而易举便能集中注意力的东西。在下棋时，往往需要在几个小时的时间里全神贯注，因此，这项运动似乎不属于一个患有多动症的人。但普利莱尔腾斯基却说，国际象棋和自己的融合并不像很多人想象的那么不可思议。“很多在专注力方面有问题的人都渴望获得强烈的生活体验和真正有意义的刺激，”他解释说，“他们希望能全身心地投入到一种心无旁骛的事业中。”对普利莱尔腾斯基来说，国际象棋就是治疗 ADHA 最有效的药方，坐在棋盘边的时候，ADHD 的一切症状都荡然无存。

上高中之后，普利莱尔腾斯基已经成为一名出色的棋手，在 18 岁后，他的等级分便达到了 2000 分。在大学里，他继续下棋，甚至赢得过一两次锦标赛的冠军，但实际上，他的棋艺并没有得到真正提高，在 2009 年大学毕业时，他的等级分达到 2100 分。虽然他希望进一步提高实力，但他的国际象棋生涯似乎已经走到了终点。随后，在 2010 年 1 月，他参加了一次在佛罗里达州帕拉特卡举办的比赛，在输掉了一场关键比赛后，他几乎到了崩溃的边缘。这次失败让他感到难以忍受，他的对手是一名中学生，在赛后的复盘中，他发现，对手的实力根本就不出众，他完全是被自己打败的。他后来对我说，那是一种让人无法接受的痛苦。他已经厌倦了普通棋手的生活。

在返回迈阿密的路上，普利莱尔腾斯基阅读了一本与国际级大师的对话集，其中包括一段与苏格兰国际特级大师乔纳森·罗森的电子邮件对话。前面提到过，罗森曾著书阐述情绪和心理在决定象棋比赛胜负中的重要性。罗森的观点不仅一语道破了普利莱尔腾斯基所面临的困境，也反映了安吉拉·达克沃斯关于动机和意志力区别的理论。罗森在邮件中写道，“当你有雄心的时候，要区分你‘渴望’的东西和你最终‘选择’的东西是极其重要的。”罗森解释说，假如你渴望自己成为世界冠军，但你却没有为之投入必要的勤奋和努力，那么，你不仅不会成为世界冠军，还会因为无法实现最迫切的目标而感到痛苦。但是，如果你“选择”成为世界冠军（就像年轻时的卡斯帕罗夫那样），那么，你就会“通过自身努力和决心兑现这个选择。而你的一言一行都会表明，‘这才是我。’”

这些话给了普利莱尔腾斯基很大的启发和鼓舞[15]，在2010年年底，他终于给自己定下来了一个迟到的新年目标：超过2200分。他几乎把整整一年的时间都花在了国际象棋上，对其他一切事情置之不理（当然不可能包括自己心爱的女朋友）：不参加任何派对，远离Facebook，从来不看ESPN，抛开一切不必要的社交。象棋占据了他的全部生活。（“这才是我。”）他的付出得到了回报：2010年10月10日，他的等级分首次突破2200分大关。他如愿以偿成为国家级大师。

我是在普利莱尔腾斯基实现这个目标之后不久认识他的，在倾听他讲述这段经历的时候，最让我感到不可思议的，就是在他回忆这数个月僧侣修行般的时间时，不仅充满了骄傲，还有对这个过程的享受。我问他，把整整一年的时间全部投入到国际象棋上到底是一种什么样的感受呢？他回答，“它更多地体现为智力上的创造。在很长一段时间里，我觉得我始终无法挑战自己和激励自己，而只是在浪费我的大脑。但是在研究棋局、进行比赛或是教授象棋时，我却不会有这样的感受。”

给我留下印象最深刻的，就是普利莱尔腾斯基在谈话中用到的一个词：创造。施皮格尔在向我描述昔日痴迷网络象棋时也曾用过同样的词。她曾经可以整夜地参加网络象棋赛，尽管她现在家庭幸福，但她还是感慨万分。“我真怀念以前曾经拥有的创造力啊。”

这的确是一个难题。我当然可以理解掌握国际象棋技术的诱惑，因为掌握任何一种自己不擅长的能力都会给你带来无穷的快乐——无论是刷油漆、演奏爵士乐还是练习撑竿跳高，都是一样的。尽管你可以轻易说服我，国际象棋可以是一种有趣的运动，也能够有助于提高智力，但是，“创造性”肯定是我最看重的一个词。在我看来，国际象棋选手不会创造任何看得见、摸得着的东西。但正是罗森在访谈中提出的这个论题，最终激发了普利莱尔腾斯基实现2200分的目标。采访者问罗森，他凭借这种强大的心智能力成了国际级大师，但却没有把这种能力延伸到成为脑科医生等更有现实意义的领域，这是否会让他感到难过呢？罗森坦言："很多人把国际象棋当作一种在本质上毫无意义的活动，他们的啰唆让我感到难以忍受……我偶尔也会想，我把数千个小时花费到了象棋上，它对我的个性发展的好处，我完全可以更好地加以利用。"

但罗森接着又开始为他和其他棋手辩解，而且辩护的立场颇具美学色彩："国际象棋是一种充满艺术感和创造性的活动[16]，它能让我们体验一种独有的人类本性，"他写道，这项运动"是对人类生存自由的颂扬"。在罗森的眼里，两个在棋盘上相互搏杀的棋手，就是在通过对抗与合作完成一项无与伦比的艺术，他们的对弈越精彩，结果就越美好。

在创作于2008年的《异类》（*Outliers*）一书中，马尔科姆·格拉德威尔（Malcolm Gladwell）[17]让人们认识了瑞典心理学家安德斯·埃里克森（K.Anders Ericsson）的理论:无论是演奏小提琴，还是计算机编程，要真正掌握一门技术都需要一万小时的勤奋练习。埃里克森的理论在一定程度上就是以掌握象棋技术为基础的。他发现，世界上从来就没有与生俱来的象棋冠军。如果不花上几千个小时的练习和研究，你绝对不可能成为一名特级大师。埃里克森发现，最优秀的棋手都是从小就开始练习下棋的。事实上，在国际象棋历史中，一个志向远大的棋手为达到这项运动最高级别而开始练习的年龄正在不断降低。在19世纪，即使从17岁开始下棋，也有可能成为特级大师。但埃里克森发现，到了20世纪，那些成为国际象棋大师的棋手开始下棋的平均年龄则下降到了10岁半，而成为特级大师的棋手开始下棋的平均年龄更是降到了7岁[18]。

匈牙利心理学家拉斯洛·波尔加（Laszlo Polgar）的研究显示，提前开始下棋是棋手在国际象棋比赛中取得优异成绩的重要前提，这项最知名、同时也是最臭名昭著的研究最早发表在创作于20世纪60年代的《天才的培养》(*Bring Up Genius!*)一书中。这本书指出，只有通过充分的勤奋钻研，父母才能把孩子培养成为名副其实的天才。在创作这本书的时候，波尔加还是单身，更提不上有孩子[19]，因此，他还无法用亲身实践检验自己的理论。但他还是想方设法改变了这种状态，他很快便赢得了外语教师克拉拉的芳心。克拉拉同样是匈牙利人，在他们相识时，还住在乌克兰。但波尔加的一封情书最终打动了克拉拉，说服她来到了布达佩斯，在这封信中，波尔加详细勾画出一个天才家庭的美好未来。

随后，奇迹便发生了，他们真的做到了这一点。拉斯洛和克拉拉生了三个孩子：苏珊、索菲亚和朱迪特。拉斯洛并没有把孩子送到学校，而是在家里为几个孩子提供教育，而且最重要的一项内容就是国际象棋(尽管这几个女孩子也学会了几门外语，甚至包括世界语)。每个孩子都是不到5岁时开始学习下棋的[20]，很快，她们便开始每天进行8～10个小时的训练。年龄最大的苏珊·波尔加在4岁时便赢得了自己的第一个冠军。在15岁时，她已成为世界一流的女棋手，在1991年，21岁的苏珊成为世界上第一位女子国际特级大师。苏珊的成功令人信服地验证了父亲的观点：天才是后天培养的，而非天生。而苏珊还不是家里最好的棋手。在这个国际象棋大家庭里，冠军应属于最小的孩子朱迪特，她在15岁就已成为国际特级大师，打破了鲍比·费舍尔保持的纪录，成为世界上最年轻的国际特级大师。2005年，朱迪特的国际排名达到最高点，当时，她以2735分的国际等级分排名世界第八。目前，朱迪特被公认为世界上最优秀的女棋手。(索菲亚同样非常出色，她的最高等级分曾达到 2505 分，当年，她在女棋手中的世界排名为第六名，除了波尔加家族的其他两位女棋手之外，这对任何一个女棋手来说都是可望而不可即的成就。）

如果说波尔加家族的故事有点不可思议，那么，加塔·卡姆斯基的传说就可以说是令人不寒而栗。1974 年，卡姆斯基出生于苏联，在 8 岁的时候，他在父亲拉斯塔姆的指导下开始学习下象棋，脾气暴躁的拉斯塔姆曾是一名著名拳击手。（在加塔还很小的时候，母亲便抛弃了他们。）到 12 岁时，加塔·卡姆斯基第一次战胜了国际特级大师。1989 年，他和父亲叛逃至美国，他们住进了位于布雷顿海滩的一所公寓[21]，并且每月从贝尔斯登公司的总裁那里领到 3.5 万美元的救济金，后者相信，卡姆斯基注定会成为世界冠军。到了 16 岁，卡姆斯基成为国际象棋特级大师，在 17 岁时，他成为全美冠军。尽管年纪轻轻，卡姆斯基却成就斐然，但更令他被外人所知晓的，却是他在成长过程中所经历的严酷。在父亲的魔鬼式训练下，住在布雷顿海滩公寓中的卡姆斯基每天练棋和研究棋局达 14 个小时之多，他从没有上过学，从不看电视，从不参加体育运动，也没有任何朋友。而他的父亲之所以能在国际象棋界闻名遐迩，则是因为他的暴躁脾气，每一次失败和失误都会引来他的暴跳如雷，乱砸东西，据报道，在一场比赛中，他甚至以武力威胁儿子的对手。

1996 年，在卡姆斯基还只有 22 岁的时候，却突然宣布退出棋坛。他结婚了。在从布鲁克林学院毕业之后，在医学院学习了一年，随后在长岛法学院拿到一个学位[22]，但却没有通过执业考试。他的故事似乎是一种反面教材，告诉人们，过早的严格训练和没有耐心的父母有时会适得其反。但是到 2004 年，卡姆斯基再次重返棋坛。最初，他只是参加马歇尔俱乐部举办的一系列低级别比赛，仅仅几年之后，他便超越了少年时曾经达到的事业最高峰，2010 年，就是事隔 19 年之后，他在全美比赛中再度称雄，然后又在 2011 年蝉联冠军。目前，他是全美的第一号棋手，世界排名第十名。一万小时的刻苦训练注定不会没有结果——对于卡姆斯基来说，在他还是个孩子时，每天都要下棋 14 个小时，因此，更真实的数字或许应该是 2.5 万个小时，它给棋手带来的影响是巨大的，以至即便是在经过 8 年时间的荒废之后，依旧不会泯灭他们曾经拥有的强大。

8 真正的快乐

当施皮格尔和其他棋手们谈论卡姆斯基和波尔加姐妹等顶级棋手的童年时，往往会夹杂着各种各样的情感。一方面，他们承认，完全围绕某个单一目标而形成的童年生活是不均衡的，甚至会导致人生的扭曲和情感的失常。另一方面，他们也免不了会有一点嫉妒：如果当初父母也让我每天学习下棋 10 个小时，想想，现在的我会有多么出色啊！在我第一次观摩施皮格尔的课堂时，她刚刚完成一次为期一周针对美国高水平青年国际象棋夏令营的辅导，她花了 5 天的时间和全美 9 ~ 14 岁年龄段最优秀的棋手一起分析国际象棋中有关的问题。施皮格尔对我说，这段经历并没有给她带来任何快乐。“对我来说，这是一段痛苦的回忆，因为这些孩子的实力和下棋速度根本就不是我所能招架的。”她说，有一次，她甚至溜到盥洗室里独自哭泣。

就在撰写这一章时，我搞到了一套棋具，我郑重其事地把它摆放到办公室的咖啡桌上，我希望这会对自己的创作有所启发。偶尔，我 2 岁的儿子艾灵顿会无所事事地跑进来，胡乱地摆弄这套象棋。每次遇到这种情况，我都会制止他胡作非为。我会教他认识象棋的每个棋子叫什么，但艾灵顿却发现，他最喜欢做的事情就是把一个个棋子推倒，然后再按自己喜欢的格式将它们摆到棋盘上。我知道，从逻辑上说，艾灵顿对棋盘的兴趣和他对抽屉里活页夹的感觉没有任何区别，都是偶然的，没有什么实际意义。但有的时候，我也会恍惚觉得，他或许知道车和马之间有什么区别，因为他总是喜欢拿着这两个棋子。天哪，或许艾灵顿就是一个象棋天才！如果我现在开始教他学习下棋，告诉他每个棋子的走法，然后每天开始练习一个小时，那么，到 3 岁的时候，或许……

尽管波尔加姐妹的光环的确无比诱人，但我还是忍住了。我知道，我绝不想让艾灵顿成为一个国际象棋大师。但是在我反思自己为什么会有如此奇异的想法时，我发现，要解释其中的原委，哪怕是找一个说得过去的理由并不简单。我觉得，如果让艾灵顿每天花费 4 个小时研究国际象棋（更不用说 14 个小时了），他肯定会丧失某些更重要的东西。但是，我的确不敢肯定自己的判断是否正确。让你的童年或是整个人生多一点快乐，体验更多五彩斑斓的世界（我就喜欢这样），或是某种你更感兴趣的东西，难道不是更好吗？施皮格尔和我经常会在这个问题上展开争论，而且我也不得不承认，她自己的经历就足以说明专注和专一的好处——事实上，她的故事也恰恰让我想到了安吉拉·达克沃斯对坚毅的定义：为追求某个既定目标而奋斗的自律精神。

“我认为，让孩子们认识人生中有很多值得兴奋的事情，对他们来说就是一种真正的解放，”施皮格尔在一次比赛中对我做出了这样的解释，“这给他们带来很多值得回忆的人生阅历。我认为，人生中最糟糕的事情莫过于回首童年时觉得自己碌碌无为，留在记忆中的印象只有上课、回家和看电视。而我们的象棋队里，孩子们至少还记得自己曾经参加过的全国锦标赛，或是一场他们亲身经历过的重大比赛，或是让他们激动万分、为了拿下比赛而绞尽脑汁的某个重要时刻。”

对外人来说，要真正理解象棋的诱惑力并不容易。每当施皮格尔试图向我解释这一点时，她都会引用米哈里·契克森特米哈伊（Mihaly Csikszentmihalyi）的研究成果。在积极心理学的早期研究中，这位心理学家曾与马丁·塞利格曼有过密切合作。契克森特米哈伊提出了一个“最优体验”（optimal experience）[23]的概念：人生中总会遇到千载难逢的时刻，人们会摆脱一切纷杂干扰，全身心地投入到那一刻之中，成为命运的主宰者。为了描述这种完全投入的心理状态，契克森特米哈伊提出了一个新的术语:心流。他在《心流:最优体验的心理学解释》（*Flow：The Psychology of Optimal Experience*）一书中写道，“为实现某些艰难或有价值的目标，一个人会出于自愿将其身体或心理能力发挥到最大极限。”[24]此时就会出现心流涌动的那一刻。在早期研究中，契克森特米哈伊曾采访过象棋专业人士、经过系统训练的舞蹈家和登山运动员，他发现，这三个群体描述心流的方式几乎如出一辙：这是一种强烈的幸福感和自我控制感。一位棋手告诉契克森特米哈伊，在这种状态达到最顶峰时，“那种全神贯注的状态就像是呼吸[25]，你自己永远也觉察不到。就算是天花板掉下来，只要没有砸到你头上，你就会浑然不觉。”（一项研究发现，专业棋手在比赛过程中，其心理变化与参加田径比赛的运动员极为相似[26]:肌肉收缩，血压升高，呼吸频率达到正常情况下的三倍。）

如果你不善于做某件事情，那么，你肯定就不会体验到心流的感受——我在棋盘上永远也找不到这种感觉。但对于贾斯特斯和詹姆斯，只要看到棋盘，这种感觉就会油然而生。在一次谈话中，我问施皮格尔，她是否觉得自己的学生为了国际象棋而做出了太多的牺牲。她用惊诧的眼光看着我，似乎觉得我是个疯子。“你的想法漏掉了一个最重要的东西，那就是国际象棋带来的快乐，下棋是一种无比奇妙的经历，”她说，“其中隐含着无穷的欢乐。它就是你最快乐的时候，是你最自我的时候，或者是你最好的时刻。尽管我们从机会成本角度出发很容易想象这个问题，但我认为，在贾斯特斯和詹姆斯的眼里，象棋就是他们的一切，除此之外绝无旁骛。”

9 乐观与悲观

长久以来，心理学家们始终怀疑，一个人要在国际象棋中有所成就，需要的不只有智商。但是在一个多世纪的时间里，研究人员始终试图回答一个难解的问题：到底哪些能力才是最主要的？在国际象棋界，世界冠军与失败者之间的差别何在，难道只体现为智商吗？第一个深入研究这个问题的人是法国心理学家阿尔弗雷德·比奈（Alfred Binet），他曾是智商测试的最早设计者之一。在 19 世纪 90 年代，国际象棋界的很多人开始关注一种名为盲棋的特殊现象，在这种棋赛中，大师级棋手可以蒙起眼睛同时与多个对手进行对弈。比奈试图揭示出隐藏在这种特殊技能背后的认知能力。他的前提是，这些蒙眼下棋的大师级棋手具有照相机般的记忆力。他认为，这些棋手肯定能捕捉每个棋盘上的精确画面，并将这些视觉印象存储到他们的记忆当中。于是，比奈开始采访下盲棋的棋手，而且他很快就发现，自己的理论完全是错误的。这些棋手的记忆力在视觉方面并没有什么特殊之处。相反，他们所记住的只是模式、方向甚至是情绪和气氛[27]，按照比奈的话，这是“一个由感觉、形象、动作、情绪构造起来的令人兴奋、躁动不安的世界，一个意识情感变化不息的全景图”[28]。

大约50年之后的1946年，荷兰心理学家阿德里安·德格鲁特（Adriaan de Groot）再次关注到比奈的研究，开始对一批优秀棋手的心智能力进行检验，而他的结果也对另一个关于国际象棋技术的传统观念提出了挑战。长久以来，人们始终认为，象棋技术的一个关键要素就是快速的计算能力；在走每一步的时候，优秀棋手都会比新手考虑到这步棋可能带来的更多结果。但德格鲁特发现[29]，事实上，对于等级分达到2500分的优秀棋手，他所能考虑到的步数与只有2000分的棋手几乎完全一样。而让一个棋手成为真正高水平棋手的，是因为他们在每一步的时候都会做出审慎的判断并做出正确的决策。经验赋予他们一种特殊的直觉，让他们总能做出最有利的选择；他们甚至从不会考虑次优选择。

但是，如果说最优秀的棋手既没有照相机般的记忆力，又不能在最短时间内对潜在结果做出合理判断，那么，到底是什么让他们在新手面前总能做到游刃有余呢？答案或许更多地和他们执行某种特定心理任务的能力有关：这种能力既依赖于心理能力，又取决于认知能力，这种任务就是所谓的“证伪”。

20世纪初，奥地利哲学家卡尔·波普尔爵士（Sir Karl Popper）曾著书写道，科学思维的本质在于，人不可能真正验证科学理论，而检验某个特定理论正确性的唯一方式，就是证明其错误，他将这个过程称为证伪。人们在把这个理论用于认知科学后发现，大多数人实际上都非常不善于证伪——无论是在科学领域还是在日常生活中都不例外。在检验某个理论时，无论理论本身的大小，出于本能，人们都不会寻找与之相抵触的证据，他会不自觉地去寻找证明自己正确的证据，人们把这种心理倾向称为“证实性偏见”（confirmation bias）。归根到底，这种心理倾向以及克服这种倾向的能力也是决定象棋比赛胜负的一个关键要素。

1960 年，为了说明这种证实自己而非否定自己的心理倾向，英国心理学家（巧的是，他也是一位国际象棋迷）彼得·凯斯卡特·华生（Peter Cathcart Wason）设计了一个极其精巧的试验。试验对象被告知，他们将得到一组由三个数字构成的字符串，且它们遵从某种只有试验者才知道的规律。他们的任务就是找出这个规律，为此，他们可以向试验者提供另一组由他们自己设计的三位数字符串，并要求试验者回答这个新的字符串是否符合规律。

实验对象获得的字符串非常简单，譬如：

2-4-6

不妨试一试：对于决定这三个字符串顺序的规律，你的第一本能反应是什么？如果你的判断是正确的，那么，你认为还有哪个字符串符合这一规律？

如果你也和大多数人一样，你的第一反应就是，这个规律就是“升序偶数”，或是“按 2 的倍数连续增加的数字”。因此，你可能会提出如下这个字符串：

8-10-12

而试验者会说，“对了！你的字符串符合规律。”于是，你就会信心大增。为了证明自己的聪明，同时也是为了表现你的认真负责，你还会提出另一个可能的结果。比如说：

20-22-24

“又对了！”试验者说。于是，你大脑里的多巴胺再次奔涌而出，促使你再次不无自豪地做出新的猜测："这个规则就是：以 2 的倍数连续增加的偶数。"

"不对！"试验者说。

事实上，这个字符串遵循的规律很简单，那就是"任何升序的数字"。因此，"8-10-12"确实符合这个规律，但"1-2-3"或是"4-23-512"同样符合规律。赢得这场游戏的唯一方法，就是猜中的字符串能证明你钟爱的命题是错误的——而这也是我们在本能上有足够动机极力规避的事情。

你或许会告诉自己，你永远也不会上这样的当；你会倍加小心。但是，如果你选择这样做的话，你或许就会沦落为少数派。在华生的研究中[30]，每 5 个参与者中只有一个人会猜到正确的规律。而我们之所以如此不擅长这种游戏的原因，就在于证实性偏见这种心理倾向：人们似乎更愿意尊重能将我们的观点证明为真的证据，而非会将我们的信仰证明为错的证据。为什么要自寻烦恼，让自己陷入失望的痛苦中呢？

事实证明，证实性偏见对棋手来说也是一个大问题。基于华生的结论，都柏林大学的两位研究人员米歇尔·考利（Michelle Cowley）与鲁斯·伯恩（Ruth Byrne）采访了来自爱尔兰国际象棋协会的两组棋手：一组棋手是积分在 1500 左右的新手，另一组则是积分在 2000 ~ 2500 分之间的高级别棋手。在试验中，研究者给所有棋手提供一个中盘棋局，然后让他们确定最合理的下一步，在此过程中，他们还要对磁带式录音机说出做出这个决定的思考过程：他们考虑的是哪一种走法，他们认为对手对这一步会做出怎样的反应，以及对手走出下一步之后，他们自己会如何应对，所有这一切，就是每个优秀棋手坐在棋盘边所经历的思维过程。随后，考利和伯恩使用了一种名为"弗里兹"的国际象棋分析程序[31]，检验每个棋手的分析结果的精确程度。

毫不意外，专业棋手对棋局的洞悉比新手要准确得多。而意外的则是他们的分析到底有多好。总体上看，他们的态度更为悲观。当新手想出自己喜欢的一步棋时，他们往往就会变成“证实性偏见”的猎物[32]，只盯着可以引导他们走向成功的那步棋，而对可能发生的危险却视而不见。相比之下，专业级棋手更有可能看到潜伏在每个角落里的风险。因此，他们会对自己的假设进行证伪，进而规避致命的陷阱。

在向施皮格尔提到都柏林大学的这项研究时，她说，她本人也承认，对棋手来说，用悲观一点的思维看待任何一步棋都是有好处的。她同时也认为，如果从总体上考量一个棋手的实力，乐观一点则更好。施皮格尔解释说，这就像公开演说：在走到麦克风前面的时候，如果你不能多一点自信，你就会遇到麻烦。她说，在本质上，国际象棋确实是一项痛苦的运动。她对我说：“不管你的实力有多强，都不可能做到永远不犯错误，而愚蠢的错误就会让你追悔莫及。”因此，在国际象棋中，成绩在一定程度上取决于，你是否相信你拥有赢得胜利的实力。

在与施皮格尔和她的学生们造访马歇尔象棋俱乐部的那一天，我亲身体验了这个道理。上午，就在尤里·拉普什输给詹姆斯·布莱克之前，他还与来自318中学的肖恩·斯文德进行了一场比赛。八年级的斯文德是一名黑人学生，身材瘦小，带着一副钻石坠的耳环，他当时的等级分为1950分。当肖恩发现对手的等级分比自己高出500多分时，突然之间感觉毫无希望。在这场比赛中，肖恩执白先行，这让他稍微占了一点便宜，他在后来告诉我，他的第一个念头就是，抽到白棋简直就是一种浪费。相比之下，詹姆斯·布莱克在与拉普什展开对弈时则信心百倍，他坚信自己能战胜坐在对面的这位国际级大师，这种信念或许显得有点愚蠢和盲目，但事实却是梦想成真。

10 一场完美的比赛

在哥伦布举办的比赛中，所有选手都要进行七场比赛：两场在星期五进行，三场在星期三进行，最后两场则在星期日进行。从比赛开始到星期日的早晨，318 中学的大部分学生还留在会议中心继续比赛。他们一直无休无止地往来于餐厅、比赛场地、宾馆和 B 单元的棋队休息室之间。但好消息却让他们心舒气爽。记分牌上显示，318 中学不仅已在 K–8 级别上遥遥领先，在 K–9 级别上也暂时占得先机。詹姆斯·布莱克在前 5 轮比赛中获得全胜，并在星期日的第六场比赛中战平对手。在进入最后一轮时，K–8 级别的冠军奖杯似乎已经稳稳地被 318 中学收入囊中，而 318 中学的 5 名学生均有希望夺得个人冠军，詹姆斯就是其中之一。如果赢得最后一场比赛，詹姆斯就可以捧起个人冠军的奖杯，在此前的初中级全国赛事中，318 中学从未拿过个人冠军。

但 318 中学的棋队却在星期日上午的 K–9 级比赛中惨遭滑铁卢。贾斯特斯的失利尤为令人感到意外，而在其他有希望登顶冠军的 4 个人当中，两人失利，一人战平，只有一个人获胜。尽管他们依旧以暂居第一名的成绩进入最后一轮比赛，但优势已经微乎其微。对施皮格尔来说，眼前的形势让她想到了一年前的黑暗记忆，当时，318 中学在 K–9 级比赛中以半分的优势进入第七轮即最后一轮，但噩梦突兀而至：棋队中排名前六位的棋手均告失利，这也让 318 中学拱手让出冠军奖杯，最后仅获得第三名。（当时，施皮格尔在她的博客中写道，“那种难以置信的局面令人窒息。”）

今年，最后一轮比赛被安排在下午 2 点开始，在 1 点 40 分的时候，詹姆斯还和普利莱尔腾斯基坐在一起讨论策略。詹姆斯的比赛在第一台进行，这就是说，他将在会议中心大厅正前方升降台上进行比赛，他的比赛不仅与其他 1000 名棋手相互隔离，而且是在比他们高很多的地方。他执黑对弈来自华盛顿特区的八年级学生布瑞安·李，詹姆斯有一种感觉，李将采取“格兰披治进攻”式开局。他与普利莱尔腾斯基的谈论完全是专业性的，大部分都是我无法理解的——詹姆斯是否应在第五步走 d5 或 e5？应该用哪个棋子进攻 d6？但有一点是显而易见的：詹姆斯真正想从普利莱尔腾斯基那里得到的，就是信心的提升：通过某种形式的保证，让詹姆斯知道如何找到一个正确的开端，更重要的是，让他随时知道自己应该怎样做。

在距离下午 2 点还有几分钟的时候，两个人走进赛场大厅。詹姆斯身穿深色夹克，看上去有点紧张。他们一同走上楼梯。

“记住，詹姆斯：一定要冷静，集中精力，自信，好吗？”

詹姆斯拉下头巾，抬起头盯着天花板。“我很紧张，”他用平静的语气说。

“你紧张了？”普利莱尔腾斯基说。他弯下腰看着詹姆斯，就像训练师正在为准备登台参赛的拳击手做的那样。“你知道现在应该紧张的是谁啊，詹姆斯？应该是布瑞安·李。你知道为什么吗？因为就在 20 分钟之前，布瑞安·李在查看比赛对手时发现，他将在第一台与詹姆斯·布莱克展开最后一轮厮杀。詹姆斯，我现在就可以告诉你，在这次比赛中，或者说在他的整个象棋生涯中，还没有一个人会像你这样让他心惊胆战。”

詹姆斯笑了。

詹姆斯的队友伊萨克·巴拉耶夫就站在前面几步远的楼梯上，他转过身来说：“嗨，詹姆斯，如果你赢了这场比赛，我认为你就会……”

“嘿，伊萨克，伊萨克！”普利莱尔腾斯基打断了他。他暂时还不想让詹姆斯想着第一名、奖杯或是其他什么样的结果，詹姆斯的脑子里应该只有象棋。他回头对詹姆斯说：“詹姆斯，只要做好自己的事情就可以了。放慢走棋速度，把握自己的时间，一定要有信心，记住了吗？”

事实证明，詹姆斯确实做到了。他和布瑞安·李的比赛进行了 3 小时 10 分钟。在比赛进行过程中，詹姆斯曾经想到和对手和棋，但就在走至第 27 步的时候，布瑞安走出了一步不常见的换子策略，用后换詹姆斯的车与象，从这一步开始，詹姆斯感觉自己已经控制了棋局。最终，在行至第 48 步的时候，他用马吃掉了对手关键的一个卒，此时，布瑞安意识到，失败已经不可避免，于是，他只好认输。詹姆斯几乎是跑着回到 B 单元休息室，在这里，他得到的是拥抱和击掌相庆。他已经赢得了个人冠军，而他的胜利也意味着，318 中学的 K−8 级代表队也荣登团体冠军宝座。（随后，他们在 K−9 级比赛中也获得团体冠军。）詹姆斯兴冲冲地掏出手机给父亲打了一个电话。

尽管詹姆斯的胜利让施皮格尔兴奋不已，但在这次比赛中，最令她激动的时刻则是来自于丹尼·冯，这个身材高挑、沉默寡言、留着一头卷发的八年级学生回到 B 单元，兴高采烈地告诉大家，他也获胜了。这也是他在全部七轮比赛中获得的第六场胜利。不过，让施皮格尔高兴的并不只是比赛结果，而是比赛的过程。从六年级开始，施皮格尔就一直是丹尼的主导教师，当时的丹尼还是一个乳臭未干的新手，他对国际象棋几乎一无所知。事实上，她是在手把手地教他下棋。

丹尼展开一张棋盘重温自己的获胜过程，这显然是一场惊心动魄的胜利，在开局阶段，他就犯下了一个致命失误，这也是新手经常犯下的错误，但他还是一步步地扭转了劣势，战至中盘，他已经略占优势——以象和马围攻对手的象。但仅以这样的局面要获胜依旧很不易，按照当时的棋局判断，终盘往往会以平局而收场。但丹尼还是一点点地扩大了优势，慢慢将自己的卒推进到底线，让卒变成后。通常，丹尼在与老师或教练进行赛后拆棋时，他下棋的动作会让人觉得很温和，但这一次，他则是像肖恩和詹姆斯那样，重重地将棋子砸在棋盘上，显然，他对自己的策略感到非常自豪。这让施皮格尔非常开心，这就是她曾经传授给丹尼的终盘战术，看着丹尼走出几乎完美的最后几步棋时，她激动得哭了。

在场观棋的同学们几乎不敢相信自己的眼睛。随后，在宾馆的电梯里，沃伦·张问普利莱尔腾斯基：“施皮格尔女士真的因为丹尼的胜利哭了吗？”

普利莱尔腾斯基回答：“当然了。那真是一场完美的比赛啊。”[33]

11 未知的可能

第二个月，318 中学差点再次赢得更令人难以置信的辉煌战绩——由詹姆斯、贾斯特斯、伊萨克和丹尼组成的高中代表队只差半点的优势就能获得高中组全国冠军，尽管他们中还没有一个人是高中生。他们的手下败将尽是国内的顶级高中棋队，包括来自纽约市的布朗克斯科学高中和斯泰弗森特高中，芝加哥的惠特尼·杨高中，西雅图的湖滨中学（比尔·盖茨的母校），他们在最后一轮败给了亨特尔学院高中代表队。

尽管在哥伦布的比赛上大放光彩，但詹姆斯·布莱克的等级分却只增加了 11 分，从 2149 变成 2160 分，距离成为国际象棋大师还有 40 分的差距。在这个春季的剩余时间里，詹姆斯的积分始终起伏不定，曾一度逼近 2200 分，但随后便出现回落。最终，7 月 17 日，在马歇尔俱乐部的比赛中，詹姆斯击败了来自康涅狄格州 18 岁的迈克尔·芬纳兰，他的等级分达到 2205 分。他也成了一名国家级大师。9 月初，詹姆斯在位于贝德福德 – 斯泰弗森特中央的富尔顿公园举办了一次庆祝宴会。人们坐在折叠椅上，为詹姆斯送上一个蛋糕，上面摆着一张可食用的照片——坐在棋盘边的詹姆斯。美国第一位，也是迄今为止唯一一位非洲裔美国特级大师毛里斯·阿什利出席了这次宴会，他宣布，詹姆斯、贾斯特斯以及来自纽约白原市 12 岁的乔舒亚·克拉斯正式加入刚刚组建的一个国际象棋组织——青年黑人大师俱乐部。现在，在贾斯特斯成为第一位不到 15 岁的美国非洲裔国际象棋大师的一年之后，又诞生了三位不足 13 岁的黑人象棋大师，这不仅是他们家庭的荣耀，也是所有黑人棋手和美国棋迷的骄傲。

施皮格尔在宴会上发表了演说，她说，尽管詹姆斯的成就令她自豪，但更值得她骄傲的，还是他所展现出的决心。她讲述了詹姆斯在去年所经历的故事，他是如何一次次地逼近 2200 分大关随后便回落下来。“想想那种经历，肯定会让人感到沮丧和焦虑，”[34] 她对出席宴会的人说，“而更令人忐忑的是，每个人都在关注着你，问你情况如何，期待着你突破瓶颈。”

施皮格尔说，“在一年多的时间里，詹姆斯都在研究棋局，设计战术，练习棋艺，分析比赛，直面自己曾经犯下的种种失误和误解，他从未放弃。去年，他参加了 65 次锦标赛和 201 场积分赛。他参加的锦标赛曾战至夜间 11 点，但每次比赛之后，他都会按时起床，在上学之前进行 30 分钟的早间练棋。他一直非常勤奋，从不焦躁，始终如一。这也是我认为詹姆斯身上最大的优点。”

就在初中级锦标赛之前的春季，施皮格尔又给自己定下了一个新的使命。当年 10 月，几千名来自纽约市的八年级学生将参加一场令人却步的考试：特殊教育高中入学考试。只有在考试中表现优异的学生才能进入纽约市最有名气的重点高中，比如布朗克斯科学高中、斯泰弗森特高中和布鲁克林中学。施皮格尔决定，她将义务为詹姆斯的考试进行辅导。学校副校长约翰·加尔文告诉施皮格尔，她制定了一个不可能完成的任务，因为对于一个在全州统考中始终低于平均分的学生来说，根本就没有办法在特殊学校考试中异军突起、顺利过关。但亲身感受过詹姆斯学棋速度的施皮格尔知道，他有着令人不可思议的学习速度和学习能力，而且她对自己的教学能力同样是有信心的。就像她在 4 月份的一封电子邮件对我说的那样：“我的计划是用 6 个月的时间进行准备，如果他进入状态，正常复习，我就可以让这个聪明的孩子做成任何事情，对吧？”

但是在 7 月中旬，施皮格尔却告诉我，她已经开始有点泄气了。当时，尽管天气已经很热，但她还在和詹姆斯一起准备考试，而且詹姆斯本人也很用心。但她还是因为詹姆斯落下的功课太多感到气馁。他甚至在地图上找不到非洲和亚洲，也说不出一个欧洲国家的名字。在做阅读训练的时候，他居然不认识 infant（婴儿）、communal（公共的）和 beneficial（有益的）这样的简单词汇。到 9 月份的时候，他们还在一起复习，而且周末也要学习几个小时，此时，她开始感到失望，但是，尽管她自己已经开始灰心，但还是在不断地鼓励詹姆斯。当詹姆斯感到心慌意乱并说出自己确实不善于学习类比或是三角代数这种话时，施皮格尔总会高高兴兴地回答，这和下棋没有什么区别：几年之前，他也不会下棋，随后，当他开始用心训练、勤奋学习，也就学会了下棋。她对我说，“我告诉詹姆斯，‘我们准备对你也进行这方面的专门训练，这样，你一样会学好的。’于是，詹姆斯会再次振奋起来，对我说，‘好的，没问题。’但是，我真不想告诉他，这对他来说是一件多么困难的事情啊。”

在我看来（我猜想对施皮格尔也一样），詹姆斯就代表了一个极具挑战性的难题。站在我们面前的，显然是一个极具天赋、拥有极高智商的年轻人。（不管智商意味着什么，没有足够高的智商，要战胜乌克兰的国际象棋特级大师是不可能的。）而且詹姆斯似乎就是一个体现坚毅的典型：他拥有一个愿意为之全力付出的明确目标，他勤奋刻苦，为了实现这个目标而坚持不懈。（我还从来没有遇到过一个12岁的孩子会为了自己的目标而如此勤奋。）但是，按传统的学术考核标准看，詹姆斯的成绩确实低于一般的孩子，他的未来注定只能碌碌无为。在我们比较詹姆斯与马什或是其他罗斯兰德孩子的未来时，詹姆斯所体现的似乎更多是令人赞叹的成功故事。然而，我们同样会在他的身上看到一个不太令人鼓舞的故事，一个天赋无法兑现的故事。当施皮格尔在那年秋天和我谈起与詹姆斯共同准备升学考试的时候，这个象棋天才在人生中对象棋以外世界的漠视和无知，常常会令她感到震惊。“他知道基础微分，但却不知道几何学，更不知道该如何书写公式。按他当时的水平，也就相当于我在二三年级的知识水平。看来，他真应该多学一点啊。”

特殊学校入学考试对那些习惯于死记硬背的学生来说显然是太难了。和SAT一样，这种考试反映了学生通过常年学习积累起来的知识和技能，大部分是通过童年时期的家庭与文化熏陶而形成的，它们是无形的，并不是完全可以通过书本获得的。但是，对于像詹姆斯这样的学生，为了应付特殊学校入学考试而不得不从三年级学起，而非名副其实的七年级学生，结果会怎样呢？如果在学习数学、阅读和一般性知识的时候，詹姆斯能投入与学习国际象棋一样的精力，得到同样的帮助，结果又会怎样呢？如果他能像施皮格尔和普利莱尔腾斯基那样，对所有东西都有着同样的创造力和关注力，而不仅仅是国际象棋，现在又会如何呢？如果真是那样的话，我丝毫不怀疑，他肯定能像夺取全国初中级冠军那样，顺利通过特殊学校入学考试。

当然，以过去式的语气谈论詹姆斯的问题毫无意义，他毕竟还只有12岁。最终，他并没有考入斯泰弗森特高中，但摆在他面前的依旧还有四年的高中时光（这意味着，在这四年的时间里，他注定会在棋盘上征服斯泰弗森特高中的每一名棋手）。我们或许无法像施皮格尔曾经期望的那样，将詹姆斯在6个月的时间里打造成一个优秀的学生。但谁知道四年之后会怎样呢？对于拥有如此天赋的学生，一切皆有可能——唯一需要的，就是一个能让学校像棋盘那样魅力四射的老师。

第四章

孩子如何成功

1 大学的谜题

在 20 世纪的大部分时间里，美国的高等教育质量以及完成大学学业的年轻人比例在全世界都是独一无二的。直到 20 世纪 90 年代中期[1]，美国的大学毕业率还是世界上最高的，是发达国家平均数的两倍多。但今天全球教育格局已经发生了翻天覆地的变化。无论在发达国家还是发展中国家，很多国家的大学毕业率都经历了前所未有的飞涨，就在过去的 10 年里，美国 25 ～ 35 岁年龄段的大学毕业率已经从世界第一滑落到第 12 位[2]，远远落在英国、澳大利亚、波兰、挪威和韩国等国家之后。

美国的大学毕业率在总体上并没有下降——美国的大学毕业率的确还在缓慢上涨[3]，但其他国家的这一比例则上涨得更快。1976 年，在将近 20 岁的美国年轻人中，24% 的人拥有大学学位[4]；30 年之后，也就是在 2006 年，这个数字仅仅增加到了 28%。但这个明显静止的数字也揭示出阶级分化的不断加剧。从 1990 年到 2000 年，学士学位的获得率从 61% 增加到 68%，但一项分析指出，在生活在社会最底层的年轻美国人中，即来自收入排在后 1/4 的家庭且父母均不是大学毕业生，这个比例实际上却是在下降[5]，从 11.1% 降为 9.5%。在这个不平等程度日益加剧的时代里，这样的趋势或许令人有点不可思议：这只是反映美国阶级分化日趋加剧的一个表征而已。但需要记住的是，在过去这个世纪的大部分时间里，一切都发生了巨大变化。

正如哈佛大学的经济学家克劳迪娅·戈尔丁（Claudia Goldin）和劳伦斯·卡茨（Lawrence Katz）在 2008 年的畅销书《教育与技术之争》（*The Race Between Education and Technology*）一书中所言，在本质上，20 世纪美国高等教育的故事就是一个民主化的故事。在出生于 1900 年的美国男性中，只有 5% 的人大学毕业，而且这 5% 的人在任何方面都算得上社会精英：基本都是白人，拥有巨大的财富和良好的社会关系网。但是在 1925 ~ 1945 年之间[6]，拿到大学学位的美国男性比例翻了一番，从 5% 增加到了 10%，随后，在 1945 ~ 1965 年之间再次翻番，这在很大程度上要归功于 1945 年颁布的《军人安置法案》，它帮助数百万退役军人读完了大学。（对美国女性而言，在 20 世纪 60 年代初之前，大学毕业率的提高却非常有限，但自此之后，女性毕业率的提高就开始远远超过男性。）因此，美国大学校园开始日渐多元化和平民化，工厂工人的孩子也开始进入大学课堂，和工厂老板的孩子肩并肩地坐在一起[7]。戈尔丁和卡茨在书中写道，在那些年份里，“与教育相关的上行趋势已成为美国社会的基本特征。每一代美国人的教育层次都远远超过上一代。”[8]但是现在，这个进程已经停止或至少已停滞不前，美国高等教育体系已不再是社会运动的载体，社会平等在 20 世纪大部分时间里的改善趋势也就此戛然而止。

今天，以解决美国高等教育痼疾为目的的教育政策[9]基本以提高入学率为重点——也就是说，如何提高年轻人尤其是贫困的年轻人的高中毕业率和大学入学率。但是在过去的几年里，一个事实已日渐清晰：大学入学的限制和不平等已不再是问题，相反，问题的关键已转化为完成大学学业方面的限制和不均衡。在联合国经济合作与发展组织（OECD）的 34 个成员国中，美国在大学入学率方面还算说得过去，位居第八位[10]。但是在大学毕业率方面[11]，即进入大学并顺利毕业的学生比例，美国却只能位列倒数第二位，仅排在意大利之前。几年前，美国在制造大学毕业生方面还名列前茅，但是现在，却成为制造大学辍学生方面的佼佼者。

对于这种现象，最令人困惑的是，它居然与美国大学教育价值突飞猛进的时代同步发生。今天，和一个只拥有高中毕业证的美国人相比，拥有学士学位的美国人平均收入要高出 83%[12]。经济学家将这种差异称为“大学生工资溢价”，美国的“大学生工资溢价”在发达国家中是最高的[13]，并且在 1980 年以来持续快速上涨[14]，而在那个时候，美国大学毕业生的收入仅比高中毕业生高出 40%[15]。就像戈尔丁和卡茨所说的那样，今天，如果一个原本有能力完成大学学业的年轻美国人未能完成学业，就是“把大把钞票洒在大街上”[16]。

这就为我们留下了一个难解的谜题：既然大学学位这么有价值，而且又是在其他国家大学毕业生数量持续增长的情况下，为什么会有如此之多的美国人在大学期间辍学呢？

2 最后的赢家

迄今为止，对这个问题最好的回答来自 2009 年出版的一本书，

《冲过终点线：在美国公立大学完成学业》（*Crossing the Finish Line：Completing College at America's Public Universities*），这本书源自两位大学校长之手，而且这两个人又都是经济学家：1972 ~ 1988 年期间担任普林斯顿大学校长的威廉·鲍恩（William G. Bowen）以及在明尼苏达州麦克莱斯特大学（Macalester College）担任校长近 10 年的迈克尔·麦克弗森（Michael S. McPherson）。鉴于他们在高等教育机构的职务，鲍恩、麦克弗森以及该书的第三位作者——布鲁金斯研究所研究员马修·钦格斯（Matthew Chingos）得以说服 68 所大学以及大学委员会（College Board）和 ACT（美国大学入学考试机构）为他们提供 20 万名学生的详细学术数据[17]。通过这些数据，他们研究了哪些学生能顺利从大学毕业、哪些学生辍学及其背后的原因，他们的结论令人感到意外。

在某些情况下，大学的辍学现象被归结为学生自身的问题——很多学生尤其是来自低收入家庭的学生对未来的定位过于不现实。在写于 2008 年的《真实的教育》（*Real Education*）一书中，保守派学者查尔斯·默里（Charles Murray）认为，在美国的高等教育中，真正的危机并不是上大学的人太少，而是太多。默里在书中指出，鉴于美国人"对教育持有浪漫主义情怀"的固有倾向[18]，因此，我们会把那些根本就不够聪明的人推进大学校门。高中的升学辅导顾问和大学的录取人员则被"一厢情愿、痴迷幻想和善良的平等主义迷雾"蒙蔽了双眼[19]，他们总是充满善意地鼓励低智商、低收入家庭的学生报考名牌大学，而这些学校对智商的要求已经远远超过他们的能力范围。当这些学生发现自己根本就不具备迎接这份挑战所需要的智商时，他们当然就会选择辍学。作为《钟曲线》（*The Bell Curve*）一书的作者之一，默里或许是美国最知名的认知决定论者，而他在《真实的教育》一书中所阐述的主题，则是认知假设最纯正的表达方式，即：成功的核心要素就是智商，而智商在生活早期便已确定不变；教育的目的并不是为了提高技能，而是按智商进行筛选，并赋予那些拥有高智商的人以达成更高境界的机会。

但是，当鲍恩、麦克弗森和钦格斯对他们收集的数据进行深入研究时，他们却发现，低收入的学生在选择大学时，大多不会高估自身能力，因而不会出现因过于雄心勃勃而遭遇滑铁卢的尴尬境遇。实际上，在这些人当中，很多人最终选择的学校的录取分远远低于他们的 GPA 或统考分数。而三位作者所说的这种“欠匹配（undermatching）现象却很少会出现在来自富裕家庭的学生中。也就是说，这个问题几乎仅影响到处于不利环境下的学生。在研究人员获取数据最为完整的北卡罗来纳州，在每四个 GPA 或统考分数达到进入该州一流重点公立大学录取线的高收入家庭子女中，就有三个人最终能够进入一流重点大学。对他们来说，这个系统是合理的，而且运转正常。但是在那些在学业上达到同样高度但父母本人均未上过大学的学生中，只有 1/3 的人最终选择了进入重点学校[20]。但是，即便是选择一个挑战性较弱的学校，也未必能保证这些成绩优异的学生一定会顺利毕业——它会起到相反的作用。作者发现，“欠匹配”问题几乎始终是他们难以逾越的障碍。

但是，尽管有关欠匹配问题的研究的确很重要，但它显然不是《冲过终点线》一书最出乎意料或者说意义最为重大的结论。因为三位作者还发现，在预测一个学生能否顺利完成大学学业的时候[21]，最精确的一个指标并不是他们在 SAT 或 ACT 这两项标准化大学入学考试中的得分。研究显示，除最知名的一流公立大学之外，ACT 考试分数对大学生是否能顺利毕业几乎没有任何预测性。相比之下，预测大学毕业的更准确的一个指标则是学生在高中阶段的 GPA 分数。

对参与过大学入学考试的人来说，这个发现几乎像炸雷一样令人震惊，因为它彻底推翻了20世纪末期美国知识界精英们所信奉的根本信条。在《大考》(*The Big Test*) 一书中，尼古拉斯·莱曼 (Nicholas Lemann) 回顾了美国大学入学标准化考试的历史，他在书中解释说，SAT之所以会在二战后应运而生[22]，是因为人们对高中成绩的怀疑态度日渐升温。对于一个拿到3.5分 (GPA) 的加州郊区高中生，和另一个同样拿到3.5分的宾夕法尼亚州农村或是南布朗克斯城区的高中生，大学入学官员会如何看待他们呢？设计“学术能力评估测试”(Scholastic Assessment Test，SAT) 的目的，就是为了纠正这一问题，通过一种客观性工具将学生在大学阶段的成长性浓缩为一个毋庸置疑的单一数字。但是在鲍恩、麦克弗森和钦格斯所检验的大学中，高中成绩的确是预测大学毕业率的一个精准指标[23]。诚然，和来自一个拥有3.5分 (GPA) 的普通高中生相比，同样得到3.5分 (GPA) 的重点高中生的确更有可能顺利完成大学学业，但两者的差异却极其有限。正如作者所言，“在普通高中成绩优异的学生[24]无论他们选择去什么样的大学学习，毕业率都会很高。”

来自宾夕法尼亚大学、自我控制及坚毅研究领域的权威安吉拉·达克沃斯对中学和高校学生的GPA和标准化考试分数进行了分析[25]，她发现，利用纯智商测试得分可以预测标准化考试分数，而自控力测试得分则可以用来预测GPA分数。如果综合达克沃斯的发现与《冲过终点线》的观点，我们就可以得到一个令人惊讶的结论：一个学生能否从正规的美国大学毕业，和他们聪明与否并没有什么必然联系。相反，它和那些有助于提高中学及高校阶段GPA成绩的一系列品格力量关系密切。鲍恩、麦克弗森和钦格斯在书中写道，“在我们看来，中学的成绩远比具体知识的掌握更有意义[26]。它们不仅可以反映动力和持久性，还能体现学生是否拥有良好的学习习惯以及时间管理能力，因此，它对我们预测一个学生能否完成大学课程意义更为重大。”

当然，一旦学生进入青春期，这些能力和习惯就很难通过后天培养而改变了。在达到这个阶段时，你可能拥有这些能力或是习惯，抑或没有，显然，如果拥有了这些特质，你就更有可能顺利拿到大学学位，否则，这种可能性就会大打折扣。但我们不妨考虑一下，伊丽莎白·施皮格尔如何改造中学棋手的思维习惯，想想拉妮塔·里德是怎样帮助 17 岁的凯瑟·琼斯改变人生观的——究其根本，就是帮助她重新调整自己的人格。两个例子所反映的道理是相同的：老师或者辅导员寻找一种有效方法，帮助他们的学生在短时间内实现难以预料的转变，而手段就是凭借詹姆斯·赫克曼所说的“非认知能力”，以及大卫·莱文定义的品格力量。那么，如果我们能对大量青少年这样做——不是帮助他们掌握国际象棋棋艺，或是说服他们不再打架斗殴，而是帮助他们培养大学毕业所需要的那些心智能力和品格力量，结果又会怎样呢？

3 幸运儿

当你第一次见到 OneGoal 公司的首席执行官杰夫·尼尔森时，你很难把他和变革家或是创新者的称号联系到一起。他气色非常好，衣着整齐，有着美国中西部人那种特有的风度，一撮金发在前额翘起，让人觉得他有点像卡通片里的丁丁。尼尔森穿一件领尖钉纽扣的衬衫，而且将纽扣系得规规矩矩。有一次，我安排和他进行一次电话交流，而他则提前在电子邮件中逐一列明这次电话交流的每个环节，包括三个“目标”，并确定出需要重点讨论的十个细节。他似乎尤其习惯于使用现代教育改革家带来的常见工具，比如 PowerPoint 演示稿、管理咨询顾问、战略规划或是拿铁咖啡，按照他的设计，教育改革就是一场深层次的非正统革命，是一种对认知假设的深层次挑战。

尼尔森出生在伊利诺伊州的威尔米特市，他生活在一个富裕的城郊社区，属于芝加哥北部一个安逸舒适的高加索人聚居区，著名导演约翰·休斯在这里拍摄了《小鬼当家》和《早餐俱乐部》两部影片。这是一个被民主党主导的城区，它为以社会公正为主题的激进主义运动和思潮提供了一个坚固的堡垒，虽然这些思潮需要借助于空洞、抽象的表现形式，通过向“大赦国际”① 或是“仁爱之家”② 捐赠，或是为支持达尔富尔难民而请愿这些行为来表达。然而，在年龄还很小的时候，尼尔森就经常被在离他 15 英里以南城区长大的那些孩子们所面临的处境触到痛处。在八年级时，尼尔森看到亚历克斯·克罗威（Alex Kotlowitz）写的《这里没有小孩》（*There Are No Children Here*）[27] 一书，它讲述了来自亨利·霍纳家园的两个黑人孩子的悲惨故事，在这个位于芝加哥西区的高层贫民区里，充满了阴云和危险。尼尔森对我说，“这本书几乎彻底摧毁了我的世界观。它深深地触动了我的心灵。”

后来，尼尔森进入纽特拉尔高中，绿树成荫的校园和极尽奢华的校舍几乎让它成为整个芝加哥地区的象征，而它们的财源无非是对威尔米特及周围城镇豪华住宅征收的房产税。在创作于 1991 年的《野蛮的不平等：美国学校中的儿童》（*Savage Inequalities : Children in America's*

---

① Amnesty International，一个人权监察的国际性非政府组织。——译者注

② Habitat for Humanity，一个帮助贫困人群为自己建造房子的慈善组织。——译者注

Schools）一书中，一向以讨伐社会阴暗面著称的知名记者乔纳森·科佐尔（Jonathan Kozol）就选择了纽特拉尔高中作为城郊地区特权高中的原型。在书中，他列举了这里的舞蹈排练室、击剑训练厅和拉丁语课堂，并阐明了贫富学生的鲜明对比：在纽特拉尔高中，学生们挥霍着“数不胜数的机会”[28]，而在贫民区里的杜萨伯高中，那里的学生几乎“毫无机会”[29]。对于像杜萨伯高中这样的学校，科佐尔在书中写道，“如果是开设在白人中产阶级社区，肯定不被看好，甚至有可能被彻底关闭。”在密歇根大学上一年级时，尼尔森在社会学课上第一次阅读了《野蛮的不平等》这本书，随即便产生了一种强烈的紧迫感，他愈发地感受到，必须找到一种方法扭转科佐尔所描述的这种社会状况，至少应该在纽特拉尔高中学生可以肆意浪费的无数机会中，拿出一小部分分享给杜萨伯高中这样的学校。

毕业之后，尼尔森加入了“美国教育计划”，来到芝加哥南区的奥基弗小学，这是一所招收极端贫困家庭孩子的学校，与杜萨伯高中距离不到2000米。在课堂上，尼尔森展现出强烈的教学天分，在他教授的数学和阅读课堂上，学生们只需一年便可达到平均需要两年时间才能达到的水平。在来到这所学校的第二年，尼尔森的工作就得到了认可，被授予“美国教育计划”芝加哥地区最佳教师的称号。此外，他还是学校足球队的教练，并协助筹建了学生会，他与很多学生都保持着密切的关系，而且经常到学生家里进行家访，了解他们的家长。

从来到奥基弗小学的第一天起，尼尔森就一直在与他的学生们探讨上大学这个话题。奥基弗小学的所有学生都来自低收入的非洲裔家庭，而且他们的父母很少有上过大学的——但尼尔森还是告诉他们，这一切都不重要，只要他们刻苦学习，就一定能进入大学并顺利毕业。在2006

年春天的一个上午，尼尔森买了一份《芝加哥论坛报》，并在这份报纸的头版上看到了一篇文章[30]，这篇根据芝加哥学校研究理事会的报告写成的文章显然否定了他对学生们做出的保证。根据这份报告，每100个在芝加哥公立学校开始读高中的学生中，只有8个人会顺利完成四年的大学学业并拿到学位[31]。而对于非洲裔的男孩子来说，他们的机会就更加有限：每30个芝加哥地区的高中一年级黑人男学生中，不到1个人能在25岁之前大学毕业[32]。在尼尔森看来，这些数字让他的内心飘忽不定：即便他能创造出这个城市里最有效、最优秀的六年级教学，难道就足以帮助他的学生克服如此令人望而生畏的宿命吗？

尼尔森在奥基弗小学的经历让他对两件事笃信不疑：首先，他将把余生奉献给教育改革事业；其次，尽管他在教学上取得了成功，但他的本意却不是做一名教师。就在他准备离开奥基弗小学时，“美国教育计划”总部为他提供了一份新差事：该机构驻芝加哥地区首席执行官，对于一个只有24岁的年轻人来说，这显然是一份巨大的责任。虽然这似乎就是他梦想中的事业，但思前想后，因为各种各样说不清的原因，最终他还是拒绝了这份使命。这是一个痛苦的决定。他告诉我，拒绝“美国教育计划”赋予的使命，“带来的折磨是难以置信的。我曾经如此接近让自己成为大人物的道路，但出于某种原因，我认为那并不是最适合我的角色”。

《芝加哥论坛报》的这篇报道最终让他坚信，教育改革领域遗漏了一个重要元素：一个能帮助像奥基弗小学那样的孩子进入大学并顺利毕业的计划、系统或是工具。“我迫切需要一个能缩小高中与大学之间差距的组织，或是干脆创建这样一个组织，”他对我说，“美国教育计划组织中的每一个人都在勤奋工作，在我们的教室中创造奇迹，但如果我们的孩子不能从大学毕业，这些努力又有什么意义呢？”

拒绝“美国教育计划”的任命让尼尔森的心理承受了巨大压力，这种内心上的折磨整整持续了近 6 个月。他始终是一个从不让自己休息的人，一个高中校园里的工作狂，但是突然间，他没有了任何可以做的正式工作，除了思考人生的过去和未来及其意义之外，可以说是无所事事。在那个学期，他偶尔也会接到原来奥基弗小学学生家长的电话。家长们告诉他，现在，这些孩子已是七年级学生，而他们在上一个学年得到的收获却正在渐渐消失。他们忧心忡忡地问尼尔森，孩子是否还能重返正轨。很多家长甚至在电话里泣不成声。尼尔森不知道该如何应答。他不知道该怎样帮助这些孩子和他们的家长。

于是，尼尔森开始经常祈祷，他正在寻找答案，试图摆脱这种让他愈陷愈深的折磨和抑郁。他开始形成访问各种不同敬拜场所的习惯：今天去天主教堂，第二天又去巴哈伊教堂。他还会经常去心理诊所。他写了很多诗歌。对尼尔森来说，这是一段令人难以理解而又极度亢奋的时间。今天，每当回想起那段时光，尼尔森似乎依旧不理解自己的所作所为。但他还是认为，他需要的或许只是一段休息，一个假期。他需要寻找属于自己的使命。

4 弥补差距的 5 种关键能力

2007 年 1 月，尼尔森接到艾迪·罗（Eddie Lou）打来的电话，几年之前，这位来自芝加哥的年轻风险投资家和两位朋友共同建立了一个小型非营利组织，其中的一位朋友是马特·金（Matt King），他是来自芝加哥南区邓巴职业高中的教师。他们将这个对冲基金机构称为“城市学生权利基金会”，该基金对马特・金给邓巴中学各年级学生提供的课后学习项目进行管理和提供支持。这是一个以准备大学入学为目标的培训项目：金通过该项目对学生进行辅导，以提高他们的 GPA 成绩和 ACT 考试分数，帮助学生选择最适合自己的大学，协助申请奖学金，向他们宣传如何顺利度过大学生涯。尽管该计划的涉及面很小——在金的第一个培训班，全部 7 名学生均已中学毕业并进入大学，第二个班级的 7 个孩子也顺利升入邓巴中学的高年级——但已经取得了令人瞩目的成绩。这些学生在美国大学入学考试（ACT）中的平均分已从 15 分提高到 18 分左右，并让他们在全国范围的排名从前 85% 的位置提高到前 65% 的位置。他们的 GPA 分数也得到了提高，所有参与该培训班的学生均顺利升入大学。

艾迪・罗显然不是一个安分守己的企业家，他已先后参与创建了几家技术型企业，他希望这个培训项目不再局限于一个简单的课后培训班形式。但不久之后，金就在当地的一所特许学校找到了一份做副校长的工作，并决定不再继续管理这个培训项目。于是，艾迪・罗、马特・金和他们的第三个合伙人，来自西北大学的博士生道恩・潘克尼恩（Dawn Pankonien）决定聘请一位新的执行官，希望借助新人的力量，不仅能恢复金的培训项目，还能进一步将整个项目提升到一个更高的层次。他们先后面试了 20 多名应聘者，但没有一个人满足他们的要求。就在三个人不得不准备终止该项目时，他们却无意间通过一位“美国教育计划”的熟人认识了杰夫・尼尔森。

直到那年冬天，尼尔森才开始感觉到，他正在从长时间的无助和迷茫中走出来，用艾迪・罗的话说，那似乎就是一种缘分，一切都来得正是时候。于是，由三个创始人和两名财务人员组成的董事会最终决定，将首席执行官这份工作交给尼尔森，而尼尔森也欣然接受。他告诉我，“当时几乎没有做过任何调查。”如果尼尔森事先做一点调查的话，他或许会在第一天上班之前发现，这个机构没有任何雇员，没有办公室，也没有经营计划，只有存在银行账户里的6000美元，而且这笔钱也仅够维持10天的办公经费。在第一天下班时，尼尔森似乎才明白，不管是出于何种原因，他拒绝了最大、机构配备最健全完善的美国教育改革组织，而这么做的原因，或许就是在等待这个或许是美国最小、最不完善的机构。阴差阳错让他走出了人生轨迹中最正确的一步。

尼尔森告诉董事会，他需要6周的时间为组织制订一份未来发展计划。为此，他招聘了两名原来在“美国教育计划”组织工作的教师，作为实习生，他们将在暑假期间为尼尔森免费工作。潘克尼恩也提出为尼尔森免费工作几个月。她从在商品交易所工作的一名交易员那里租了一间房子，这位交易员说，只要在他上班的时候，他们可以随时使用这套公寓房。于是，这套公寓就变成了他们在那年夏天的非正式公司总部所在地——四个人坐在交易员卧室的长沙发上，使用着自己的手机和笔记本电脑。这个组织拥有的唯一资产就是一台打印机。5年之后，“城市学生权利基金会”有了一个新名字——OneGoal，工作人员达到了15人，而且还有了高达170万美元的年度预算，有200多名芝加哥地区的高中生报名参加了为期三年的培训课，尽管这项培训计划依旧沿袭了金的教学模式，不过规模更大，内容更深入。

尼尔森认为，表现不佳的高中生完全可以在短时间内转化为非常优秀的大学生，但如果没有一种由高度负责的教师提供的高效辅导，他们根本就不可能实现这种蜕变。于是，尼尔森和他的团队在芝加哥四处寻觅，搜罗那些有工作激情、有追求的高中教师并与他们签约，他们的目标甚至包括特许公立学校的教师，但更多的还是以低收入社区高中的教师为主。（芬格中学就是他们的目标之一。）OneGoal 还与芝加哥的公立学校签署独家合作协议，使得该组织可以直接聘请这些公立学校的个别教师，协助 OneGoal 开展培训教学计划。这些教师依旧是公立学校系统的正规全职员工，但可以根据在 OneGoal 进行的额外工作而获得补贴。一旦与 OneGoal 签约，这些教师就可以招募并挑选 25 名二年级学生——但他们既不是成绩最好的学生，也不是已经找到通往大学之路的学生，而是那些成绩不佳但至少还有一点希望的学生。（全部参与培训学生的平均 GPA 为 2.8 分。）随后，一名教师要和一个班级的学生共度三年时间。OneGoal 为低年级和高年级学生提供的是全日制课程，所有课程均由尼尔森和他的同事们设计。在进入毕业班之前，一个班级通常每天上一次课。这些学生在读大学一年级时，教师还要通过电子邮件或 Facebook 与他们继续保持联系，回答问题，举办定期电话会议，继续为这些学生提供帮助和建议。

OneGoal 的课程包括三个基本要素。第一个同时也是最直接的要素，就是为低年级学生准备迎接 ACT 考试提供的强化课，旨在为低年级学生提供最新的考试内容和应试技巧，帮助他们将惨不忍睹的考试分数提高到至少还算说得过去的水平。目前，OneGoal 的教师可以有条不紊地兑现马特·金的计划，帮助他们的学生在第一年里将 ACT 成绩提高 3 分左右，让他们的排名从前 85% 的位置提高到前 65% 的位置。

第二个要素就是杰夫·尼尔森所说的“通往大学之路”。当尼尔森为第一个夏季培训设计课程计划时，他发现，自己会经常想到纽特拉尔高中的那段经历：学校的大学报考咨询处雇用了 8 名全职顾问，在二年级时，他们就开始与学生及其家长共同设计大学规划。尼尔森大笑着对我说，“这就像一台精确的机器。它为你指明一条方向明确、结构清晰的道路，帮助你顺利走过从高中二年级到迈入大学校园的那段路程。”但他也意识到，他不可能把纽特拉尔高中的整个大学预科体系一成不变地照搬到南区的贫困学校。他说，“但是，对于纽特拉尔高中采取的某些适合低收入社区并且已取得明显收效的措施，我们还是可以借鉴的。”于是，OneGoal 的学生不仅能在申请大学入学资格方面得到帮助，还能在整个大学应试策略等方面获得建议，譬如：选择与自己相匹配的学校，避免遭遇欠匹配问题；确定是否应该申请与家庭所在地较近或是较远的学校；学习撰写有吸引力的申请书；申请奖学金。（在芝加哥一所高中的 OneGoal 早间课堂上，我曾亲眼见过，一位报考顾问不厌其烦地为学生详细介绍一大堆奖学金。她问，“这里有希腊人吗？”25 张黑色和拉丁人面孔用疑惑的眼光看着她。“我们中间有混血儿吗？”她充满希望地问大家。一个穿着正派的非洲裔男孩面无表情地回答：“有的，我父母中一个来自南区黑人区，一个来自西区黑人区。”）

但尼尔森依旧认为：“在我看来，有一点是显而易见的，这个路线图还远远不够。我们可以让孩子们清楚地认识到应该如何走进大学校园，但是，我们还需要为他们提供必要的能力，让他们在进入大学之后能顺利完成学业。我们需要教育这些学生成为善于高效做事的人。”

对于这个课程的第三个要素，芝加哥学校研究理事会针对高中教育进行的研究显然对尼尔森影响很大，尤其是该组织分析师梅丽莎·罗德里克（Melissa Roderick）的研究结果。在发表于 2006 年的一篇论文中，罗德里克提出了在大学阶段获得成功所需要的关键要素：“非认知学术能力”，它包括“学习能力、工作习惯、时间管理技能、寻找帮助的行为习惯以及解决社会 / 学术问题的能力”[33]。借用詹姆斯·赫克曼提出的“非认知”术语，罗德里克在文章中指出，这些能力是造成美国高中与大专院校之间严重不匹配的核心要素。她在文中写道，在创建当前高中教育体系时，其基本目标就是培养学生不仅着眼于考大学，还要让他们为将来的工作做好准备，而在工作中，“批判性思维和解决问题能力并不重要”[34]。（这也是反意识论的马克思主义经济学家博尔斯和金蒂斯所描写的时代。）因此，传统美国高中的归宿并不适合教育学生们学会如何深入思考，如何在困难面前培养内在动力和坚忍不拔的精神。反之，它在很大程度上只是一个鼓励得过且过的地方，只要学生能按时上课，而且在课堂上不打瞌睡，就应该对他们进行奖励。

罗德里克认为，这个公式曾一度非常有效。“高中教师可能有很大的工作量[35]，同时他们又能有效地工作，因为他们对学生的期望本来就很小。”她在文章中还进行了详细剖析。“大多数学生都能轻松达到自己和家长的要求，即拿到高中毕业证。但是学生和教师之间还有一个不成文的约定，那就是，‘忍过高中生活，按时上课，行为规矩，你就一定会得到回报。’”

尽管社会形势发生了变化，但美国的高中却依旧一成不变。随着支付给大学毕业生的工资溢价不断增加，高中学生也开始越来越关注能否获得大学毕业证的问题：1980 ~ 2002 年期间，在美国的十年级学生中，认为至少应拿到学士学位的人数增加了一倍[36]，从 40% 上升到 80%。但他们中的大部分人并不具备顺利完成大学学业所需要的非学术能力，也就是马丁·塞利格曼所说的品格力量，而且传统的美国高中没有采取任何帮助他们获得这些能力的措施。而这就是尼尔森试图改变的现状，而且他认为，在 OneGoal 的策略中，第三个要素是整个计划走向成功的核心。

尼尔森知道，在起步阶段，他不可能彻底改变这些学生的高中经历。但他认为，或许根本就没有必要这样做。他相信，只要能帮助学生掌握实现大学成功必不可少的某些非学术能力，在相对较短的时间内，芝加哥公立高中高年级学生与大学一年级新生在这些能力上的平均差距就会缩小。凭借本能而非研究，尼尔森归纳出了 5 种能力，并将它们统称为领导力原则，这也是他希望 OneGoal 项目的教师在教学中需要特殊强调的基本能力：智谋（resourcefulness）、灵活、雄心、专业精神和正直。今天，这五个词已经融入培训计划之中——它们甚至比塞利格曼和彼德森为 KIPP 无止境学校提倡的 7 个品格特征更被普遍接受。

那天上午，尼尔森是这样对我解释的："我们知道，我们的大多数孩子在考大学方面注定要落后于同龄人。虽然我们可以帮助这些孩子大幅提高 ACT 分数，但我们不太可能彻底消除他们在这些考试上的差距，原因很简单，那就是这些孩子所经历的这种幼儿园到十二年级的教育体系。不过，我们还知道，总有办法可以弥补这种不平等，而且这也是我们经常对学生说的话。弥补这种差距的关键，就是这 5 种领导能力。"

5 重塑命运

40 年以来，罗伯特·泰勒住宅区在南区不断扩大，它是战后芝加哥市最大的住宅项目：28 座高层混凝土建筑沿州立大街和丹·瑞恩高速路之间一块狭长地带蔓延近 3 千米。20 世纪 60 年代初，就在工程建设即将竣工时，这片住宅区就开始陷入绝望、暴力和混乱之中，到了七八十年代，芝加哥住宅管理局已开始认为，罗伯特·泰勒住宅区"正在成为全美国最大的贫民窟"[37]。在 1980 年，芝加哥地区 1/10 的谋杀案发生在这个方圆92公顷的狭长社区。在项目建设达到高潮时，超过2.5万人居住在这里。但也有人说，这也是整个社区最黑暗的时候，因为全部人口中至少有2/3是儿童，而且绝大多数都生活在单亲家庭[38]，依靠社会救济金勉强度日。今天，这个住宅区已不复存在，作为芝加哥市的重建项目重点地区之一，它已被彻底拆除，而且至今未在原址上进行任何新建项目。现在，当你开车走在州立大街上，只能在曾经高楼林立的地方感受到一种莫名的空旷感：在一个大城市的中心地带，存在着这样一块杂草丛生的废弃之地，只有几座孤零零的破旧教堂或许可以帮你摆脱那种令人恐怖的破败与荒芜。

在这片狭长荒地的最南端，一小块没有被破坏的建筑区默默地注视着与之并行的第五大街——几幢基本已被木板封闭起来的房屋，一家酒品商店，一家比萨店，一家当铺，在临街位置上，还有一座已经关闭的浸礼会教堂。就在这座废弃教堂的北侧，有一座两层的蓝色砖石建筑，这里居然存在着一所学校：ACE技术宪章高中。弥漫在周围环境中的萧条与破败，使得这座建筑物很难让你想象到什么令人振奋的东西。事实上，ACE技术高中绝不是一所历史辉煌的学校：在2009年，仅有12%的低年级学生达到或超过全州考试成绩的最低标准线；自2004年创建以来，该校从未实现“适度的年度进步”，即达到按联邦政府“有教无类法案”设定的标准。但是，在杰夫·尼尔森于2007年接管ACE技术高中之后不久，OneGoal便在这所学校推出了新的教学法。首先是类似于马特·金式的课后培训项目，每周为低年级和高年级学生提供两个小时的教学；到了2009年，尼尔森再次引入一种以教师为主导的教学计划，采取全日制形式，为期三年，这也就是OneGoal在目前所采取的基本教学模式。(ACE技术高中与杜萨伯高中仅隔几个街区，尽管这貌似巧合，但或许也是最恰当的结局，因为在《野蛮的不平等》一书中，乔纳森·科佐尔将这里当作尼尔森的母校、纽特拉尔高中的反面典型。）

率先在ACE技术高中重复OneGoal培训项目的人是米歇尔·斯泰福（Michele Stefl），这位刚刚度过30岁生日的英语教师成长于芝加哥西南郊，2005年起，她来到ACE技术高中从事英语教学。在担任OneGoal组织首席执行官之后不久，尼尔森便聘用了斯泰福，使之成为OneGoal组织第一批签约教师之一。我曾在高中最后一学年（美国高中学制一般是四年）跟随斯泰福一个班参与OneGoal项目的学生，观察她如何带领学生通过大学入学的一系列程序。不可避免的是，她的学生们经历了很多不愉快的时刻：停课、意外怀孕、被大学拒收，但是在ACE技术高中这块充斥着失败的荒漠里，我却在斯泰福的教室里体验到一种新的感受，仿佛看到了希望和机会的绿洲。

斯泰福不是一个教育的浪漫主义者，她喜欢直言不讳，而且好管闲事，对学校的不当作法以及自己学生的落后程度，她从不遮盖敷衍。临近三年级期末的一天上午，斯泰福在课堂上讨论学生的个人自荐，她说，自荐书是大学入学申请获得成功的一项关键内容。斯泰福对学生们说："不要忘记你们面对的竞争对手是谁。你们的对手就是ACT得分超过30分的人。老实说，他们所接受的教育要好于你们中的大多数。现在，我们正在弥补这个缺陷，但显然还没有达到应该达到的水平。这不公平，不幸运，是吗？"她拿起一篇自荐书继续说，"这是无法改变的现实。所以你的自荐书应该这样写，时至今日你们经历了哪些生活的历练。"

早在2009年春季为OneGoal项目选择学生时，这些学生还在读高中二年级，当时，不能挑选那些分数最好或是家庭条件最好的学生，的确让她感到为难。实际上，她采取了一种与批判或冷落完全相反的方法：在整个过程中，如果某个学生的近亲中有一个大学毕业生，斯泰福就会委婉地告诉这个学生，这些培训的对象并不是针对他这样的学生，而是那些资源更少、更需要帮助的同龄人。因此，斯泰福面对的最大挑战之一，就是说服参与 OneGoal 项目的每一个学生：他们都有成功的潜质，尽管他们在邻居和家庭中会看到很多相反的证据。

坐在斯泰福的课堂上，我经常会不由自主地想到斯坦福大学心理学家卡罗尔·德韦克针对成长型思维进行的研究。简单地说，德韦克认为，和那些认为智商固化不变的学生相比，那些自以为智商可塑造的学生确实会表现得更好。实际上，大卫·莱文在纽约市 KIPP 中学开展的项目就是对德韦克成长型思维模式的进一步延伸：品格也是可塑造的。斯泰福想做的事情似乎就是在说服自己的学生：真正可塑造的并不是他们的智商和品格，而是他们的命运；以前的表现并不能预示未来的结果。斯泰福并不是在说教空洞无味的自尊或是一厢情愿的痴心妄想。她想告诉学生们的是，他们还可以继续发展，而且可以达到以往无法达到的高度，只不过需要付出更多的心血、更坚韧的毅力和更完美的品格特征——或者说，就像他们在课堂上所说的那样，需要领导力。

在我和安吉拉·达克沃斯谈论 OneGoal 的培训项目时，她指出了我从未想到的事情：OneGoal 课程中的 ACT 预考部分实际上可以发挥两种作用。首先，在实践层面上，将 ACT 的成绩提高几分就可以让学生在报考大学时有更多的选择，帮助他们进入更好的大学。但第二个方面，或许也是更重要的方面，在一项似乎可以衡量智商的考试中，提高考试分数本身也是有意义的经历，因为它至少可以强化我们对成长型思维的理解：你可以变得更聪明，你可以做得更好。

斯泰福的学生对这种思维的理解显然比其他孩子更刻骨铭心。即便是到了高年级阶段，很多学生似乎仍不相信，他们终将进入大学生的行列，而且家庭也无助于帮助他们理解斯泰福的想法。有一个男孩最终考入普渡大学，但他的母亲曾说服他报考只需两年即可毕业的社区学院，这样，他就不必离家远行。克瓦纳·莱尔马则是另一个极端——过分自信，过分乐观。

6 艰难的蜕变

我在本书前言曾提到过，我是在克瓦纳读到三年级一半时认识她的，她在人生中做出的巨大转折让我感到惊讶：来自一个破烂不堪、无时无刻不被风险围绕、遭遇无数打击的底层家庭，在中学时期又度过了一段艰辛坎坷、偏离人生正轨的经历，在高中阶段迎来属于自己的第一次成功之后，她开始强烈憧憬着走进大学校园，在人生道路上走得更远，更丰富多彩。在我们相识的这两年时间里，她的家庭生活从未有过一分的安宁，家里的经济状况依旧岌岌可危——母亲每月领取的500美元残疾救助金，再加上一点食品福利券，就是这个家庭的全部收入。但是，生活在芝加哥南区贫民窟里的克瓦纳，似乎总能对身边的艰难和鄙视视而不见，她总能克服重重困难，用有限的精力去追求更美好成功的未来。在我们刚刚认识的时候，她曾经对我说过："没有人喜欢一个沉默寡言的女孩子。也没有人是为失败而生的。每个人都渴望成功。我经常憧憬着成为职场女性中的一员，背着公文包走在大街上，听着身边的每个人说，'嘿，克瓦纳·莱尔马女士！'"但克瓦纳也知道，要等到那一天，她至少需要拿到一个学士学位，尽管在她的家庭里，没有一个人上过大学，但克瓦纳坚信，她有能力走进大学校园，而且注定会拿到这个学位。

到了最后一学期即将结束时，克瓦纳脑子里想的已经都是如何申请大学了。但是，她还是要从头开始了解这个体系，比如说，是不是真的有德保罗大学和迪保尔大学？年初的时候，克瓦纳就已经有了到国外读书的念头。9 月，她告诉我，她打算申请 23 所大学，其中就包括杜克大学和芝加哥大学等知名大学。从某种程度上说，杜克大学绝不是最适合克瓦纳的目的地。在三年级结束时，莱尔马的所有科目几乎都获得了接近于 A 的优异成绩——尽管某些课程非常具有挑战性，比如高等代数 II、高等美国文学、社会学和生物学，但莱尔马仅在几科得到了 A-，而且没有一科成绩是 B。不过也有一个问题：她的 ACT 成绩不怎么样。

三年级开始时的第一次 ACT 模拟考试中，克瓦纳拿到了 11 分，这已经是一个很低的成绩了：这让她在全国的排名排在最后 1% 的位置，也就是说，低于 99% 的美国高中三年级学生。于是，在整个三年级，克瓦纳都在废寝忘食地进行 ACT 练习，每周都要使用一种名为“PrepMe”的软件进行几小时的在线练习，这种软件也是 OneGoal 的签约对象，这种状态一直持续到 4 月份的 ACT 正式考试，此时，她觉得自己的准备状态已经比进行模拟考试时好很多。但事实证明，那一天对她来说并不顺利。在考试中，她发现还有很多自己不知道的东西，即便是在她自以为最熟练的部分，她的答题速度也没有达到预期目标。她告诉我：“在离开考场时，我告诉斯泰福女士，我觉得我肯定不能通过入学考试了。我对自己非常不满，真的对自己感到非常愤怒。”考试成绩在一个月之后公布了，克瓦纳得到了 15 分。这就是说，从着手复习开始，她的成绩足足提高了 4 分，但这依旧只能说明，她在全美范围内只能排在最后的 15%。芝加哥公立学校的平均成绩为 17 分[39]。ACT 的官方大学录取线为 20 分。而杜克大学的录取线通常都要超过 30 分（最高分数可能达到 36 分）。

查尔斯·默里肯定早已经发现，克瓦纳的大学梦注定是一场悲剧。在《真实的教育》一书中，他指出，只有那些在认知能力考试中排名前 20% 的学生才应该进入大学[40]，但是在他心目中的理想世界里，只有排名在前 10% 的学生才能进入大学。而对于在标准化考试中排名后一半的学生——更不用说像克瓦纳这样排在后 15% 的学生，他们对上大学的渴望让他感到震惊，有人或许会认为，这完全是痴心妄想。“如果我们继续执迷不悟，拒绝承认读大学在智力上是对大多数年轻人的一种挑战，我们就会继续对下一代做出不现实的期望，甚至是近乎疯狂的梦想，”[41]默里在书中是这样说的。他认为，在 ACT 这种认知能力测试中排在后 1/3 的学生根本就不适合上大学，他们“一点也不聪明，以至于他们的阅读和数学能力仅仅适合于接受最低层次的教育”[42]。

但杰夫·尼尔森对 ACT 的看法与查尔斯·默里截然不同。“我认为 ACT 是一个衡量以往教育有效性的绝佳指标，”他是这样对我说的，“但我并不认为它适用于考量智商。我们的学生的平均入学分基本在后 14% 甚至后 10% 范围内徘徊。尽管如此，但我始终坚定不移地认为，这不等于说，90% 的同龄人比我们的孩子更聪明。相反，我倒是坚信，90% 的人接受的教育质量确实要好于我们的学生。”

在尼尔森看来，这种差距在某种程度上仅仅存在于语言的表达形式上。只要你喜欢，完全可以把 ACT 当作测量智商的标准，但尼尔森坚信，不管你怎么称呼它，在考试中获得高分的能力绝不是在大学里取得成功并坚持到最后的前提。尼尔森的这种观点，不仅有梅林莎·罗德里格的研究成果以及《冲过终点线》这样的理论依据，还有 OneGoal 的毕业生在现实生活中的经历作为客观佐证，因为这些学生不断走进那些凭借 ACT 分数本不应该进入的大学校园，并在大学中不断取得按照他们的 ACT 分数几乎不可能达到的成功。尼尔森告诉我，“灵活性、智谋和坚毅之类的非认知能力对大学能否成功具有高度的预测性。而且这些能力可以帮助我们的学生弥补他们在教育体系中面对的不公。”尼尔森说，对于像克瓦纳这样的学生，“终究会凭借很多其他学生不具备的重要工具出现在大学校园。与获得 ACT 考试中的高分相比，这些能力注定会让他们在通往毕业的道路上更加顺利。”

7 我有一个梦想

回到 20 世纪 80 年代的时候，克瓦纳的母亲马拉·麦克柯尼卡在读高二时，和同学们一起参加了 ACT 考试。尽管她已经不记得具体分数，但肯定不是很好。秋季的一天，我拜访了克瓦纳母女二人，马拉对我说，“在拿到考试分数时，我感受到一种强烈的挫败感。我当时想，‘凭借这样的分数，我肯定无法上大学。’于是，我也就不想再为这件事头疼了。”

尽管克瓦纳和母亲的关系很好，但也时常会发生摩擦，她的生活策略有时候似乎是做她妈妈在她这个年龄不做的事，或者不做她妈妈做过的事。不到 20 岁时，马拉便与克瓦纳的父亲相爱，于是，他们做出了一系列没有远见的决定；而克瓦纳则一直与男朋友保持距离，在决定上大学的过程中，她从未让男朋友的想法左右自己。她的母亲因为感情而彻底放弃了学业；而克瓦纳则始终全身心地投入到自己的学业中。糟糕的 ACT 分数让她的母亲心灰意冷，而克瓦纳则振作起来，决心提高自己的ACT分数。

但是，在毕业的那个学期，克瓦纳的情绪却开始日渐低落，10月中旬的一个下午，我和她进行了一次谈话，言语间，她表现出对未来的极度悲观，这显然不是她的性格。申请奖学金的结果陆续返回，一所又一所大学拒绝了她，这让她再次怀疑，是不是因为自己的ACT分数。她对我说："我开始对整个事情的发展感到沮丧，我对每一份奖学金申请都非常认真，我的确需要这笔钱读大学。"

那一天，我们说了很多她住在明尼苏达州时在普利茅斯中学读书的那段时光。克瓦纳把眼前在学习上遇到的很多困难归罪于六年级，当时，由于她的成绩很差，而且经常捣乱滋事，于是，她被分到一个叫"翅膀"（WINGS）的补习班。但克瓦纳对我说，在普利茅斯中学，"WINGS"这个名称官方的说法应该是"为了顺利毕业而从现在开始奋发图强（Working Innovatively Now for Graduation Success）"的缩写，而人们开玩笑说这个班之所以有一个这么复杂的名字，是因为他们这些孩子每天上课时都在吃鸡翅。这么说有点夸张，克瓦纳说——但也不为过。"我们在上课时从来不做任何事情，"她说，"虽然说这个班级是为需要帮助的孩子们开设的，但它却未能给我们带来任何帮助。我们既不读书，也不学习，只是玩视频游戏，看电影，或是吃爆米花。这样的日子的确很快乐，但这也让我现在不得不为了ACT而头疼。而且这也是我今天被很多大学拒绝发放奖学金的缘故。在那两年时间里，我们本应该加倍努力学习标点符号或是隐喻之类的东西。"今天，他们在提起那段经历时会说，'还记得我们是什么时候学会这些的吗？'我就会说，'没有，从来没有学过！我从来没有学到过这些东西。'"

在克瓦纳的记忆中，另一个让她难以释怀的遗憾发生在她在ACE

技术高中读一年级的时候，当时，她还有机会重新开始，但却被她荒废了，她一直在逃课，到处胡混，和朋友们四处游荡，从不学习。在那一年，她的各科成绩不是C就是D。她甚至连体育课都没有及格。“我根本就没想过未来会怎样，”她对我说，“在那个时候，我只想着寻欢作乐。”当时，克瓦纳只有14岁，她从不思考任何有意义的事情；直到二年级，当她意识到GPA成绩是整个高中阶段成绩的累积，这时她才稍稍开始用功学习，因为低年级的成绩会直接影响到她的大学梦。正因为这样，在升入三年级之后，克瓦纳开始为了GPA考试而倍加努力——选修可以额外增加学分的课程，放学后主动留在学校接受老师的补课。但是，在谈到自己的过去时，克瓦纳有时还是会觉得，那是一个永远都无法擦掉的污点。

克瓦纳觉得最有希望同时也是她最期待的学校，就是伊利诺伊大学厄巴纳－香槟分校，它是整个伊利诺伊州大学体系中的一个标杆，在《新闻与世界报道》杂志评选的全美最佳公立大学中，该校名列第13位。厄巴纳－香槟分校距芝加哥市以南约六个半小时的车程，克瓦纳觉得这个距离很合适——距离不太远，因而不会让她想家，但也不算近，足以让她体验到独立的生活。在三年级的时候，克瓦纳曾经随OneGoal组织的实习活动参观过厄巴纳校园，而且那次体验给她留下了非常好的印象：宽敞的空间，气派的学生活动中心和会议厅，还有“苹果蜂”自助餐厅。“那是我的梦想，是我的第一梦想，一个梦寐以求的地方，”克瓦纳对我说，“如果不能被这所大学录取，我肯定会哭上6天。”

但是到了2月初的时候，克瓦纳已经开始收敛自己的野心。她已经向芝加哥大学发出了申请，这是伊利诺伊州最有名的大学，但她告诉我，如果被录取，她也不再想去香槟分校了。她手里已经有了两所托底的学校，其中就包括位于芝加哥的伊利诺伊大学，但她还是希望找到更好的学校。克瓦纳始终没有放弃香槟分校——这依旧是她的首选，但是现在，她的心里已经有了非常明确的第二选择：位于马克姆的西伊利诺伊大学，虽然它的竞争力在某种程度上不及香槟分校，但平均录取分数依旧达到了 21 分，这已经远远超过了克瓦纳的分数。克瓦纳曾经参观过西伊利诺伊大学，这里也给她留下了非常温馨的印象："我对这所学校真是一见钟情，"她对我说，"我感觉这里非常惬意，非常舒适。那里的人都很友好。当然不能不提的还有宿舍楼，总之，一切都非常完美。"

那年冬天，克瓦纳给自己的大学之路制定了一个似乎更保守但也更有远见的策略，这个新的目标显然比我认识她的时候更加务实。"如果不能兑现我心仪的最高目标，那么，这只能说明我不适合这里，"克瓦纳对我说，"虽然那肯定会让我失望，但不管进入哪一所大学，我都会刻苦学习，这样，一两年之后，我就可以转入我最青睐的一所学府。"于是，她决定不再因为一年级时犯下的种种错误而惩罚自己。克瓦纳告诉我，"我不会再说，'哦，老天哪！我的一年级完全被我荒废了。'那都是已经发生过的事情了。我的确做了一些蠢事，但那毕竟只是当时那个环境下的愚蠢。上大学后，我一定要保证，绝不会再犯中学一年级时曾经犯过的错误。我已经走上新的人生道路。规划好自己的未来，学会按部就班，学会有条不紊，学会集中精力，学会只结交积极的朋友。"

2 月份是令人焦虑的一个月；克瓦纳始终在不停地查询邮件，给录取负责人打电话，询问他们是否有自己苦苦等待的消息。最终，在那个月的月底，克瓦纳终于盼来了好消息：她被西伊利诺伊大学正式录取！由于 ACT 分数较低，克瓦纳被编入一个特殊的一年级新生辅导班，为大学一年级的学习提供课外辅导和咨询。在克瓦纳最亲密的朋友中，有三个人是从 ACE 技术中学考进西伊利诺伊大学的，她们曾经共同制定了一个最终走进马克姆西伊利诺伊大学校园的计划。

8 缩小差距的最佳阶段

最近，来自加州大学的两名劳动力经济学家菲利普·拜伯考克（Philip Babcock）与明迪·马克斯（Mindy Marks）[43]对 20 世纪 20 年代以来的大学生时间利用情况进行了分析。他们发现，在 1961 年，全日制大学生每周用于课外学习的平均时间为 24 小时。到 1981 年，这个数字已减少到 20 小时，到 2003 年，每周用于课外学习的时间进一步下降为 14 小时，仅相当于 40 年前的一半多一点。这个现象已逼近极限：拜伯考克和马克斯指出，“各个年龄段学生的学习时间都在减少，不管是刻苦学习的学生，还是不学习的学生，在所有四年制大学中，不管是哪个专业，不管是哪种学位，都不例外。”那么，这些多余的时间到底被用到何处了呢？大多用到了社交和休闲娱乐上。加州大学对 6300 名本科生进行的另一项独立研究表明[44]，目前，学生每周用于学习的时间不足 13 个小时，而用于与朋友外出娱乐的时间则是 12 个小时，还有 14 个小时用于消费性娱乐和各种业余爱好，11 个小时用于“在电脑上寻找乐趣”，6 个小时用于体育锻炼。

在很多旁观者看来，这些统计数字都是值得警惕的不良诱因。但杰夫·尼尔森认为，对他的学生来说，这些课外活动也是一个机会。他曾向我回忆了自己在密歇根大学读一年级时的经历，当时，他做的很多事情都是只有中上等家庭的学生才会做的事情：学习不用功。对某些来自富裕家庭的大学生来说，第一年的生活就是酗酒；而对其他人来说，则是求爱或是绞尽脑汁向校报投稿。尽管那段时光注定不会被荒废，但总体上不会对学生的学术成就有什么提高。因此，尼尔森认为，大学第一年对 OneGoal 的学生来说是一段“神奇的时光”，因为“在这段时间里，他们可以大幅缩小自己在学习成绩上的差距”。就像尼尔森在我们刚刚认识时说的那样，“一年级就是这样的时刻，而且正是时候。”有些孩子不必废寝忘食就可以进大学，而且不费吹灰之力就可以成功，他们的主题就是享受生活。而在这个时候，如果我们的孩子能加倍努力，与教授搞好关系，巩固并学会运用我们传授给他们的所有技能，那么，他们就可以缩小差距。我们已经在现实中不止一次地经历过这样的事情：一个在高中三年级或四年级还远远被甩在后面的孩子，刚刚进入大学一年级，便在突然之间赶上了自己的同学，这并不意外。

在西伊利诺伊大学的第一个学期，克瓦纳选修了基本入门课：英语（100）、数学（100）和社会学（100）。在这几门课程中，没有一门对克瓦纳来说是容易的，但她觉得最有挑战性的，则是生物学（170）的“医疗行业概述”。这门课的教授是一个非常受学生欢迎的演说家，因此，课堂上总是充满了欢声笑语，大多数学生都是高年级学生。在开课的第一天，克瓦纳采纳了米歇尔·斯泰福的建议：彬彬有礼地在全班同学面前介绍自己，然后便坐在课堂的第一排，在这之前，坐在这一排的都是清一色的白人女孩。其他黑人女孩都坐到了教室的后面，这让克瓦纳感到失望。（“这正是他们希望你做的事情，”那个学期，克瓦纳曾在和我通话时这样说。“早在民权运动时期，如果他们告诉你，你只能坐在公共汽车的后面，那么，你就一定不要那么做。”）

在生物学课堂上，克瓦纳的教授使用了很多她不熟悉的专业术语。于是，她提出了一种应对措施：每当教授使用自己不理解的词汇时，她就会把这个词记下来，然后在这个词的旁边画一个红星。下课之后，学生们依次向老师请教问题，她会等到所有同学提问之后，请教授为她解释每个标记红星的词汇。

实际上，克瓦纳用了很多时间与任课教授进行沟通。她经常出现在教授的办公室里，只要遇到问题，或是对作业有疑问，就会通过电子邮件请教任课教师。此外，她在每门课中都会结识一两位同学，这样，如果在完成课后作业时需要帮助而且找不到老师时，她还能找到可以请教的人。通过一年级的新生辅导班，克瓦纳还找到了一位写作辅导员，她告诉我，她不仅拼写和发音存在问题，还经常会遇到“语法问题”，有了这位辅导员，在每次提交论文之前，他们都会进行认真的审阅。最终，到 9 月份的时候，克瓦纳觉得自己已经掌握了标点符号的运用，于是，在上交期末英语论文时，她没有请辅导员帮自己审阅。她的作业得到了“A”。

不过，对克瓦纳来说，这依旧是一个非常艰难的学期。她手头一直不宽裕，因而需要尽可能的节俭。曾有一段时间，她的就餐卡空无分文，以至于只能忍着两天不吃饭。但是，她一直在学习。每一篇论文都是一个挑战，在将近期末时，为了准备期末考试，她甚至彻夜不眠，而且是连续三个晚上。她的投入并没有白费，最终在那学期的期末成绩上得到了体现：两门课程的成绩为“B+”，一门是“A”，而生物学的成绩则是“A+”。我在圣诞节的前几天见到了克瓦纳，在谈话中，尽管她的声音有点疲劳，但还是洋溢着一份自豪感。“不管压力有多大，也不管有多么疲惫，但我绝不放弃，”克瓦纳说，“我不是那种轻易放弃的人。即使是在小时候玩捉迷藏游戏时，我都会一直坚持到 8 点钟，直到找到每个人。不管有多么困难，我不会放弃任何事情。”

实际上，克瓦纳的成绩在第二个学期才真正得到改善，在一年级即将结束时，她的累计 GPA 为 3.8。还有三年的学习时间，未来还要面对很多困难，还有很多挫折、失误和危机在等着自己，但克瓦纳似乎对自己的未来非常清楚——清楚得令人吃惊。但克瓦纳最让我感到不可思议的，还是她所拥有的无比强大的非认知力量——我们可以将这种能力称为坚毅、尽责、灵活性或是推迟享受的能力，而这些能力的回报都将遥遥无期，而且几乎仅存在于理论层面。实际上，她根本不认识一个身背手提包走在都市街头的白领女性，也不认识除了老师以外的任何一个大学毕业生。克瓦纳似乎就是在参加沃尔特·米歇尔的棉花糖试验，只不过这是一个拓展的、高风险版本的棉花糖试验：克瓦纳的选择就是现在可以获得一块棉花糖，或是勤奋学习四年，勤俭节约，废寝忘食，不懈奋斗，不断牺牲——当然，在付出这一切之后，她得到的不是两块棉花糖，而是她只在传说中听说过的某种法式甜馅饼，比如“拿破仑”甜馅饼。出人意料的是，克瓦纳选择了“拿破仑”甜馅饼，尽管她从未尝过这种传说中的美味，也没听说别人品尝过这种美味。她只是坚信，“拿破仑”甜馅饼肯定是一种极品美味。

对于克瓦纳在 OneGoal 培训班中的同学，并不是每个人都信奉相同的理想。在未来的几年里，克瓦纳及其同学所掌握的领导力是否足以帮助他们完成四年学业，尚不得而知。但迄今为止，OneGoal 项目在培养坚韧性方面的记录令人叹服：2009 年秋季，来自芝加哥地区 10 所高中的 129 名三年级学生进入 OneGoal 培训班，其中就包括克瓦纳，接着在 2012 年 5 月，已经有 94 名学生考入四年制的大学。还有 14 个孩子进入两年制学校，这就是说，坚持到考入大学的人数比例达到了 84%。只有 21 名学生偏离了最终走向大学校园的轨道：12 个人在高中毕业前离开 OneGoal 培训班，2 个人在高中毕业后参军入伍，还有 2 个人高中毕业但没有报考大学，5 个人进入大学但在大学一年级便辍学。尽管这些数字算不上星光闪耀，但对于一个实验性项目来说，已经足以令人欣慰了：OneGoal 毕竟只是一个每周集中一次的课后培训班。在离开高中的三年之后，在参与该项目的全部高中三年级学生中，66% 还在大学校园里继续学习。但是，我们不能忘记的是，OneGoal 教师刻意选择了那些几乎不可能考入大学的学生，因此，这些数字就显得更加不同凡响。

杰夫·尼尔森承认，他的方法绝非是解决整个国家人力资源制造体系大面积失灵的完美对策。按照理想的设计，我们应该建立这样一种教育和社会救助体系，帮助那些来自南区还没有彻底自暴自弃的贫困青少年。但是至少在眼下，OneGoal 及其所依赖的理论体系似乎还是最有价值的干预措施：通过这个项目，按照每个学生每年 1400 美元左右的成本，就可以把一个来自低收入家庭、表现不佳、浑浑噩噩没有目标的青少年，转变为一个成功的大学生。

第五章

成长的完美路径

1 精英阶层传统教育体制的致命弱点

1985 年秋天，当时我还是哥伦比亚大学的一年级新生，而克瓦纳·莱尔马迎来这个人生中最变化无常的阶段是在 2011 年秋天。当时，我做了一件克瓦纳永远也不会做的事情：大学辍学。在那个时候，这似乎是一个比天还大的决定性选择，今天也一样。实际上，这也是一个让我在过去 25 年里不断反思的决定，而且每次反思往往都是在遗憾中度过的。在撰写这本书的时候，我更是免不了要思考这次决定。我曾亲自坐在 ACE 技术宪章高中的 104 教室，与克瓦纳以及米歇尔·斯泰福的 OneGoal 培训班的其他学生们坐在一起，说句实话，在那一刻，我偶尔会有一种愧疚感：对这些学生来说，拿到大学学位是他们持之以恒的目标，我经常会想，要是能回到他们的年龄该有多好啊！我肯定会像他们一样，以极端认真负责的态度思考我对大学生涯的预期。

不过，我注意到，我在本书中提到的很多学者，从詹姆斯·赫克曼，到安吉拉·达克沃斯，到梅丽莎·罗德里格，再到《冲过终点线》

的几位作者，他们无一例外地指出，无论在高中阶段还是在大学阶段辍学，都是一种缺乏非认知能力的表现：缺少坚毅、坚忍的精神和规划能力。而且我自己也承认，在做出辍学这个决定的时候，我的确缺少这些至关重要的能力。但是通过创作本书，或许可以对我当初的选择找到一个令人宽慰的理由。与河谷乡村中学校长多米尼克·兰多夫的谈话让我茅塞顿开，他对这个失误做出了深刻的剖析，或者说，他至少指出了这种错误的致命危险，而发现错误的根源往往是走上成功之路最关键的一步。回想一下，兰多夫担心的是，对那些来自富裕家庭的孩子来说，私立学校、私人教师、常青藤大学以及无忧无虑的职业前景，所有这些当代美国精英阶层的特权会让他们迷失方向，因为他们的家庭和学校甚至还有他们所处的文化，根本就不可能给他们提供足够的机会去学习克服逆境，培养优良的品格特征，而这也将成为他们的致命弱点。“培养坚毅、强化自控力的目的，就是帮助你熬过逆境，摆脱失败阴影的笼罩，”兰多夫对我说，“在美国这种学术氛围极其浓厚的环境里，没有人会一事无成。”

根据为本书所进行的一系列调查，我撰写了一篇关于 KIPP、河谷学校和品格的文章[1]，并发布在 2011 年 9 月的《纽约时报杂志》上。文章发表之后，出人意料地引来大批读者的回应，他们认为，兰多夫对失败与成功的观点让他们深有体会。有些读者还在《时代》的网站上介绍了自己的亲身经历，如一个网名为“戴夫”的网友在评论中写道，他本人就曾是兰多夫所说的那种孩子，在考试中总能得到高分，而且经常受到人们的赞扬，但却缺少面对挑战所需要的坚韧不拔。“现在，已经年过三十的我已经被远远地甩在了后面，”[2] 戴夫写道，“我经常会想，如果不是那么畏惧失败，不是对任何没有 100% 成功概率的事情敬而远之，我的人生会走到怎样的高度呢？”

就在这篇文章发表后不久，当时，我还在潜心研究大学生坚持学业的情况，我发现自己很想知道自己当初为什么会辍学。我为什么会那么做呢？我翻出了一箱子那个时代的文章，希望能从中找到一点线索，最终，我找到了一封几乎被彻底遗忘的信，它详细解释了我当初决定辍学的原委：那是一个感恩节的周末，当时还在读大学一年级的我在哥伦比亚大学的宿舍里完成了这封信。它足足有 8 页之长，而且是用单倍行距写成的——为了让我们对那个时代有一个总体认识，这封信不仅是手写成的，而且还是草书。坐在办公室里，我小心翼翼地展开信件——尽管上面有两滴咖啡留下的印迹，但丝毫不影响阅读，我凝神静气，深深地吸了一口气，开始重温昔日的那段心路历程。或许你能猜想到，重温年少时的旧梦肯定是令人尴尬的。对于一个 18 岁的年轻人来说，恐怕没有什么事情比做出一个改变人生道路的决定更令人痛苦。但是，我很高兴还能找到这封信，尽管青春期的那个时刻的确有点让人难以忍受，但我依旧看到那个充满矛盾、激情四射的年轻时代的我。

在高中阶段，我曾是一个出类拔萃的学生，不仅有令人羡慕的年级综合考评分，还有让人钦佩的标准化考试成绩。走进大学校园的我既有兴奋，也有迷惑，在这个五彩斑斓的校园里，在这个纷繁复杂的城市中，我迷失了自己，找不到心的方向。我喜欢生活在纽约，但却不喜欢坐在报告厅。即使是在高中阶段，尽管我一向是个有责任心的学生，但还是对我与正规教育的缘分深怀疑虑。我的心中始终有一种叛逆者倾向——作为一个十几岁的孩子，杰克·凯鲁亚克“垮掉的一代”的观点对我影响颇深，和几百万充满叛逆精神的高中生一样，我也坚信，我们在课堂里所学到的东西没有任何意义，根本就不是一个男人应该学的。

那年 9 月份的一天，身处哥伦比亚大学的我终于茅塞顿开：我已经受够了这里的一切。“我接受这种教育的时间有 15 年零 3 个月，这是我生命中的 84% 啊，”我在信中以个人特有的严谨精神写道（为精确起见，我是从上幼儿园的第一天算起的）。“上学就是我的全部生活，我也只知道这个。教育就是一场游戏，你别无选择，只能面对：好在这是我的特长。我深知这场游戏的规则，我知道该如何履行无法逃避的所有任务。我甚至知道如何在游戏中成为胜利者。但我已经对这场游戏感到厌烦了，认为它恶心，让我难受。我想兑现自己的筹码，退出这场游戏。”

18 岁的我在自白书里写道，为了尝试以前从未做过的事情而放弃每个人都认为你最擅长的事情，总不是容易做到的。但这恰恰就是我觉得最应该做的事情：探索未知世界，寻找不安定的未来，而且是我根本就无从预见结果的事情。我寻求的探索是一个漫长的旅程，而且是某种冒险之旅：我需要拿出本该用来支付下学期学费的一部分钱，买了一辆旅行自行车，一顶帐篷，独自一人骑车从亚特兰大前往哈利法克斯，一路上，我要在公园或是陌生人的庭院里过夜。这是让很多人不得其解的奇怪想法。以前，我从来没有骑车进行过长途旅行，甚至没有一个人进行过短途旅行。我从未去过美国南部。虽然我不是特别擅长与陌生人攀谈，但我还是觉得有一种强大的力量，促使我去完成这项使命。我曾经有一种奇怪的念头：这趟旅行带来的收获或许会远远多于我在校园里所学到的东西。“这或许是一种彻头彻尾的失误，一次无法挽回的完败，是人生中最不可理解的灾难，”我在信中写道，“它也许是我做过的，而且是永远不会再做的最不负责的事。但它或许也是最负责的事。”

就在这篇关于 KIPP 及河谷学校的报道见诸《纽约时报杂志》的几天之后，一位读者便在电子邮件中告诉我，他认为我应该看看史蒂夫·乔布斯在斯坦福大学2005年开学典礼上的演说。他写道，乔布斯对失败和品格的观点与我在这篇文章里试图回答的问题有很多异曲同工之处。实际上，斯坦福大学的这次演说在乔布斯意外去世之后才开始广受关注，但巧合的是，这封电子邮件就是在乔布斯去世的几周之前发给我的，此前，我不仅从未读过这份演说稿，甚至还没有听说过这次演说。我在YouTube上打开这位读者发给我的链接，观看了乔布斯演说的视频，此时，我突然意识到，我对乔布斯几乎一无所知。看了这段视频，我才知道，在大学一年级的时候，他就从俄勒冈的里德大学退学了。请相信我，如果在大学退学10年后，你还试图给自己的决定找一个理由，那么，最可靠的办法就是找到一个同时代最成功、最有创造力的企业家，然后告诉大家，他曾经和你做过相同的事情。此外，他还要告诉大家，他对自己曾经的选择无怨无悔。在这次演说中，乔布斯解释说，辍学“曾经是他一生中做过的最正确的决定”[3]。在某种程度上，这次辍学经历甚至给他带来了巨大的回报：摆脱烦琐而沉重的学习要求，让他随意选择自己喜欢的课程，将书法和排版之类的必修课的负担抛在脑后。“我学过衬线字体和灯芯体，也学过调整不同字母组合的间距，学会让本来就已经很漂亮的排版更漂亮，”乔布斯说，“但是在我的生活中，所有这一切似乎都找不到任何实际用途。”当然，直到10年之后，他和史蒂夫·沃兹尼亚克才开始设计麦金塔电脑，并第一次决定将创造性的字体纳入个人电脑。而这个创意也将“苹果”系统与此前出现的所有操作系统区分开来。

但是在乔布斯的演说中，最让我感到震动的，还是他对人生中那次最惨重失败的回忆：在刚刚度过30岁生日的时候，被他一手创立的苹果公司解职。“在我成年时代的全部生活中，唯一能占据我思想的东西突然离我而去，那是一种五雷轰顶般的灾难，”乔布斯在演说中说，“而且每个人都知道，我失败了。”但乔布斯还说，这段刻骨铭心的失败经历也让他可以重新认识自己，重新认识自己的事业和人生道路，从而最终走向更辉煌的成功。他在当时显然没有意识到这些，只是随着时间的推移，他才逐渐地体会到这次经历的宝贵之处。最终，他收购皮克斯公司并对其实现成功转型，结婚，并以更饱满的热情重返苹果公司。正像乔布斯在这次演说中所说的那样，“成功的快乐被从头再来的轻松所取代，尽管未来的一切都充满着未知。”我认为，这正是我当年在哥伦比亚大学的宿舍里所思所想：体验从头再来的轻松和运气。

在写下这封辍学信的一个月之后，我便兑现了自己的誓言：离开哥伦比亚大学。我给自己买了一辆自行车、一顶帐篷和一台“科尔曼”烤箱，还有一张到亚特兰大的单程机票，然后，从亚特兰大出发，我骑车走上了通往哈利法克斯的道路，一路上，我经历了无数次的狂风暴雨、无数次的车胎漏气和不期而遇的奇遇。这次旅行花了我两个月的时间，在走到旅程终点的那一刻，我觉得那是我一生中做过的最美好、最有意义的事情。几个月之后，我再次尝试找一间适合自己的大学，我的眼光盯上了自己的故乡——加拿大的麦吉尔大学，实际上，在这里，10 年之后，迈克尔·米尼才开始注意到老鼠妈妈及其舔舐和抚摸习惯之类的神奇之处。不过，在麦吉尔大学度过了三个学期之后，为了在《哈珀杂志》（*Harper's Magazine*）谋得一份实习经历，我再次选择了退学。这一次，我的辍学走到了终点。我没有重返大学校园，彻底失去了获得学士学位的机会，在迟疑不决之中，我开始了做一名杂志编辑和记者的生涯。我也没有去关注苹果公司，更不知道 NeXT（乔布斯以前创建、现已破产的计算机公司）的存在。实际上，在此后的 10 年时间里，我始终纠结于一个相同的问题，它也是曾经让我在哥伦比亚大学的宿舍里辗转反侧、思前想后而不得其解的问题：我到底是应该做自己擅长的事情，还是做自己喜欢做的事情？循规蹈矩，安分守己，还是突破现状，探索未知的运气上限？直到离开哥伦比亚大学 24 年后的一个秋天的早晨，我才突然意识到，为了一个更值得追求的事业，我需要再次放弃另一个在纽约备受尊重的机构——《纽约时报》，而且同样是在还没有找到更光明的出路时离开的。不过，我这一次的冒险行为并不是骑自行车环游美国，而是为了写一本书，就是你正在看的这本书。

2 找到最好的抚养方式

现在，在思考成功和失败时，我很少会想到自己的理想，而是更多地会去想我的孩子——艾灵顿。在我的感觉中，我或多或少已经兑现了自己的梦想。但是艾灵顿呢？一切皆有可能。我是在艾灵顿出生时开始筹划这本书的，并计划在他度过第三个生日之后出版，因此，我撰写这本书的几年时间，按照神经学家的观点，恰好与艾灵顿人生中最关键的阶段不谋而合——因为这也是儿童发育最重要的阶段。撰写这本书的过程，尤其是与大脑研究（如本书第一章所述）领域的不期而遇，对我认识如何成为一个好父亲产生了深远影响。

在艾灵顿出生时，我还是一个因为认知假设而焦虑不安的父亲，担心他不会在自己的人生中收获成功，于是，我把一大堆智力认读卡和莫扎特的 CD 搬进产房，每天用这些启发工具对他狂轰滥炸，直到他在幼儿园入园考试中拿到了一个让我心满意足的成绩。但我接触的大脑研究学者却指出了一个完全不同的方向。他们指出，人生最初几年的确是儿童大脑发育的关键阶段，但是在这段时间里，他们最应该获得的能力却不是通过认读卡可以得到的。

这倒没有让我突然开始不再关心艾灵顿的阅读、写作或是加减法计算能力，但它的确让我相信，不管我是否关心，艾灵顿迟早都能掌握这些能力，原因很简单，他毕竟是在书香门第里长大的，他有一对喜欢阅读和对数字有着敏锐感觉的父母。相反，我唯一不敢确信的，就是他的品格。

诚然，在谈论一个蹒跚学步的孩子时，使用“品格”这个词会让人觉得有点荒唐。人的品格培养的确取决于文化、家庭、基因、意愿和命运之间的交互作用，而且这种作用也确实存在着我们无法解释的诡异和神秘。但我认为，新一代神经学家最有意义的发现，就是新生儿脑化学与成年心理学之间强大的关联性。这些科学家发现，作为人类最高贵、最复杂的品质，品格最根本的内涵源于婴儿的发育期，在他们的大脑和身体中，某些特定的化学物质发生了最普通的机械性互动反应。显而易见，化学绝不是命运。但这些科研人员却告诉我们，造就一个勇敢、善良、聪明、有好奇心的成年人，最可靠的方法就是保证在他们还是婴儿时，让“下丘脑－垂体－肾上腺”轴正常发挥作用。如何做到这一点呢？这并不神秘。首先，尽可能地保证他们免受严重创伤和长期性压力；其次，也是最重要的，为他们提供一种安全稳定的抚养关系，确保这种关系的另一方至少为父母之一，当然，最好是父母两个人。

在艾灵顿还是一个孩子的时候，对我影响最大的研究来自迈克尔·米尼。虽然羞于承认，但说句实话，每当我和小艾灵顿一起玩的时候，经常会不由自主地想到幼鼠。实际上，我一直在思考，做一个坚持“舔舐－抚摸”抚养模式的母鼠到底意味着什么呢？我发现，那些采取高 LG 式的母鼠显然不属于直升飞机式的父母。它们不会焦虑不安地在幼崽头顶盘旋缭绕，也不会一刻不闲地舔舐和抚摸幼崽。它们的“LG”会更多地体现在一种极端特殊的情况下：自己的孩子正在承受着无法承受的压力。似乎母鼠只是想通过重复让幼崽们掌握一种有价值的技能：如何管理过热的压力系统，并使之恢复到安静状态。对于人类的婴幼儿，我认为，这种能力表现为在经历了暴怒或是受到严重惊吓之后能尽快地恢复平静，而这也正是我在帮助艾灵顿学习如何面对生活时最看重的东西。说得更明白一点：我不会舔舐我的儿子。说句实话，我甚至很少抚摸我的小艾灵顿。不过，如果将这种高“LG”的抚养模式转化为适应人类的方式，应该体现为大量的安慰、拥抱、谈心和保证。而在艾灵顿很小时，这也是我和妻子宝拉给予他最多的东西。我感觉，在艾灵顿处于婴儿期的时候，这些举动注定会比其他呵护形式对他的品格产生更大的影响，并进而影响到他未来的生活是否幸福，事业是否成功。

但是，随着艾灵顿的不断成长，随着不计其数的父母先于我发现，孩子们需要的不仅仅是爱和拥抱。他们还需要守纪、规矩和约束，需要有人对他们说不。而他们最需要的，则是与他们承受能力相适应的逆境，一种让他们摔倒然后又能无需帮助而独自站起来的机会。这对我和宝拉来说更难——因为与拥抱和安慰相比，它们显然不是与生俱来的。而且我也知道，在这个漫长而艰难的旅程中，这还仅仅是开端而已，和所有父母一样，一方面，我们迫不及待地想让孩子们应有尽有，保护他们避免一切伤害，另一方面，我们也知道，如果真希望他们成功，就首先要他们学会失败。或者更准确地说，我们需要帮助孩子学会接受失败，克服失败。学会如何应对失败并从失败中汲取教训的重要性显然是毋庸置疑的，这个观点也是贯穿本书各章的一个主线。而 318 中学的国际象棋教练伊丽莎白·施皮格尔在这方面就是典范。她自始至终都认为，她的学生注定要遭遇无数次的失败。而且这也是所有棋手的必经之路。在她看来，自己的工作并不是保护他们免遭失败，而是教他们如何从失败中学到东西，如何真诚地认识自己的失败，而不是敷衍了事甚至是视而不见，以及如何正视和克服失败的根源。施皮格尔认为，如果能做到这些，他们肯定会在下一次做得更好，就像史蒂夫·乔布斯在二进苹果公司之后所经历的那样。

经过与河谷乡村学校的教师和学校管理人员的谈话，以及随后与很多私立学校教师和学生家长的沟通，我发现，对所有看过《纽约时代周刊》这篇关于品格的文章并且想进一步了解这个话题的人来说，这正是他们最担心的东西：为了让孩子们远离逆境，他们接受了太多的庇护，以至于他们失去了培养克服失败并从失败中汲取教训的能力。在对河谷学校进行调查时，我经常感觉到，当下富裕阶层中弥漫着一种莫名的焦虑情绪，人们觉得，美国精英阶层的传统教育体系已经出了问题：尽管顶级的高等教育机构可以为我们的年轻人提供最炙手可热的文凭，纯熟高超的解决问题能力，但却不能让他们在这个纷繁复杂的世界里找到属于自己的成功。今天，在成功的企业家当中，来自美国顶级大学的毕业生越来越屈指可数[4]；敢于突破传统、离经叛道的人越来越少；真正才华横溢的艺术家日渐稀少；实际上，除了投资银行家和管理顾问之外，一切都在越来越稀缺。最近，《纽约时报》披露，在2010年毕业的普林斯顿大学学生中，36%进入金融业，还有26%进入了以普林斯顿命名的各类服务业，尤以管理顾问为主[5]。换句话说，这批毕业生的一半以上最终落脚于投资银行业或咨询业，而且这还是金融业在2008年濒临崩溃的时候。（而在经济危机爆发之前，在这两个行业就职的普林斯顿大学毕业生比例更是高达 3/4 左右。）

某些分析师认为，我们把众多最优秀、最聪明的年轻人送进这个不以体现个人成就或深层次社会价值而著称的行业，这正验证了很多河谷学校教师的担心：尽管孩子们学习非常勤奋，但却从未面对艰难的抉择或是真正的人生挑战，尽管他们在进入成年人的世界时不乏能力，但最终还是茫然而不知所措。2010 年，一位名叫郭庚信（James Kwak）的经济学博士兼法学教授发表了一篇意义深邃的博客[6]：“为什么哈佛大学的孩子们会一股脑地涌进华尔街？”在从哈佛大学毕业之后，郭庚信和很多同学一样，找到了一份管理咨询师的工作。他在博文中解释，之所以会有如此多的人踏上这条充满艰辛的路，并不是为了钱，而是因为投资银行和咨询公司创造了一条简单易行而且难以抗拒的道路。

郭庚信写道，对于典型的哈佛大学本科毕业生，他们“考虑更多的，是担心自己不会成功，而不是到底要做什么的具体愿望”。他解释说，常青藤学生在学生时代的选择依赖于两个决策规则：①尽可能不排斥任何选择；②只做有利于提高未来成就、超过预期的事情。投资银行和咨询公司的招聘者深谙这种心理[7]，而且将之运用到了极致：虽然这份工作具有高度的竞争性且拥有较高的社会地位，但应聘和受聘过程极为严格，而且具有可预测性。此外，招聘者还会明目张胆地向大学高年级学生坦言，加入高盛、麦肯锡或是类似公司，意味着他们没有做出任何选择——他们只是在这里花上几年的时间赚钱，招聘者或许会这样建议应聘者：首先要尽可能地适应社会，然后在未来的某个时刻，再去决定自己到底想做什么，以及到底要成为怎样的人。郭庚信在博客中写道，“对那些不知道该如何在开放经济中找一份工作的人，以及在人生的每个阶段都需要通过考试才能获得社会尊重的人，所有这一切的到来都是顺其自然。”

3 我们的出路何在

如果你是一名哈佛大学的本科毕业生，品格上的问题或许只会让你选择一份没有什么启发性的投资银行工作。但如果你是一名在芝加哥南区长大的少年，品格上的问题却有可能把你送进监狱，最好的可能性也就是进入维维安·萨默斯替代性高中。尽管我们不能说，公众有责任帮助常青藤的毕业生们充分发挥其潜能，但我们完全有理由认为，社会对于生活在贫困、逆境中的孩子的健康成长扮演着重要的角色。尽管自由派和保守派在政府应如何帮助贫困家庭这个问题上针锋相对，但几乎任何人都不得不承认，政府应该有所作为。不管在历史上还是现实中，减少贫困带来的副作用，为年轻人提供摆脱贫困影响的机会，始终是每一个政府义不容辞的职责，它和修路建桥、保卫国家安全一样，都是同等重要的政府基本职能。皮尤研究中心的一项跟踪性民意调查显示[8]，大多数美国人都赞同这个观点。尽管针对贫困人口的公共补贴自 2008 年以来持续减少，这在经济危机时期似乎还情有可原，但绝大多数美国人依旧会同意这样的说法，“政府应该确保每一名公民有饭吃，有房住”，或者说，“照顾所有不能自理的人是政府的责任”。如果用机会平等的概念看待这个问题，公众的意见就更加显而易见：自 1987 年以来，也就是从皮尤研究中心开始上述调查之时起，87% ~ 94% 的调查者同意这种说法，“我们的社会应采取必要措施，保证每个人享受平等的成功机会。”但是，尽管美国人始终在一如既往地帮助贫困人群寻找成功，但是在过去的几年里，确实有很多重要的东西不再依旧：我们曾经激情四射地探讨如何消除贫困，而今，这些声音几乎已经消失殆尽。早在 20 世纪 60 年代，贫困曾经是社会公众关注的焦点。在约翰逊执政时期，政府甚至专门为雄心勃勃、才华横溢的年轻人设置了经济机会办公室（Office of Economic Opportunity），它也是华盛顿“反贫困战争”的指挥部。到了 20 世纪 90 年代，贫困问题再次成为社会舆论的焦点，而这个焦点的核心就是福利改革。但是现在，这些争论几乎全部销声匿迹了。今天，我们有了一位从贫困时代步入政坛的总统（奥巴马总统），他也曾为了今天 YAP 志愿者们所救助的人群而奋争，而且他确实也在这个领域做出了杰出的贡献。但是作为总统，他在公共场合谈及贫困问题的频率甚至还不如他的民主党前任。

毫无疑问，消失的绝不是贫困本身。而且贫困不仅没有消失，甚至根本就没有减轻。1996 年，也就是在“反贫困战争”进行到如火如荼的时候[9]，美国的贫困人口比例还不到 15%，2010 年，这一数字变成了 15.1%。今天，儿童中的贫困比例已出现了爆发式增长[10]。1966 年，这个比例为 17% 多一点，今天，这个数字已经达到了 22%，这就是说，20% ~ 25% 的美国儿童生活在贫困状态中。

因此，既然今天的贫困问题丝毫不比 20 世纪 60 年代的时候好多少，那么，我们为什么不喜欢谈论这个问题，或者说至少在公开场合对它闭口不谈了呢？我认为，这个问题的答案在一定程度上与社会公众的心理有关。“反贫困战争”给积极参与这场运动的理想主义者留下了一道深深的伤疤，尽管他们都拥有良好的教育背景，但正因为如此，这种运动让这些政治书呆子们陷入了沉重的压力，这次重创也给他们留下了难以愈合的后遗症。还记得吧，就在肯尼迪总统第一次发出消除贫困的口号时，他还曾誓言让人类踏上月球。20 世纪 60 年代初的华盛顿是充满了乐观情怀与希望的伟大时代，而“阿波罗”的使命则让这种希望更加丰盈。这是一个国家的巨大胜利，它向全世界传递了一个信息：作为一个国家，只要我们下定决心，一切问题都将迎刃而解。

但唯独贫困问题没有解决。我们在“反贫困战争”中采取的某些干预措施确实收到了成效，但大多数措施显然流于形式。而且很多政策适得其反，带来的伤害似乎大于它们所造就的福利。如果你认为一个聪明人走进政府就可以解决大问题，那你就大错特错了，这样的道理很难令人信服。我们当然不情愿承认，要大幅减轻贫困问题显然要比我们想象的艰难得多，即便是在 45 年之后，我们依旧不知道该如何是好，毋庸置疑，要承认这一点就更加痛苦了。

在过去 10 年中，还有一个问题的出现或许可以帮助我们解释贫困问题日渐淡出社会舆论焦点的原因，那就是它与教育问题的不期而遇。以前，教育和贫困始终是公共政策中两个独立的问题。最初，人们曾讨论过“新数学”和“约翰尼为什么不会阅读”这样的问题。随后，人们开始关注贫民窟、饥饿和旧城区改造问题。但是，另一个话题却愈加成为社会争论的核心，那就是贫困儿童与富裕儿童的学习成绩差异，也就是说，就总体而言，生活在贫困家庭的美国儿童在学校里的表现令人担忧。

这种贫困与教育问题并生背后的原因是多方面的。第一个原因可以回到《钟曲线》这本书[11]，这本关于智商的著作出自查尔斯·默里与理查德·赫恩斯坦（Richard Herrnstein）之手，在 1994 年出版之后，便引起广泛关注和激烈争议。他们在书中得出的结论是，各种族学生在考试成绩上的差异最有可能是不同种族基因带来的结果，在我和很多人看来，这个观点是有缺陷的，但《钟曲线》也的确为我们带来了一个非常重要的新视角：学习成绩和考试分数是预测人生中各种结果的最好指标，不仅包括你在学业上到底能走多远，你在毕业后能拿到的收入是多少，甚至还包括你是否会走上犯罪道路，是否会吸毒，是否会收获一份美好的婚姻，以及是否会离婚。《钟曲线》这本书表明，那些在学校表现优异的孩子往往会在生活中有上佳表现，而不管他们是否来自贫困家庭。这就引出了一个饶有趣味的观点，它让所有政治势力的改革派都感到欢欣鼓舞：如果我们能帮助贫困儿童提高学习能力和学习成绩，那么，即便没有外界的施舍和援助，他们也能凭借自身的能力而摆脱贫困的恶性循环。

在 20 世纪 90 年代末和 21 世纪初，两种社会现象曾让这种观点备受推崇。一个是 2001 年出台的“有教无类法案”。在美国历史中，政府第一次以法律形式要求各州、各市以及每一所学校详细上报在校生的表现——不仅要包括学生的总体表现，还包括分门别类的学生群体，比如说少数民族学生、来自低收入家庭的学生以及母语非英语学生等。一旦拿到这些成绩资料，它们所反映的成绩差异便跃然纸上，变成任何人都无法回避甚至否认的事实。数据显示，在每一个州，每一个年级，甚至是每一所学校，低收入学生的表现都远远落后于中产阶级家庭的学生，他们在离开中学之前，前者落后于后者的平均差异竟然达到两三个年级的水平。此外，贫富儿童的成绩差异每年都在继续恶化[12]。

另一个值得注意的现象是，有些学校似乎对成绩差异置若罔闻，包括 KIPP 和其他系统相同模式的学校，如纽黑文的艾米斯塔德高级中学，波士顿的罗克斯贝里预科中学和纽瓦克的北星特许高级中学。大卫·莱文、迈克尔·费恩伯格及其他教育工作者在提高学生成绩方面取得了卓越成效，他们的探索性工作很快便赢得了社会的广泛关注，也给人们带来了无限的遐想空间。似乎这些教育工作者已经为市中心区学校的成功找到了一种可靠而且是可以复制的模式。

这三个现实汇集到一起，恰好为那些关心贫困青少年问题的人提供了一个三段论推理依据：首先，不管背景如何，学生在学校里学习成绩的提高与他们在生活中取得的成就高度相关；其次，来自低收入家庭的孩子的学习成绩确实落后于来自中等收入或高收入家庭的孩子；最后，某些学校运用完全不同于传统学校的教育模式，就可以大幅提高贫困孩子的学习成绩。这样，我们就可以得出一个结论：如果可以在全国范围内大规模复制这些学校的教育模式，那么，我们就能卓有成效地削减贫困对孩子未来成功的负面影响。

这是一种完全不同于以往的认识贫困的方法，也让包括我在内的很多人感到振奋不已，而最重要的原因，就是其他太多的方法都无济于事。我们曾经尝试过为贫困母亲提供福利性补贴，也尝试过住房补贴，采取过“开端项目”[①]，实行过社区巡警制度。不过，这一切都基本未能改善贫困家庭儿童在学校里的表现。但是现在，我们似乎找到了一条可以帮助公立学校做得更好的出路，而且又非常有效，和以往采取的手段相比，它能让学校成为一种更强大的反贫困武器。这是一种具有变革性的思想，它点燃了一场运动的星星之火：教育改革运动。

4 一种乐观的教育改革模式

实际上，在这场运动的初期阶段，其倡导者并没有意识到他们的路

① Head Start，是美国卫生与公共服务部提出的一项扶助贫困家庭的健康项目。——译者注

最终将走向何处。他们的出发点还停留在设想的层面，即在整个国家的范围内，让所有学校都能像 KIPP 那样，在改善低收入家庭孩子方面行之有效。但对于什么样的政策最有利于兑现这个设想，他们却各执己见。是采取代金券，还是一种全国性的统一课程？是设立更多的特许学校，还是减小班级规模？时至今日，也就是在 10 年之后的今天，教育改革家们的眼光已经锁定在一个更具体的问题上：教师质量。大多数改革倡导者基本已达成一种共识[13]：不符合要求的教师太多，尤其是在极度贫困社区的学校，这种情况更为突出，而改善这些学校学生表现的唯一途径，就是改革针对教师的聘用、培训、薪酬和解聘制度。

这种观点是有理论依据的[14]，它源自诸多经济学家、统计学者——包括埃里克·汉努切克（Eric Hanushek）、托马斯·凯恩（Thomas Kane）以及威廉姆·桑德斯（William Sands）等人——在 20 世纪 90 年代和 21 世纪初发表的一系列论文。这些研究显示，我们完全有可能通过一种被称为“增值法”的统计方法，区分出两种类型的教师：能持续提高其学生学习成绩的教师，和始终在提高学生学习成绩方面落在后面的教师。而这个思想又会自然而然地引发一轮理论变革：如果将表现不佳的低收入学生分配给一名高质量的教师，只需通过连续几年的努力，其考试成绩就应持续改进，而且这种改善具有连续性和累积性，因而是不可逆的，在经过 3 年、4 年或是 5 年之后，他们与富裕家庭的孩子在学习成绩上的差异基本彻底消失。我们还可以进一步推进这种观点：如果彻底改革学校体系及其与教师的合同，让所有低收入家庭的孩子都能得到一名高质量教师的教育，那么，存在于贫富家庭孩子中的成绩差异就会彻底消失。

在过去的几年里，这种理论已经逐渐被政府高层所接受。实际上，在奥巴马执政时期，政府最大的教育改革措施就是为州级政府创造一种竞争性激励，鼓励他们重新制订或修订监管教育方面的政策。很多州已采取措施接受政府扶持，其结果是，在教师收入、资质考核和任期等方面提出各种试验性概念，采取多种多样的形式在教育体系中加以检验。与此同时，在教育慈善领域投入最大的盖茨基金会也开展了一项耗资达 3 亿美元的研究性项目，即“教育有效性措施”（Measures of Effective Teaching），旨在明确解答教育的收益性问题究竟何在以及如何打造一支更优秀的教师队伍。

尽管改革派在这个问题上的意见极为一致，但对于如何在全国范围内推进教师质量还是存在较大分歧。尤其是教师工会担心，这样做过于粗疏，有可能让他们几十年以来为保护教师行业做出的努力付之一炬。而且不管我们如何看待工会，针对教师进行的研究在诸多重要方面依旧缺乏结论性。首先，我们尚不知道怎样才能准确预测哪些人会在既定年份成为一名顶级教师。有的时候，那些似乎已经被淘汰的教师会在突然之间大幅改善其学生的成绩，而杰出的教师也有可能会遭遇滑铁卢[15]。因此，我们同样无法预知的是，一个优秀教师能否始终为低收入学生带来可累积的积极影响。下面的看法看起来是说得通的，连续三年接受顶级教师教育的学生比仅在一年时间内接受顶级教师指导的学生的成绩好三倍，但事实也可能未必如此。这种影响或许会在一年后逐渐淡化。迄今为止，我们还无法通过有力的依据验证这些猜测。

诚然，多年以来，现行体系始终在为那些最需要优秀教育的学生配备最不称职的教师。这是一个很严重的问题。但不管怎么说，我们一直在把改革教师任期作为整个国家改善贫困儿童生活的核心政策。即便是根据这些被当下改革支持派反复引用的理论，即汉努切克等学者的论文，我们也可以推论出，教师质量参差不齐给学生成绩带来的差异或许还不足 10%[16]。

这也是将教育分歧与贫困问题争议混为一谈的负面效应——我们可能会因此而转移对真正问题的注意力。你会开始以为，唯一重要的问题就是：我们到底应该如何提高教师质量？但是，它事实上只是一个更宏观、更深刻问题的一小部分：作为一个国家，我们怎样做才能显著改善贫困儿童的命运呢？

在教育改革讨论中，随着关于贫困问题的争论的逐渐消失，我们也忽略了另外一个重要的事实：许多最流行的学校改革，包括那些在成绩突出的特许学校实施的改革，似乎在来自低收入家庭但最有能力的儿童身上效果最好，但是对于那些能力低下的儿童，其效果则并不太好。但问题是，联邦政府教育部定义经济需求的粗放方式却在掩盖这个现实。衡量当下美国公立学校学生经济状况的唯一官方指标，就是他们是否有资格享受学校的午餐补贴，这也是联邦政府对所有年收入低于贫困线 185% 的家庭发放的补贴，在 2012 年，一个四口之家享受这项补贴的收入标准为 41348 美元[17]。因此，当我们主张某一项特定改革措施或是一所特定学校有利于改善低收入学生的成绩时，就必须牢记这样一个事实：教育部定义的低收入仅涵盖 40% 左右的美国儿童[18]，而且其中包括一部分生长在被我们大多数人定义为工薪阶层甚至是中产阶级家庭的孩子。（在芝加哥的公立学校，只有 1/8 的学生不符合享受午餐补贴的标准）[19]。在教育部圈定的低收入学生范围内，只有一半左右是名副其实的穷人，或者说，只有这一半的学生才真正生活在贫困线以下。在这一半左右的学生中，或者说相当于全部美国学生的 10%[20]，是在收入水平不足贫困线一半的家庭中长大的。对于一个四口之家，这意味着家庭年收入不到 1.1 万美元[21]。

如果你就属于成长在年收入不足 1.1 万美元家庭中的 700 万美国孩子中的一员[22]，那么，在求取学业成功的道路上，你就要面对很多年收入达 4.1 万美元家庭的孩子所无法想象的挫折与障碍。而最直接的困难就是经济上的拮据——你的家庭或许无力支撑得体的住所或是拥有营养的食物，更谈不上新衣服、新书籍或是智力开发性玩具了。而且你在学习道路上遭遇的最大障碍，很有可能是这些家庭所无法克服或是承担的。如果你的家庭确实只能赚到这么多钱，这足以判断，你的家里没有一个成年人从事全职工作。这或许只是因为工作机会稀少，但也可能是因为你的父母在就业问题上还面临着其他障碍，譬如残疾、情绪抑郁或是吸毒等。而且从统计数字看，抚养你长大的母亲也更有可能是没有教养、尚未结婚的单身母亲。不过，这也有好的一面，因为父母虐待或疏于照顾子女始终是这些孩子被儿童福利院领养的一个主要原因。

神经学家和心理学家告诉我们，在这些家庭里长大的孩子更有可能获得较高的 ACE 分数，而且不太可能与抚养者之间形成可缓解压力创伤影响的安全型依恋关系，而这又意味着，他们的执行能力有可能低于平均水平，而且难以应对压力局面。在课堂上，他们将受困于注意力分散、社交技巧贫乏，不能安静听课，无法听从指挥的问题，而在教师的眼里，所有这一切都属于不当行为。

尽管这些孩子的需求迫切，但学校改革者却始终未能找到行之有效的干预手段；另一方面，对于那些生活在家境较好的低收入即年收入 4.1 万美元的家庭的孩子，他们提出的干预要更好一些。事实是，还没有人找到可靠的方式帮助这些处于极度不利环境下的孩子。反之，我们所创造的，只不过是一种时隐时现的权宜性政府机构和项目，磕磕绊绊地伴随着这些处于逆境的孩子走过儿童时代和青春期。

这种机制的失灵始于“医疗救助”改革下拥挤不堪的诊所，并在社会服务、儿童福利办公室以及医院急救室延续下去。一旦学生们进入学校，这个系统就会引导他们进入特殊教育、补习班和替代性学校，随后，这个系统又搬出高中同等学力证书（GED）和计算机辅助学分重修课，有了这些“创新”，即便是那些不具备相应能力的孩子们也一样能拿到高中毕业证。走出校门，这个体系又创造出寄养所、少年管教所和缓刑监督官之类的“新鲜事物”。

在这个系统中，没有几个机构运行良好或者配备了适当人员（还没有一个像“美国教育计划”这样的体系，大量接收这些如饥似渴、充满理想主义情怀的大学毕业生），而且他们所做的工作也没有和所针对的对象很好地匹配。对于牵涉其中的孩子和家庭，和这些机构打交道往往会让他们感到心力交瘁、欲罢不能，甚至要忍气吞声，备受侮辱。就总体而言，这个系统的代价极为高昂，而且极其无效，成功率极低。在那些顺利通过这个体系的人当中，也几乎没有几个人能在生活的其他领域找到成功，换得真正幸福的人生：一份不错的职业、一个完整的家庭和一个稳定的居所。

但是，我们完全可以设计一套与之完全不同的体系，帮助孩子们应对家庭的逆境。它可以从一套完整的儿科健康中心开始，比如纳丁·伯克·哈里斯目前在旧金山郊区贝维尤－亨特斯区筹建的医疗中心，就是把医疗探访定位于提供心理创伤护理和社会服务支持。随后，再延续到对抚养过程的干预，以提高实现安全性依恋关系的概率，比如特拉华大学开展的“依恋关系及生物行为匹配”（Attachment and Biobehavioral Catch-up）干预项目。在幼儿园之前的阶段，它可以表现为“思维工具”（Tools of the Mind）之类的项目，以提高幼儿的执行能力和自我调节能力。当然，我们都希望确保这些学生能进入好学校，不是那些把他们推给补习班的学校，而是那种能够为他们提供挑战的学校。不管他们在课堂上得到怎样的学业支持，教室以外的社会、心理和品格培养方面的干预都是不可或缺的，比如说伊丽莎白·多齐尔在芬格中学采取的措施，或是“周转儿童”（Turnaround for Children）组织在纽约市和华盛顿特区等几所低收入学校提供的支持。在高中阶段，这些学生将受益于OneGoal和KIPP穿越学院等提供的综合性手段——引导他们寻求接受高等教育的机会，在学习、心理和情感上帮助他们为进入大学做好准备。

毫无疑问，由于这样的体系仅定位于10% ~ 15%失败风险最大的学生，因此，其运营成本注定不菲。不过与现有的应急性体制相比，它还是便宜的。因为它不仅能够帮助这些学生，还能省钱，这种效应不仅体现在长期，而且也体现在当下。

5 帮孩子走上成功之路

探讨家庭对贫困儿童成功的影响，或许是一个极为令人不安的命题。教育改革派更喜欢将影响成功的主要障碍锁定在学校体系范围内，在他们的心目中，在教师里求解这些问题已成为不二的信条。相比之下，改革怀疑论者则经常将低收入儿童表现不佳的责任归咎于学校以外的因素，但是在列举这些因素时（而且我本人确实也见识过很多种版本的解释），他们往往会选择那些与家庭职能关系不大的因素。反之，他们喜欢选择非个人色彩更浓厚的影响，比如生活环境中的有害物、不安全的食品、不完善的医疗保健和住房以及种族歧视等。虽然说这些问题的确存在，而且非常重要，但他们始终未能精确定位影响贫困儿童尤其是赤贫儿童实现成功的最大障碍：给他们施以重压的家庭和社区，与抚养者之间缺乏安全稳定的关系，以至于让孩子无法应对这些压力。

因此，在我们探寻贫困造成学习成绩不佳的深层次根源时，为什么总是盯着那些错误的罪犯，而让那些已被科学认定为罪魁祸首的造孽者逍遥法外呢？我认为，这背后隐藏着三个层面的原因。

首先，科学本身往往并不为多数人所知，或者说，并不是多数人所能理解的，而不被多数人理解的部分原因，就在于它们过于坚实、隐晦而无法被轻易看穿并破解。因此，每当你试图用“下丘脑－垂体－肾上腺”轴这样的术语说明自己的观点时，总会无一例外地遇到麻烦。

其次，在谈及低收入家庭中的家庭失灵时，肯定会让那些没有生活在这些家庭中的人感到局促不安，这一点不难理解。在公众场合谈论别人的抚养方式显然是粗暴无礼的。尤其是谈论那些根本就不具备你所拥有的物质条件的父母，更会令人生厌。如果做出这些评判的人是白人，且被评判的父母又恰恰是黑人时，那么，就会让每个人都感到焦虑不安。这样的谈话不可避免地会触及美国政治和美国人心灵深处最痛楚的伤痕。

第三，无论对于左翼还是右翼派别，针对儿童不利成长环境的新兴研究学科都对某些根深蒂固的传统政治信仰提出了挑战。对自由派来说，这一学科表明，保守派在最重要的问题上做出了正确判断，即：品格的作用无与伦比。在我们为劣势年轻人群提供的反贫困工具中，没有任何一种能比得上凯瑟·琼斯、克瓦纳·莱尔马以及詹姆斯·布莱克所拥有的这些无比强大的品格力量：尽责、坚毅、灵活、执着和乐观精神。

保守派在贫困问题上最大的缺陷，就是它往往在最关键的问题上止步不前，即：品格很重要，仅此而已。我们的社会没什么可做的，除非穷人自己形成或以某种方式培养出更好的品格。如此的话，其他人也可以从此脱身。我们可以用语言教育和引导穷人，如果他们不听从教诲，我们就可以惩罚他们，我们的职责仅止于此。

但实际上，这一科学却为我们展现了一种完全不同的现实。它告诉我们，那种对年轻人实现成功至关重要的品格力量并不是天生的；它们不是好运气或是好基因的产物，不会神话般地降落到我们的身体里。它们源于脑化学的基本原理，品格是可以塑造的，是通过儿童的成长环境，以某种可量化、可预测的方式打造出来的。这就意味着，我们中的其他人，或者说是社会整体，都可以通过坚持不懈的努力去影响儿童的成长。今天，我们已经对何种干预措施能帮助儿童培养这些品格和能力，以及如何帮助我们从出生开始到顺利完成大学学业有了大量的认识。尽管父母就是实施这些干预的最佳载体，但他们显然不是唯一的载体。这种改造还可以来自社会工作者、宗教人士、儿科医生和社区。我们可以讨论这些干预措施到底应由政府提供，还是应由非营利组织或是宗教机构提供，或者依赖于三者的某种组合。但有一点无须更多讨论：我们该开始行动了。

当那些主张以新思维认识儿童及其劣势的人为自己的观点辩解时，他们往往是从经济学角度出发的：作为一个国家，我们应该改革儿童培养的模式，因为这不仅有利于节约资金，而且有助于促进经济增长。哈佛大学儿童发展中心主任杰克·肖可夫（Jack Shonkoff）曾令人信服地指出，要对低收入、低龄儿童的父母提供支持[23]，有效的对策至少应比承担事后补救性教育及工作培训费用的现行方式更有效、成本更低。詹姆斯·赫克曼则借助数学手段将分析更推进了一步，他计算了佩里预科学校给美国经济带来的有形收益：对这所学校每投资 1 美元，就可给美国经济创造 7 ~ 12 美元的回报[24]。

尽管这些来自经济角度的依据极富说服力，但是，我赞同的观点则更趋向于个人层面。通过与很多在逆境中长大的年轻人进行交流，我几乎是不由自主地产生两种感觉。首先，为他们已经丧失的东西而感到愤慨。想想克瓦纳在明尼苏达中学“WINGS”课堂上的经历，那是一种被搁置、被监管的感觉，当他们在看电影、吃爆米花时，而其他孩子则在学习数学和暗喻，我完全能体会到伊丽莎白·施皮格尔得知詹姆斯·布莱克在棋盘以外的学习状态时的那种感受：克瓦纳对自己的经历感到无比的愤怒。因为这段经历给克瓦纳带来的损失，需要她付出两倍于常人的努力。

而令人敬佩的是，她确实付出了两倍于常人的努力。这引发我做出了第二个反应：在看到年轻人为自己创造挑战，为了寻求更好的前途而甘愿做出痛苦的抉择，并跳出几乎不可逆转的宿命陷阱时，我感到一阵由衷的敬佩且充满希望。为了重塑自己，改变自己的命运，詹姆斯、凯瑟和克瓦纳都付出了同龄时期的我没有付出的努力。每一天，他们都在全力以赴地攀登，在通往成功未来的梯子上更上一级。但在我们这些外人来看，为他们的努力而喝彩，为他们有朝一日的希望而祝愿还远远不够，他们本身就是最好的榜样，就是最有说服力的先行者，更多的年轻人正在追寻他们的足迹。他们并不是这个人生阶梯上孤独的攀爬者。他们之所以会出现在这个通向成功未来的梯子上，只是因为已经有人帮他们迈出了第一步。

致谢

感恩是KIPP及河谷学校的老师们希望培养学生所具备的7种品格力量之一，现在，我很庆幸有机会用几个段落来演练这种能力：当然，这点篇幅还远远不够感谢所有帮助我完成这本书的人，但至少够我对其中的一部分人表达敬意。

归根到底，我的报告得益于很多学者和研究人员的慷慨和智慧，尤其是要感谢詹姆斯·赫克曼（James Heckman）、克兰西·布莱尔（Clancy Blair）、纳丁·伯克·哈里斯（Nadine Burke Harris）以及安吉拉·达克沃斯（Angela Duckworth），这不仅让我有机会分享他们对各自领域的深邃见解，而且还帮我看到很多超越传统学术及科研边界的关联：发展心理学与劳动经济学之间；犯罪学与儿科医学之间；压力激素与学校改革之间。

同样还要感谢那些让我有机会亲身体验他们工作的教育工作者，他们以超乎寻常的耐心为我讲述了其行为背后的原因，为此，我尤其要向伊丽莎白·施皮格尔（Elixzabeth Spiegel）、杰夫·尼尔森（Jeff Nelson）、大卫·莱文（David Levin）、伊丽莎白·多齐尔（Elizabeth Dozier）、多米尼克·兰多夫（Dominic Rondolph）、汤姆·布伦泽尔（Tom Brunzell）、K.C.科恩（K.C.Cohen）、米歇尔·斯泰福（Michele

Stofl）以及拉妮塔·里德（Lonita Reed）致敬。斯蒂夫·盖茨（Steve Gates）或许不认为自己是教育工作者，但我还是喜欢把他归入这一类，感谢斯蒂夫，他实际上在教育我，他的引导和慷慨让我在罗斯兰德的时光受益匪浅。

我还要感谢芝加哥、纽约市以及旧金山的几位年轻人，他们同我分享了他们的经历，并以诚实、负责和优雅的方式解答了我的疑问，尤其是凯瑟·琼斯（Keitha Jones）、莫妮莎·苏利文（Monisha Sullivan）、托马斯·加斯顿（Thomas Gaston）、詹姆斯·布莱克（James Black）和克瓦纳·莱尔马（Kewauna Lerma）。

我要对霍顿·米夫林·哈考特出版集团的每一个人表示感谢，没有他们的勤奋付出，就没有这本书的面世，尤其要感谢我的编辑迪恩·厄米（Deanne Urmy），他的贡献见诸这本书的字里行间。感谢我的代理人大卫·麦考米克（David McCormick），他始终对这个项目信心百倍，还要感谢我的发言人艾丽娅·汉娜·哈碧波（Alia Hanna Habib）为我提供的各种帮助、鼓励和建议。感谢艾米·里斯（Emmy Liss）为本书提供的辅助性研究，她扩充了我对极端不利条件下儿童成长的理解。感谢查尔斯·威廉·威尔森（Charles William Wilson），他不辞劳苦地对本书原稿进行了复核。同样需要感谢的还有凯瑟琳·布拉德利（Katherine Bradley）及其在CityBridge基金会的同事，感谢他们在本书最初阶段提供的帮助和支持。

我还要对所有阅读本书书稿及部分章节的如下朋友和同事致谢，感谢他们的工作以及提供的建议：马特·白（Matt Bai）、詹姆斯·福尔曼（James Forman）以及两位杰出的杂志编辑维拉·泰图尼克（Vera Titunik）和丹尼尔·泽尔维斯基（Dainel Zalewski），他们帮助改写了我为本书撰写的调查报告，并发表在《纽约时报杂志》和《纽约客》上。还有两位编辑同样不可不提：不管是写到何处，只有遇到问题，我的第一个电话就会打给乔·洛威尔（Joel Lovell），而且他总能给我一个满意的答复。在完成本书的第一稿之后，艾拉·格拉斯（Ira Glass）进行了最关键的一次修订，并阅读了此后的几稿，提供了大量宝贵意见。有他这样一位敏锐而热情的帮手，绝对是我的幸运。

我还要对我的家人和朋友致以最诚挚的谢意，他们带给我的不仅有支持和建议，还有谅解和宽容，他们是：苏珊·图赫（Susan Tough）、安妮·图赫（Anne Tough）、艾伦·图赫（Allen Tough）、杰克·希特（Jack Hitt）、迈克尔·宝兰（Michael Pollan）、艾瑟·沃特斯（Ethan Watters）、安·克拉克（Ann Clarke）、马特·克莱姆（Matt Klam）、基拉·波拉克（Kira Pollack）、詹姆斯·莱尔森（James Ryerson）、艾拉娜·詹姆斯（Elana James）以及伊琳娜·希尔沃曼（Ilena Silverman）。

最后，我要感谢宝拉（Paula）、艾灵顿（Ellington）和乔治（Georgie）带给我的帮助、支持和爱。在我上一本书的“致谢”中，我就曾向宝拉承诺，这本书肯定会更容易，而事实却并非如此。但她还是在无比的忍耐、良好的幽默和毅力的巨大帮助中坚持了下来。为创作本书，我投入了巨大的精力，这些经历让我对家庭和爱的改造力量有了深刻的认识。但是与我在她身上每天学到的东西相比，这些知识就显得无足轻重了。

原版注释

前言

[1] *a program called Tools of the Mind*: For more on Tools of the Mind, see Paul Tough,"Can the Right Kinds of Play Teach Self-Control?,"*New York Times Magazine*, September 25, 2009.

[2] *the Rug Rat Race*: Garey Ramey and Valerie A.Ramey, *The Rug Rat Race* (Cambridge, MA: National Bureau of Economics Research, January 2010).

[3] "*Age 3 is the sweet spot*": Kate Zernike, "Fast-Tracking to Kindergarten?", *New York Times*, May 13, 2011.

[4] *You can trace its contemporary rise*: Carnegie Task Force on Meeting the Needs of Young Children, *Starting Points: Meeting the Needs of Our Youngest Children* (New York: Carnegie Corporation of New York, 1994).

[5] *One of the most famous of these studies*: Betty Hart and Todd R.Risley, *Meaningful Differences in the Everyday Experience of Young American Children* (Baltimore: Paul H. Brookes, 1995).

[6] *At age twenty-two, Heckman found*: James J.Heckman, John Eric Humphries, and Nicholas S.Mader, "The GED, "in *Handbook of the Economics of Education*, vo1.3, eds.Eric A.Hanushek et a1. (Oxford: Elsevier, 2011), 455, figure 9.16.For more on Heckman's GED research, see James J.Heckman, Jingjing Hsse, and Yona Rubinstein, "The GED Is a'Mixed Signal': The Effect of Cognitive and NonCognitive Skills on Human Capital and Labor Market Outcomes, "unpublished paper, revised March 2002 ; and James J.Heckman and Yona Rubinstein, "The Importance of Noncognitive Skills: Lessons from the GED Testing Program, "*American Economic Review* 91, no.2 (May 2001).

[7] "*Inadvertently the GED has become a test*": Pedro Carneiro and James J.Heckman, "Human Capital Policy, "in *Inequality in America: What Role for Human Capital Policies*?, eds.James J.Heckman and Alan B.Krueger (Cambridge, MA: MIT Press, 2003), 141.

[8] *the Perry students were more likely to graduate*: James J.Heckman, Seong Hyeok Moon, Rodrigo Pinto, Peter A.Savelyev, and Adam Yavitz, "The Rate of Return to the High/Scope Perry Preschool Program, "*Journal of Public Economics* 94, nos.1 and 2 (February 2010).For more on Perry, see James Heckman, Lena Malofeeva, Rodrigo Pinto, and Peter Savelyev, "Understanding the Mechanisms Through Which an Influential Early Childhood Program Boosted Adult Outcomes, " unpublished paper, November 23, 2011.

[9] "*personal behavior"and"social development*": James Heckman, Lena Malofeeva, Rodrigo Pinto, and Peter Savelyev, "Enhancements in Noncognitive Capacities Explain Most of the Effects of the Perry Preschool Program, "unpublished paper, January 13, 2010.

第一章

[1] *he placed Fenger in the most dire category*: Michael Martinez, "City' s Schools Now Thinking Small, " *Chicago Tribune*, September 20, 1996. *hiring an outside contractor*: Lynn Schnaiberg, "Scores Up But Schools No Better, " *Catalyst Chicago*, March 2001.

[2] *He created a freshman academy*: Martinez, "City's Schools."

[3] *a math-and-science academy*: Jody Temkin, "Last-Minute Decisions Keep Fenger on Its Toes, "*Catalyst Chicago*, October 1999.

[4] *he made Fenger a magnet school*: Michael Martinez, "Magnet Programs to Expand in City Schools, " *Chicago Tribune*, March 16, 2001.

[5] *Duncan chose Fenger as one of the pilot schools*: David Mendell, "City Dropouts Target of Grant, " *Chicago Tribune*, April 18, 2006.

[6] *the total bill for the citywide project*: Sarah Karp, "If at First You Don' t Succeed … Turnaround and Go Big, " *Catalyst Chicago*, January 16, 2009.

[7] "*a truly historic day*": Mendell, "City Dropouts."

[8] *Fenger was switched over*: Karp, "If at First" ; Sarah Karp, "Putting the

Brakes on High School Transformation, " *Catalyst Chicago*, April 28, 2009.

[9] *eighty-three school-age teenagers were murdered*: Sarah Karp, "Youth Murders Up, Money for School Violence Prevention in Doubt, " *Catalyst Chicago*, January 28, 2011.

[10] "*Turning Gold into Lead*": English translation of Vincent Felitti, "Belastungen in der Kindheit und Gesundheit im Erwachsenenalter: die Verwandlung von Gold in Blei, "*Zeitschrift für Psychosomatische Medizin und Psychotherapie* 48 (2002).

[11] *Over the course of a few years*: Shanta R.Dube, et a1., "Childhood Abuse, Household Dysfunction, and the Risk of Attempted Suicide Throughout the Life Span, "*Journal of the American Medical Association* 286, no.24 (December 26, 2001).

[12] *two-thirds of the patients had experienced*: Ibid.

[13] *they "stunned us"*: Robert Anda, "The Health and Social Impact of Growing Up with Adverse Childhood Experiences, "unpublished paper, www.acestudy.org.

[14] *Compared to people with no history of ACEs*: Robert Anda, Vincent Felitti, et a1., "The Enduring Effects of Abuse and Related Adverse Experiences in Childhood: A Convergence of Evidence from Neurobiology and Epidemiology, " *European Archives of Psychiatry and Clinical Neurosciences* 56 (2006).For more on the ACE data, see Vincent J.Felitti and Robert F.Anda, "The Relationship of Adverse Childhood Experiences to Adult Medical Disease, Psychiatric Disorders, and Sexual Behavior: Implications for Heakhcare, " in *The Hidden Epidemic: The Impact of Early Life Trauma on Health and Disease*, eds.Ruth A.Lanius, Eric Vermetten, and Clare Pain (Cambridge: Cambridge University Press, 2010) ; Valerie J.Edwards et al., "The Wide-Ranging Health Outcomes of Adverse Childhood Experiences, "in Child Victimization, eds.K.A.Kendall-Tackett and S.M.Giaromoni (Kingston, NJ: Civic Research Institute, 2005) ; and Vincent J.Felitti, Paul Jay Fink, Ralph E.Fishkin, and Robert F. Anda, "An Epidemiologic Validation of Psychoanalytic Concepts: Evidence from the Adverse Childhood Experiences (ACE)Study of Childhood Trauma and Violence, "in *Trauma und Gewalt* 1

(2006).

[15] *twice as likely to smoke*: Anda, Felitti, et a1., “Enduring Effects.”

[16] *twice as likely to have heart disease*: Edwards et a1., “Wide-Ranging Health Outcomes.”

[17] *twice as likely to have liver disease*: Maxia Dong et a1., “Adverse Childhood Experiences and Self-Reported Liver Disease, ” *Archives of Internal Medicine* 163 (September 8, 2003).

[18] *thirty times more likely to have attempted suicide*: Dube et al.“Childhood Abuse.”

[19] *forty-six times more likely to have injected drugs*: Felitti and Anda, “Relationship of Adverse Childhood Exderiences.”

[20] *their risk of ischemic heart disease*: Felitti et al., “Epidemiologic Validation.”

[21] *When a potential danger appears*: For this description of stress function, I’ m relying on Robert M. Sapolsky, *Why Zebras Don’ t Get Ulcers* (New York: St. Martin’ s Press, 1994)； Seymour Levine, “Stress: An Historical Perspective,” in *Handbook of Stress and the Brain, Part* 1: *The Neurobiology of Stress*, eds. T.Steckler, N.H.Kalin, and J.M.H.M.Reul (Amsterdam: Elsevier, 2005)； and Center on the Developing Child at Harvard University, *The Foundations of Lifelong Health Are Built in Early Childhood* (Cambridge, MA: Center on the Developing Child, 2010).

[22] *Bruce McEwen, a neuroendocrinologist*: My knowledge of Bruce McEwen’ s work comes from conversations with him as well as from Bruce S. McEwen, “Protection and Damage from Acute and Chronic Stress, ” *Annals of the New York Academy of Sciences* 1032 (2004)； Sapolsky, *Zebras Don’ t Get Ulcers*; and Teresa Seeman et al., “Modeling Multisystem Biological Risk in Young Adults: The Coronary Artery Risk Development in Young Adults Study, ” *American Journal of Human Biology* 22 (2010).

[23] *researchers, led by Teresa Seeman*: Seeman et al., “Modeling Multisystem Biological Risk”; and Teresa Seeman et al., “Socio-Economic Differentials in Peripheral Biology: Cumulative Allostatic Load, ” *Annals of the New York Academy of Sciences* 1186 (2010).

[24] *Among her patients with an ACE score of o*: Nadine J.Burke, Julia L.Hellman,

Brandon G.Scott, Carl F. Weems, and Victor G.Carrion, "The Impact of Adverse Childhood Experiences on an Urban Pediatric Population, " *Child Abuse and Neglect* 35, no.6 (June 2011).

[25] 46 *percent of kindergarten teachers*; Sara E.Rimm-Kaufman, Robert C.Pianta, and Martha J.Cox, "Teachers' Judgments of Problems in the Transition to Kindergarten, " *Early Childhood Research Quarterly* 15, no.2 (2000).

[26] *Head Start teachers reported*: Janis B.Kupersmidt, Donna Bryant, and Michael T.Willoughby, "Prevalence of Aggressive Behaviors Among Preschoolers in Head Start and Community Child Care Programs, " *Behavioral Disorders* 26, no.1 (November 2000).

[27] *compared them to a team of air traffic controllers*: Center on the Developing Child at Harvard University, "Building the Brain' s 'Air Traffic Control'System: How Early Experiences Shape the Development of Executive Function, "working paper 11 (Cambridge, MA: Center on the Developing Child, February 2011).

[28] *two researchers at Cornell University*: Gary W.Evans and Michelle A Schamberg, "Childhood Poverty, Chronic Stress, and Adult Working Memory," *Proceedings of the National Academy of Sciences* 106, no.16 (2009).

[29] *something uniquely out of balance about the adolescent brain*: Laurence Steinberg, "A Behavioral Scientist Looks at the Science of Adolescent Brain Development, " *Brain and Cognition* 72 (2010).

[30] *two separate neurological systems*: Laurence Steinberg, "A Social Neuroscience Perspective on Adolescent Risk-Taking," *Developmental Review* 28, no.1 (March 2008); Laurence Steinberg, "A Dual Systems Model of Adolescent Risk-Taking," *Developmental Psychobiology* 52, no.3 (April 2010).

[31] *Researchers from Northwestern University*: Karen M.Abram et al., "Posttraumatic Stress Disorder and Trauma in Youth in Juvenile Detention," *Archives of General Psychiatry* 61 (April 2004).

[32] *Academically, they were severely behind the curve*: Roseanna Ander, Philip J.Cook, Jens Ludwig, and Harold Pollack, *Gun Violence Among School-Age*

Youth in Chicago (Chicago: University of Chicago Crime Lab, 2009).

[33] *researchers in Meaney's lab noticed a Curious thing*: Done Liu et al., "Maternal Care, Hippocampal Glucocorticoid Receptors, and Hypothalamic-Pituitary-Adrenal Responses to Stress," *Science* 277, no.5332 (September 12, 1997).

[34] *Researchers counted every instance of maternal licking and grooming*: Christian Caldji et al., "Maternal Care During Infancy Regulates the Development of Neural Systems Mediating the Expression of Fearfulness in the Rat," *Proceedings of the National Academy of Sciences* 95, no.9 (April 28, 1998).

[35] *a number of cross-fostering experiments*: Christian Caldji, Josie Diorio, and Michael J.Meaney, "Variations in Maternal Care in Infancy Regulate the Development of Stress Reactivity," *Biological Psychiatry* 48, no.12 (December 15, 2000).

[36] *It goes much deeper than that*: Ian C.G.Weaver et a1., "Epigenetic Programming by Maternal Behavior, "Nature Neuroscience 7, no.8 (August 2004) ; Robert M.Sapolsky, "Mothering style and Methylation," *Nature Neuroscience* 7, no.8 (August 2004).

[37] *using the brain tissue of human suicides*: Patrick O.McGowan et a1., "Epigenetic Regulation of the Glucocorticoid Receptor in Human Brain Associates with Child Abuse," *Nature Neuroscience* 12, no.3 (March 2009); Steven E.Hyman, "How Adversity Gets Under the Skin, "*Nature Neuroscience* 12, no.3 (March 2009) ; Hanna Hoag "The Painted Brain: How Our Lives Colour Our Minds, " *Montreal Gazette,* January 18, 2011.

[38] *Claney Blair, a researcher in psychology at NYU*: Clancy Blair et al., "Salivary Cortisol Mediates Effects of Poverty and Parenting on Executive Functions in Early Childhood," *Child Development* 82, no.6 (November/December 2011).

[39] *When mothers scored high on measures of responsiveness*: Clancy Blair et al., "Maternal and Child Contributions to Cortisol Response to Emotional Arousal in Young Children from Low-Income, Rural Communities," *Developmental Psychology* 44, no.4 (2008).See also Clancy Blair, "Stress and the Development of Self-Regulation in Context," *Child Development Perspectives* 4, no.3 (December 2010).

[40] *Gary Evans, the Cornell scientist*: Gary W.Evans et al., "Cumulative Risk, Maternal Responsiveness, and Allostatic Load Among Young Adolescents," *Developmental Psychology* 43, no.2 (2007).

[41] *Attachment theory was developed in the* 1950*s and* 1960*s*: Robert Karen, *Becoming Attached: First Relationships and How They Shape Our Capacity to Love* (New York: Oxford University Press, 1998).

[42] *Egeland and Sroufe began tracking this group*: My knowledge of the Minnesota study comes mostly from conversations with Byron Egeland, Alan Sroufe, Andrew Collins, and other researchers; from L.Alan Sroufe, Byron Egeland, Elizabeth A.Carlson, and W.Andrew Collins, *The Development of the Person: The Minnesota Study of Risk and Adaptation from Birth to Adulthood* (New York: Guilford Press, 2005) ; from Alan Sroufe and Daniel Siegel, "The Verdict Is In: The Case for Attachment Theory," *Psychotherapy Networker* (March/April 2011) ; and from Karen, *Becoming Attached.*

[43] *two-thirds of children in the Minnesota study*: Sroufe et al., *Development of the Person*, 132.

[44] *When teachers ranked students on indicators of dependency*: Ibid., 133.

[45] *When teachers and other children were surveyed*: Ibid., 139-41.

[46] *more self-confident, more curious*: L.Alan Sroufe, "Attachment and Development: A Prospective, Longitudinal Study from Birth to Adulthood," Attachment and Human Development 7, no.4 (December 2005): 357.

[47] *early parental care predicted which students would graduate*: Sroufe et al., *Development of the Person*, 211, 228 ; Shane Jimerson, Byron Egeland, L.Alan Sroufe, and Betty Carlson, "A Prospective Longitudinal Study of High School Dropouts Examining Multiple Predictors Across Developments," *Journal of School Psychology* 38, no.6 (2000). *could have predicted with* 77 *percent accuracy*: Sroufe et a1., *Development of the Person*, 210; Jimerson et a1., "A Prospective Longitudinal Study."

[48] *In one study, Dante Cicchetti*: Dante Cicchetti, Fred A.Rogosch, and Sheree L.Toth, "Fostering Secure Attachment in Infants in Maltreating Families Through Preventive Interventions," *Development and Psychopathology* 18, no.3 (2006).

[49] *An intervention called Multidimensional*: Megan R.Gunnar, Philip A.Fisher, and the Early Experience, Stress, and Prevention Network, "Bringing Basic Research on Early Experience and Stress Neurobiology to Bear on Preventive Interventions for Neglected and Maltreated Children," *Development and Psychopathology* 18, no.3 (2006).

[50] *Attachment and Biobehavioral Catch-up*: Mary Dozier et a1., "Developing Evidence-Based Interventions for Foster Children: An Example of a Randomized Clinical Trial with Infants and Toddlers," *Journal of Social Issues* 62, no.4 (2006).

[51] *After just ten home visits*: Kristin Bernard et a1., "Enhancing Attachment Organization Among Maltreated Children: Results of a Randomized Clinical Trial," *Child Development* 83, no.2 (March 2012).

[52] *Heather Mac Donald, an Olin fellow*: Heather Mac Donald, "Chicago' s Real Crime Story," *City Journal*, Winter 2010.

第二章

[1] *who won them (and their parents) over*: Jay Mathews, Work Hard.Be Nice.: *How Two Inspired Teachers Created the Most Promising Schools in America* (Chapel Hill, NC: Algonquin Books of Chapel Hill, 2009), 160.

[2] *the highest scores of any school in the Bronx*: Abby Goodnough, "Structure and Basics Bring South Bronx School Acclaim," *New York Times*, October 20, 1999.

[3] *a front-page story on KIPP in the* New York Times: Jodi Wilgoren, "Seeking to Clone Schools of Success for the Poor," *New York Times*, August 16, 2000.

[4] *completed a four-year college degree*: KIPP pays particular attention to the six-year graduation figure because it is the generally accepted benchmark for college-graduation statistics.As of the spring of 2012, nine years after the students in KIPP Academy's Class of 2003 were scheduled to graduate from high school, two members of the cohort are still enrolled in a BA program and on track to graduate this year, which will put the class's total graduation rate at 26 percent.Three other students have earned two-year degrees.The remaining twenty-five students have no postsecondary degree.

[5] Learned Optimism, *a book by Martin Seligman*: Martin E.P.Seligman, *Learned Optimism: How to Change Your Mind and Your Life* (New York A.A.Knopf, 1991).

[6] *a "severe low mood*": Ibid., 13.

[7] *permanent, personal, and pervasive*: Ibid., 44.

[8] *a "manual of the sanities*": Christopher Peterson and Martin E.P.Seligman, *Character Strengths and Virtues: A Handbook and Classification* (Oxford: Oxford University Press, 2004), 4.

[9] *a "science of good character*": Ibid., 9.

[10] *works from Aristotle to Confucius*: Ibid., 15.

[11] "*Virtues," they wrote, "are much more interesting*": Ibid., 10.

[12] "*the good life*": Ibid., 4.

[13] *a big national push for character education*: See, e.g., Roger Rosenblatt, "Teaching Johnny to Be Good," *New York Times* Magazine, April 30, 1995 ; and Charles Helwig, Elliot Turiel, and Larry Nucci, "Character Education After the Bandwagon Has Gone," paper presented in L.Nucci (chair), "Developmental Perspectives and Approaches to Character Education," symposium conducted at the meeting of the American Educational Research Association, Chicago, March 1997.

[14] *A national evaluation of character-education programs*: Social and Character Development Research Consortium, *Efficacy of School-wide Programs to Promote Social and Character Development and Reduce Problem Behavior in Elementary School Children* (Washington, DC: National Center for Education Research, Institute of Education Sciences, U.S.Department of Education, 2010); Sarah D.Spark, "Chamcter Education Found to Fall Short in Federal Study," *Education Week*, October 21, 2010.

[15] *In his* 2008 *book*: David Whitman, Sweating the Small Stuff: *InnerCity Schools and the New Paternalism* (Washington, DC: Thomas B.Fordham Institute, 2008).

[16] "*not just how to think but how to act*": Ibid., 3.

[17] "*The problem, I think, is not only the schools*": Martin E.P.Seligman, *Flourish*: *A Visionary New Understanding of Happiness and WellBeing* (New

York: Free Press, 2011), 103.

[18] *For her first-year thesis*: Angela Lee Duckworth and Martin E.P.Seligman, "Self-Discipline Outdoes IQ in Predicting Academic Performance of Adolescents," *Psychological Science* 16, no.12 (2005).

[19] *an ingenious experiment to test the willpower*: Walter Mischel, "From Good Intentions to Willpower," in *The Psychology of Action: Linking Cognition and Motivation to Behavior*, eds. Peter M.Gollwitzer and John A.Burgh (New York: Guilford Press, 1996); Jonah Lehrer"Don't!," *New Yorker*, May 18, 2009.

[20] *Children who had been able to wait for fifteen minutes*: Lehrer, "Don't!"

[21] *think of the marshmallow as a puffy round cloud*: Walter Mischel, Yuichi Shoda, and Monica L.Rodriguez, "Delay of Gratification in Children," *Science* 244, no.4907 (May 26, 1989).

[22] *a researcher named Calvin Edlund*: Calvin V Edlund, "The Effect on the Behavior of Children, as Reflected in the IQ Scores, When Reinforced After Each Correct Response," *Journal of Applied Behavior Analysis* 5, no.3 (Fall 1972).

[23] *two researchers from the University of South Florida*: Joy Clingman and Robert L. Fowler, "The Effects of Primary Reward on the I.Q.Performance of Grade-School Children as a Function of Initial I.Q Level," *Journal of Applied Behavior Analysis* 9, no.1 (Spring 1976).

[24] *giving blood donors a small financial stipend*: Steven D.Levitt and Stephen J. Dubner, *Freakonomics: A Rogue Economist Explores the Hidden Side of Everything* (New York: HarperCollins, 2005).

[25] *He tested several different incentive programs*: Roland G.Fryer Jr, "Financial Incentives and Student Achievement: Evidence from Randomized Trials," *Quarterly Journal of Economics* 126 (2011); Roland G.Fryer, "Teacher Incentives and Student Achievement: Evidence from New York City Public Schools," NBER Working Paper 16850 (Cambridge, MA: National Bureau of Economic Research, March 2011); Roland G.Fryer Jr., "Aligning Student, Parent, and Teacher Incentives: Evidence from Houston Public Schools," NBER Working Paper 17752 (Cambridge, MA: National Bureau of Economic

Research, January 2012); Amanda Ripley, "Should Kids Be Bribed to Do Well in School?," Time (April 8, 2010); Elizabeth Green, "Study: $75M Teacher Pay Initiative Did Not Improve Achievement," *Gotham Schools* (March 7, 2011).

[26] *Segal wanted to test how personality*: Carmit Segal, "Working When No One Is Watching: Motivation, Test Scores, and Economic Success," *Management Science* (in press).

[27] *Big Five conscientiousness was embraced*: See, e, g., "Introduction: Personality and Industrial and Organizational Psychology," in *Personality Psychology in the Workplace*, eds.Brent W.Roberts and Robert Hogan (Washington, DC: American Psychological Association, 2001); and Robert Hogan, *Personality and the Fate of Organizations* (Mahwah, NJ: Lawrence Erlbaum Associates, 2007).

[28] *it predicts so many outcomes*: Brent W.Roberts et a1., "The Power of Personality: The Comparative Validity of Personality Traits, Socioeconomic Status, and Cognitive Ability for Predicting Important Life Outcomes," *Perspectives on Psychological Science* 2 (2007); Angela Lee Duckworth and Kelly M.Allred, "Temperament in the Classroom," in *Handbook of Temperament*, eds.R.L.Shiner and M.Zentner (New York Guilford Press, in press).

[29] *In their* 1976 *book*: Samuel Bowles and Herbert Gintis, *Schooling in Capitalist America*: *Educational Reform and the Contradictions of Economic Life* (New York: Basic Books, 1976).

[30] "*to be properly subordinate*": Ibid., 130.

[31] "*conscientious, responsible, insistenly orderly*": Ibid., 135.

[32] *They gave low ratings to employees*: Ibid., 137-38.

[33] "*there is no true disadvantage*": Peterson and Seligman, *Character Strengths and Virtues*, 515.

[34] *Overcontrolled people are "excessively constrained*": Tera D.Letzring, Jack Block, and David C.Funder, "Ego-Control and Ego-Resiliency: Generalization of Self-Report Scales Based on Personality Descriptions from Acquaintances, Clinicians, and the Self," *Journal of Research in Personality* 39, no 4 (August

2005).

[35] *In* 2011, *that pool of evidence grew further*: Terrie E.Moffitt et a1., "A Gradient of Childhood Self-Control Predicts Health, Wealth, and Public Safety," *Proceedings of the National Academy of Science* 108, no.7 (February 2011). See also Paul Solman, "Self-Controlled Kids Prosper as Adults: 'Fatalistically Depressing'?," *PBS NewsHour*, June 13, 2011.

[36] *Duckworth developed a test to measure grit*: Angela Lee Duckworth and Pattick D.Quinn, "Development and Validation of the Short Grit Scale (Grit-S)," *Journal of Personality Assessment* 91, no.2 (2009); and Angela L.Duckworth, Christopher Peterson, Michael D.Matthews, and Dennis R.Kelly, "Grit: Perseverance and Passion for Long-Term Goals," *Journal of Personality and Social Psychology* 92, no.6 (2007).

[37] *a national organization called the Character Education Partnership*: Character Education Partnership, *Performance Values*: *Why They Matter and What Schools Can Do to Foster Their Development* (Washington, DC: Character Education Partnership, April 2008).

[38] "*unexpectedly high rates of emotional problems*": Madeline Levine, *The Price of Privilege*: *How Parental Pressure and Material Advantage Are Creating a Generation of Disconnected and Unhappy Kids* (New York: HarperCollins, 2006), 21.

[39] "*intense feelings of shame and hopelessness*": Ibid., 30.

[40] *To Luthar's surprise, she found the affluent teenagers*: Suniya S.Luthar and Chris C.Sexton, "The High Price of Affluence," in *Advances in Child Development*, vo1.32, ed.R.V.Kail (San Diego: Academic Press, 2004), 143; Suniya S.Luthar and Karen D'Avanzo, "Contextual Factors in Substance Use: A Study of Suburban and Inner-City Adolescents," *Development and Psychopathology* 11, no.4 (1999).

[41] *in an even more affluent town*: Luthar and Sexton, "High Price of Affluence," 134.

[42] *multiple persistent problems*: Suniya S.Luthar and Shawn J.Latendresse, "Children of the Affluent: Challenges to well-Being," *Current Directions in Psychological Science* 14, no.1 (February 2005): 51. "*excessive achievement*

pressures and isolation from parents": Luthar and Sexton, "High Price of Affluence," 135.

[43] *Kindlon discovered disproportionately high levels of anxiety*: Dan Kindlon, *Too Much of a Good Thing: Raising Children of Character in an Indulgent Age* (New York Hyperion, 2001), 10.

[44] *parents making more than one million dollars a year*: Ibid., 18, 246.

[45] "*tell students exactly how they are expected to behave*": Whitman, *Sweating the Small stuff*, 3.

[46] *some of Levin's harsher moments of discipline: Mathews, Work Hard*, 214.

[47] "*models an atmosphere of punitive dependence*": Tom Brunzell, "Kaboom!Confronting Student Resistance at the Moment of Impact: A Case Study of KIPP Infinity Charter School," unpublished thesis (December 2006), 1.

[48] *Only* 24 *percent of the incoming student*: Ibid., 20.

[49] "*before puberty, but late enough in childhood*": Seligman, *Learned Optimism* (second edition), ix.

[50] "*creates a strong association between future and reality*": Angda Lee Duckworth, Teri Kirby, Gabriele Oettingen, and Anton Gollwitzer, "Mental Contrasting with Implementation Intentions Improves Academic Performance among Economically Disadvantaged Children," *Journal of Applied Developmental Psychology* (in Press).

[51] *Oettingen has demonstrated the effectiveness*: Ibid., 7

[52] "*provide structure, preparing us for encounters*": David A.Kessler, *The End of Overeating: Taking Control of the Insatiable American Appetite* (New York: Rodale, 2009), 190.

[53] *before trying a ten-hole minigolfcourse*: Jeff Stone, Christian I.Lynch, Mike Sjomeling, and John M.Darley, "Stereotype Threat Effects on Black and White Athletic Performance," *Journal of Personality and Social Psychology* 77, no. 6 (December 1999).

[54] *When people in their sixties*: Claude Steele, *Whistling Vivaldi: And Other Clues to How Stereotypes Affect Us* (New York: W.W.Norton, 2010), 99.

[55] *the malleability of intelligence*: See, e.g., Joshua Aronson, Carrie B Fried, and Catherine Good, "Reducing the Effects of Stereotype Threat on African

American College Students by Shaping Theories of Intelligence," *Journal of Experimental Social Psychology* 38, no.2 (March 2002).

[56] *Dweck divides people into two types*: Carol S.Dweck, Mindset: *The New Psychology of Success* (New York: Ballantine Books, 2008).

[57] *students'mindsets predict their academic trajectories*: Lisa S Blackwell, Kali H.Trzesniewski, and Carol S.Dweck, "Implicit Theories of Intelligence Predict Achievement across an Adolescent Transition: A Longitudinal Study and an Intervention," *Child Development* 78, no.1 (January/February 2007): 251.

[58] *a growth-mindset message*: Catherine Good, Joshua Aronson, and Michael Inzlicht, "Improving Adolescents'Standardized Test Performance: An Intervention to Reduce the Effects of Stereotype Threat," *Applied Developmental Psychology* 24, no.6 (December 2003).

第三章

[1] *after I read an article in the* New York Times: Dylan Loeb McClain, "For School, National Chess Champions in 3 Grades," *New York Times*, December 20, 2008.

[2] "*a hard-charging bunch of* 10-to-12-*year-olds*": Mark Jacobson, "Mr. Times and His Knights of the Square Table," *New York*, May 21, 2005. *Take a look at the team winners*: 2010 National K-12 Championships, United States Chess Federation website ; see http: //www.uschess.org/tournaments/2010/k12/?page=RESULTS.

[3] "*finest chess playing entity on the planet*": Bmce Weber, "Swift and Slashing, Computer Topples Kasparov," *New York Times*, May 12, 1997.

[4] Newsweek *had run a story*: Steven Levy, "Man VS.Machine," *Newsweek*, May 5, 1997.

[5] "*I' m a human being*": Weber, "Swift and Slashing."

[6] *what he called the Levitt equation*: Jonathan Levitt, *Genius in Chess*: *Discover and Develop Your Chess Talent* (Seattle: International Chess Enterprises, 1997), 40.

[7] "*completely misguided*": Jonathan Rowson, "Beyond the Illusion of 'Talent'" *New in Chess*, June 2009.

[8] "*Most of the major academic studies of chese*" Jonathan Rowson, *The Seven Deadly Chess Sins* (London: Gambit Publications, 2000), 16.

[9] "*your ability to recognize and utilize your emotions*": Ibid., 17.

[10] "*I am such a stupid retarded disgusting mindless child*:" Elizabeth Vicary, "North American Open Round Two: Why Am I Such a Huge Baby?," Elizabeth Vicary' s Blog, December 31, 2007, http: //lizzyknowsall blogspot com/2007/12/north-american-open-round-two-why-am-i.html. (Elizabeth Spiegel's maiden name was Vicary.She was married in 2011.)

[11] "*I am almost completely numb*": Elizabeth Vicary, "I Hate Myself," Elizabeth Vicary' s Blog, July, 13, 2008, http: //lizzyknowsall.blogspot.com/2008/07/i-hate-myself.html.

[12] "*he put his arm around me*:" Elizabeth Vicary, "My Weekend: A Date, a Saturday Tournament, the Bus to Saratoga Springs," Elizabeth Vicary' s Blog, March 2, 2009, http: //lizzyknowsall.blogspot. com/2009/03/my-weekend-date-saturday-tournament-bus.html.

[13] "*The first day and a half was pretty bad*": Elizabeth Vicary, "Thoughts on Girls, High School Nationals," Elizabeth Vicary's Blog, April 20, 2010, http: //lizzyknowsall.blogspot.com/2010/04/thoughts-on-girls-high-school-nationals.html.

[14] *One of James' s half brothers was convicted*: Dylan Loeb McClain."One Move Ahcad of Opponents, and Two Ahead of Trouble," *New York Times* City Room Blog, June 28, 2011.

[15] "*When it comes to ambition*": Aaron and Claire Summerscale, *Interview with a Grandmaster* (London: Everyman Chess, 2001), 126.

[16] *Inspired by these words*: Matan Prileltensky, "Choosing to Break 2200," *Chess Life Online*, January 15, 2011.

[17] "*Chess is a creative and beautiful pursuit*": Aaron and Claire Summerscale, *Interview*, 128.

[18] *Malcolm Gladwell brought to popular attention*: Malcolm Gladwell, *Outliers: The Story of Success* (Boston: Little, Brown and Company, 2008).

[19] *the typical grand master had started playing at seven*: K.Anders Ericsson, Ralf Th.Krampe, and Clemens Tesch-Romer, "The Role of Deliberate Practice

in the Acquisition of Expert Performance," *Psychological Review* 100, no.3 (1993).

[20] *Polgar was single and childless*: Carlin Flora, "The Grandmaster Experiment," *Psychology Today*, July 1, 2005.

[21] *Each girl began studying chess*: David Shenk, *The Immortal Game: A History of Chess* (New York: Anchor Books, 2007), 132.

[22] *they were installed in an apartment in Brighton Beach*: Fred Waitzkin, "A Father' s Pawn," *New York Times Magazine*, May 13, 1990. *got degree from a Long Island law school*: Dylan Loeb McClian, "A Chess Master Returns Older, and Maybe Wiser," *New York Times*, January 27, 2008.

[23] *Csikszentmihalyi studied what he called optimal experiences:* Mihaly Csikszentmaihalyi, *Flow: The Psychology of Optimal Experience* (New York: Harper and Row, 1990), 3.

[24] "*when a person' s body or mind is stretched to its limits*": Ibid.

[25] "*the concentration is like breathing*": Ibid., 53- 54.

[26] *physiological changes among expert chess players*: Robert M.Sapolsky, *Why Zebras Don' t Get Ulcers* (New York St.Martin' s Press, 1994), 419-20.

[27] *what they remembered were patterns, vectors, even moods*: My knowledge of Binet's chess research comes from Shenk, *Immortal Game*; Philip E.Ross, "The Expert Mind," *Scientific American*, August 2006 ; and Adriaan D.de Groot, *Thought and Choice in Chess* (Amsterdam: Amsterdam Academic Archive, 2008).

[28] "*a stirring world of sensations*": Shenk, *Immortal Game*, 127.

[29] *In fact, de Groot found*: Ross, "The Expert Mind."

[30] *In Wason' s study, only one in five participants*: Michelle Cowley and Ruth M.J.Byrne, "When Falsification Is the Only Path to Truth," unpublished paper, 2004.

[31] *Cowley and Byrne then used a chess-anlysis program*: Michelle Cowley and Ruth M.J.Byrne, "Chess Masters' Hypothesis Testing," unpublished paper, 2004.

[32] *they tended to fall prey to confirmation bias*: Ibid.; Mark Peplow, "Science Secret of Grand Masters Revealed," Nature, August 6, 2004; Jonathan

Rowson, *Chess for Zebras: Thinking Differently about Black and White* (London: Gambit Publications, 2005), 35-36.

[33] "*It was a very beautiful game*": E1izabeth Vicary, "A Game That Made Me Cry," Elizabeth Vicary' s Blog, May 3, 2011, http: //lizzyknowsall.blogspot.com/2011/05/game-that-made-me-cry. html.

[34] "*Imagine how frustrating that must be*": Elizabeth Vicary, "James Black' s Master Celebration Party," Eizabeth Vicary' s Blog, September 5, 2011, http://lizzyknowsall.blogspot.com/2001/09/james-blacks-master-celebration-party.html.

第四章

[1] *As recently as the mid*-1990*s*: Organisation for Economic Co-Operation and Development, Education at a Glance: OECD Indicators (Paris: OECD Centre for Educational Research and Innovation, 1995), 20.

[2] *the United States has fallen from first*: Organisation for Economic Co-Operation and Development, Education at a Glance 2011: *OECD Inditarots* (Paris: OECD Publishing, 2011), 40, table A1.3a, tertiarytype-A results. (These figures are for 2009, the most recent available.The United States was tied for twelfth in this category with Japan.)

[3] *it has just been growing very slowly*: Ibid., 69, table A3.2.

[4] *In* 1976, 24 *percent of Americans*: "Percent of People 25 Years and Over Who Have Completed High School or College, by Race, Hispanic Origin and Sex: Selected Years 1940 to 2010," U.S.Census Bureau, Current Population Survey, Educational Attailnment, table A-2, http: //www.census.gov/hhes/socdemo/education/data/cps/historical/index.html.

[5] *the rate among the most disadvantaged young Americans*: William G.Bowen, Matthew M.Chingos, and Michael S.McPherson, *Crossing the Finish Line: Completing College at America's Public Universities* (Princeton, NJ: Princeton University Press, 2009), 27.Other scholars believe that college-completion rates have been rising for disadvantaged students, though more slowly than they have been rising for wealthy students.See, e.g., Martha J. Bailey and Susan M.Dynarski, "Gains and Gaps: Changing Inequality in U.S.College

Entry and Completion," NBER Working Paper 17633 (Cambridge, MA: National Bureau of Economic Research, December 2011).

[6] *But between about* 1925 *and* 1945: Claudia Goldin and Lawrence Katz, *The Race Between Education and Technology* (Cambridge, MA: Harvard University Press, 2008), 248.

[7] "*upward mobility with regard to education*": Ibid., 290.

[8] "*Each generation of Americans*": Ibid., 289.

[9] *education-policy types who concerned themselves*: David Leonhardt, "The College Dropout Boom," *New York Times*, May 24, 2005 ; Sarah Turner, "Going to College and Finishing College: Explaining Different Educational Outcomes," in *College Choiees: The Economits of Where to Go, When to Go, and How to Pay for It*, ed. Caroline M.Hoxby (Chicago: University of Chicago Press, 2004), 14; and Tamar Lewin, "Once a Leader, U.S.Lags in College Degrees," *New York Times*, July 23, 2010.

[10] *the United States still ranks a respectable eighth*: OECD, *Education at a Glance* 2011, 316, table C2.1.

[11] *But in college completion*: Organisation for Economic Co-Operation and Development, *Education at Glance* 2008: *OECD Indicators* (Paris: OECD Publishing, 2008), 96, chart A4.2 ; 92, chart A4.1.

[12] *can now expect to earn* 83 *percent more*: David Leonhardt, "Even for Cashiers, College Pays Off," *New York Times*, June 25, 2011.

[13] *among the highest in the developed world*: OECD, *Education at a Glance* 2011, 150, table A8.2a.

[14] *it has risen sharply*: Goldin and Katz, *The Race*, 290, figure 8.1.

[15] *American college graduates earned just* 40 *percent more*: Leonhardt, "Even for Cashiers."

[16] "*is leaving large amounts of money*": Goldin and Katz, *The Race*, 325.

[17] *data covering about two hundred thousand students*: David Leonhardt, "College Are Failing in Graduation Rates," *New York Times*, September 9, 2009.

[18] *Americans'natural tendency toward "educational romanticism"*: Charles Murray, *Real Education: Four Simple Truths for Bringing America's Schools Back to Reality* (New York: Crown Forum, 2008), 11.

[19] “*a fog of wishful thinking*”: Ibid., 12.

[20] *students who had those samelofty academic Credentials*: Bowen, Chingos, and McPherson, *Finish Line*, 104, 110.

[21] *the most accurate predictor of whether a student*: Ibid., 113.

[22] *the explains that the SAT was invented*: Nicholas Lemann, *The Big Test: the secret History of the American Meritocracy* (NewYork: Farrar, Straus and Giroux, 2000).

[23] *high-school grades turned out to be excellent predictors*: Bowen, Chingos, and McPherson, *Finish Line*, 122.

[24] “*Students with very good high school grades*”: Ibid.

[25] *And when Angela Duckworth*: Angela Duckworth, patrick Quinn, and Eli Tsukayama, “What No Child left Behind Leaves Behind: The Roles of IQ and Self-Control in Predicting Standardized Achievement Test Scores and Report Card Grades,” *Journal of Educational Psychology,* in press, 2011.

[26] “*high school grades reveal much more*”: Bowen, Chingos, and McPherson, *Finish Line*, 123.

[27] *Alex Kotlowitz's book:* Alex Kotlowitz, *There Are No Children Here: The Story of Two Boys Growing up in the Other America* (NewYork: Anchor Books, 1991).

[28] *contrasting the* “*superfluity of opportunity*”: Jonathan Kcozl, *Savage Inequalities*: *Children in America's schools* (New York: Crown Publishers, 1991), 67.

[29] “*shunned-or, probably, shut down*”: Ibid., 68.

[30] *read a front-page story*: Jodi S.Cohen and Darnell Little, “Of 100 Chicago Public School Freshmen, Six Will Get a College Degree,” *Chicago Tribune*, April 21, 2006.After the *Tribune* article came out, the consortium report was updated and corrected to show that eight of every one hundred Chicago high-school freshmen would earn a college degree, not six of every one hundred.

[31] *just eight of every one hundred students*: Melissa Roderick, Jenny Nagaoka, and Elaine M.Allensworth, *From High School to the Future* (Chicago: Consortium oil Chicago Schools Research, 2006).

[32] *fewer than one in thirty black male*: Cohen and Little, “Of 100 Chicago Public

School Freshmen, Six Will Get a Colege Degree"; Roderick, Nagaoka, and Allensworth, *From High School to the Future*; e-mail communication with Emily Krone of the Consortium on Chicago Schools Research.The *Tribune* story showed that the odds were one in forty ; that figure changed when the report was updated.

[33] "*study skills, work habits, time management*": Melissa Roderick, *Closing the Aspirations-Attainment Gap: Implications for High School Reform* (New York: MDRC, April 2006), 25.

[34] "*criticat thinking and problem-solving abilities*": Ibid., 26.

[35] "*High school teachers could have very high workloads*": Ibid, 22-23.

[36] *the percentage of American tenth-graders*: Ibid., 3.

[37] "*the worst slum area in the United States*": Pam Belluck, "Razing the Slums to Rescue the Residents," *New York Times*, September 6, 1998. *one in nine murders in Chicago:* William Julius Wilson, *The Truly Disadvantaged* (Chicago: University of Chicago Press, 1987), 25.

[38] *single mothers on welfare*: Ibid.

[39] *The Chicago public schools'average is* 17: Rosalind Rossi, "CPS High School ACT Scores Go Down-and They Go Up," *Chicago Tribune*, November 3, 2011.

[40] *only students who score in the top* 20 *percent*: Murray, *Real Education*, 67, 75.

[41] "*As long as it remains taboo*" Ibid., 104.

[42] "*just not smart enough*": Ibid., 44.

[43] *Recently, two labor economists*: Philip Babcock and Mindy Marks, "Leisure College, USA: The Decline in Student Study Time," *AEI Education Outlook* (Washington, DC: American Enterprise Institute for Public Policy Research, August 2010) ; Philip Babcock and Mindy Marks, "The Falling Time Cost of College: Evidence from Half a Century of Time Use Data," unpublished paper (March 24, 2010).

[44] *A separate study of* 6,300 *undergraduates*: Steven Brint and Allison M.Cantwell, *Undergraduate time Use and Academic Outcomes: Results from UCUES 2006* (Berkeley, CA: Research and Occasional Paper Series, Center

for Students in Higher Education, University of California, Berkeley, October 2008).

第五章

[1] *I wrote an article about KIPP and Riverdale*: Paul Tough, "What If the Secret to Success Is Failure?," *New York times Magazine*, September 18, 2011.

[2] "*I'm left now, in my thirties*": See http: // community.nytimes.com/com ments/www. nytimes.com/2001/09/18/magazine/what-if-the-secret-to-success-is-failure.html? Permid=141#comment141.

[3] "*one of the best decisions I ever made*": "'You've Got to Find What You Love,'Jobs Says," *Stanford Report*, June 14, 2005.

[4] *There are fewer entrepreneurs*: Paul Kedrosky and Dane Stangler, *Financialization and Its Entrepreneurial Consequences* (Kansas City, MO: Kauffman Foundation Research Series, March 2011).

[5] 36 *percent of new Princeton graduates*: Catherine Rampell, "Out of Harvard, and Into Finance," *New York Times* Economix blog, December 21, 2011.

[6] *an insighful blog post addressing this issue*: James Kwak, "Why Do Harvard Kids Head to Wall Street?," Baseline Scenario blog, May 4, 2010, http://baselinescenario.com/2010/05/04/why-do-harvard-kids-head-to-wall-street/.

[7] *The recruiters also make the argument*: Marina Keegan, "Another View: The Science and Strategy of College Recruiting," *New York Times* DealBook blog, November 9, 2011.

[8] *an ongoing survey of attitudes the Pew Research Center*: "September 22-25, 2011, Omnibus," Pew Research Center.

[9] *In* 1966, *at the height of the War on Poverty*: Carmen DeNavas-Walt, Bernadette D.Proctor, and Jessica C.Smith, U.S.Census Bureau, Current Population Reports, Income, Poverty, and health Insurance Coverage in the United States: 2010 (Washington, DC: U.S.Government Printing Office, 2011), 14, figure 4.

[10] *And the child poverty rate*: "Poverty Among Children," Congressional Budget Office, December 3 1984; DeNavas-Walt, Proctor, and Smith, *Income, Poverty,* 17, figure 4.

[11] *The first goes back to* The Bell Curve: Richard J.Herrnstein and Charles Murray, *The Bell Curve: Intelligence and Class Structure in American Life*

(New York: Free Press, 1994). See also James J.Heck man, "Lessons from the Bell Curve," *Journal of Political Economy* 103, no.5 (1995).

[12] *gap between rich and poor was getting worse*: Sean F.Reardon, "The Widening Achievement Gap Between the Rich and the Poor," in *Whither Opportunity*?, eds.Greg Duncan and Richard Murnane (New York: Russell Sage, 2011).See also Sabrina Tavernise, "Education Gap Grows Between Rich and Poor, Studies Say," *New York times*, February 9, 2012.

[13] *The consensus of most reform advocates*: Steven Brill chronicles the way that the broad education-reform movement became a narrowly focused teacher-quality movement in Steven Brill, *Class Warfare: Inside the Fight to Fix America's Schools* (New York: Simon and Schuster, 2011).

[14] *This argument has its intellectual roots*: William L.Sanders and June C.Rivers, *Cumulatire and Residual Effects of Teachers on Futare Student Academic Achievement* (Knoxville: University of Tennessee Value-Added Research and Assessment Center, November 1996); William L.Sanders and Sandra P.Horn, "Research Findings from the Tennessee Value-Added Assessment System (TVAAS)Database: Implications for Educational Evaluation and Research," *Journal of Personnel Evaluation in Education* 12, no.3 (1998) ; Heather R. Jordan, Robert L.Mendro, and Dash Weerasinghe, *Teacher Effects on Longitudinal Student Achievement: A Report on Research in Progress* (Dallas: Dallas Public Schools, July 1997) ; Kati Haycock, "Good Teaching Matters... a Lot," *Thinking K*-16 3, no.2 (Summer 1998) ; Eric A.Hanushek, John F. Kain, and Steven G.Rivkin, "Teachers, Schools, and Academic Achievement," NBER Working Paper 6691 (Cambridge, MA: National Bureau of Economic Research, August 1998); Eric A.Hanushek, "Efficiency and Equity in Education," *NBER Reporter* (Spring 2001) ; Robert Gordon, Thomas J.Kane, and Douglas O.Staiger, *Identifying Effective Teachers Using Performance on the Job,* Hamilton Project White Paper 2006-01 (Washington, DC: Brookings, 2006).

[15] *brilliant teachers suddenly go downhill*: See, e.g., Michael Marder, "Visualizing Educational Data," unpublished paper, Department of Physics, University of Texas at Austin, February 9, 2011; and Michael Marder, "Failure of U.S.Public

Secondary Schools in Mathematics: Poverty Is a More Important Cause than Teacher Quality," unpublished paper, 2011.

[16] *teacher quality probably accounted for less than* 10 *percent*: Hanushek, Kain, and Rivkin, "Teachers, Schools"; Eric Eide, Dan Goldhaber, and Dominic Brewer, "The Teacher Labour Market and Teacher Quality," *Oxford Review of Economic Policy* 20, no.2 (Summer 2004): 232.

[17] *$41, 348 for a family of four*: United States Department of Agriculture Food and Nutrition Service, *National School Lunch Program Fact Sheet* (Washington, DC: United States Department of Agriculture Food and Nutrition Service, October 2011).

[18] *covets about* 40 *percent of American children*: U.S.Census Bureau, Current Population Survey, 2011 *Annual Social and Economic Supplement,* http: //www.census.gov/hhes/www/cpstables/032011/pov/ new01_185_01.htm.

[19] *just one student in eight doesn't qualify:* As of the spring of 2012, 87 percent of Chicago public school students are low-income by federal education standards."Stats and facts"page, Chicago Public Schools website, http: //www.cps.edu/about_cps/at-a-glance/pages/stats_and_facts.aspx.

[20] *about* 10 *percent of all American children*: DeNavas-Walt, Proctor, and Smith, *Income, Poverty*, 19, table 6.

[21] *an income of less than about* $11, 000 *a year*: Ibid., 61.See also Hope Yen and Laura Wides-Munoz, "Poorest Poor in US Hits New Record: 1 in 15 People," Associated Press, November 3, 2011.

[22] *more than seven million American children*: DeNavas-Walt, Proctor, and Smith, *Income, Poverty*, 19, table 6.

[23] *an effective program of support for parents*: See, for instance, Jack Shonkoff, speech at the NBC News Education Nation Summit, September 26, 2011, http: //developingchild.harvard.edu/index.php/resources/multimedia/lectures_and_presentations/education_nation/.

[24] *between seven and twelve dollars of tangible benefit*: James J.Heckman, Seong Hyeok Moon, Rodrigo Pinto, Peter A.Savelyev, and Adam Yavitz, "The Rate of Return to the High/Scope Pery Preschool Program," *Journal of Public Economics* 94, nos.1 and 2 (February 2010).

图书在版编目（CIP）数据

品格的力量：坚毅、好奇心、乐观精神与孩子的未来／（美）保罗・图赫（Paul Tough）著；刘春艳，柴悦译．— 长沙：湖南教育出版社，2019.1（2024.11 重印）

书名原文：How Children Succeed：Grit, Curiosity and the Hidden Power of Character

ISBN 978-7-5539-6489-8

Ⅰ．①品… Ⅱ．①保… ②刘… ③柴… Ⅲ．①儿童教育—家庭教育 Ⅳ．① G782

中国版本图书馆 CIP 数据核字（2018）第 250685 号

湖南省版权局著作权合同登记图字：18-2018-312

	Pinge de Liliang
书　　名	品格的力量：坚毅、好奇心、乐观精神与孩子的未来
责任编辑	陈慧娜
特约编辑	陈朝阳
出版发行	湖南教育出版社（长沙市韶山北路 443 号）
网　　址	www.jiaxiaoclass.com
微 信 号	家校共育网
客　　服	0731-85486979
经　　销	新华书店
印刷装订	河北鹏润印刷有限公司
开　　本	710mm × 1000mm　16 开
印　　张	18.5
字　　数	200 000
版　　次	2019 年 1 月第 1 版　2024 年 11 月第 5 次印刷
书　　号	ISBN 978-7-5539-6489-8
定　　价	46.80 元

如有质量问题，影响阅读，请与湖南教育出版社联系调换。